山 Yamashita 下 Hikaru 光

PKOの思想

その実践を紡ぎだすもの

名古屋大学出版会

本書は，一般財団法人名古屋大学出版会
学術図書刊行助成により出版された。

PKOの思想――目　次

序章　平和維持を考える

本書は平和維持活動（ＰＫＯ）をひとつの「実践される思想」として捉え、その本質を明らかにする試みである――このように記すと、「実践される」とは何を意味するのか、そして「思想として捉える」とはどのようなことか、という疑問が直ちに生まれるであろう。本章ではまずこの二つの疑問に答える形で、本書のアプローチを説明していくことにしたい。

1　ＰＫＯという実践

「平和維持」という活動がいつから始まったのかについての見解は論者により異なる。たとえばマックイーン（Norrie MacQueen）は、平和維持の歴史を振り返った著作の中で、平和維持と呼びうる実践が第一次世界大戦後にもいくつかみられることに注意を促している。(1) とはいえ、平和維持という営みが、第二次世界大戦後に設立された国際機構である国際連合（国連）を通じて本格的に発展し、定着してきたことには大きな異論はないであろう。(2)

国連の説明によれば、第一次中東戦争後の休戦協定を監視するため一九四八年に設立された国連休戦監視機構

（ＵＮＴＳＯ）以来、二〇二四年までに七一ものＰＫＯミッション（派遣団）が設立されている。また国連ＰＫＯの原則やあり方についても、国連緊急軍（ＵＮＥＦ、エジプト）に関連してダグ・ハマーショルド事務総長（Dag Hammarskjöld）が作成した報告書（一九五八年）[3]をはじめとして繰り返し検討・提示され、そのプロセスは現在に至るまで続いている。[4]さらに言えば、国連ＰＫＯミッションの運営維持に関する予算は国連の通常予算とは別に組まれているが、その額は通常予算を大幅に超えている。[5]

このように見てみると、国連にとってＰＫＯはその活動全体においてかなりのウェイトを占める活動に成長してきたことがわかる。だが他方で、国連の目的・役割・機構などを規定する文書である国連憲章にはＰＫＯにまつわる規定がなく、そもそも平和維持（peacekeeping）という言葉すら出てこない。第一八章に定められている一定の手続きを踏めば国連憲章は改正が可能であり、設立から八〇年に迫ろうとする国連の長い歴史の中でＰＫＯを国連憲章に明確に位置づけるような改正も、少なくとも可能性としてはありえたはずである。[6]なぜそれがなされてこなかったのか。

端的に言えば、そうした改正が「できなかった」のではなく、「あえてしてこなかった」のではないだろうか。ＰＫＯは国連憲章にも規定されている国連の目的や機能に広く依拠しながら、しかしあくまでも当該紛争の状況、当該地域の国際関係、そして国際政治における国連の立ち位置との関連の中で、その具体的な性格が付与されてきた。国連において、ＰＫＯのあり方をめぐる検討が繰り返し行われてきたことはすでにふれた。もちろん、それは一部には国連ＰＫＯの実施の仕方などに改善が必要なためでもあるが、それだけではない。紛争や国際情勢、そして国連に期待される役割の変化に対し、そのあり方を常に柔軟に適応させてＰＫＯを活用したいという認識が、国連事務局や加盟国にあるためでもある。

具体的な紛争状況への対応の中で、かつ国際政治の変化を踏まえながらその内容が編み出されていくという意味で、ＰＫＯはきわめて実践的な取り組みなのである。ＰＫＯが国連憲章に明記されてこなかったのは、ＰＫＯがもつこの活動としての柔軟性、実践性を担保するためであると言えるであろう。

2　実践を動かす思想

ＰＫＯが柔軟で実践的な紛争管理の手段であるとして、しかしこのことはＰＫＯが無定形にそのあり方を変えてきたことを意味するわけではない。一九五八年の報告書で提示された国連ＰＫＯ原則は冷戦期のＰＫＯを規定する根本原則として長年機能してきたし、ポスト冷戦期に盛んに行われてきた国連内での検討も、これら原則を当時のＰＫＯの進化に鑑みて修正するという形で基本的には進んできた。変化する実践とあり方（原則）との間を架橋し、調整する必要性があったからこそ、「ＰＫＯとは何か」をめぐる検討が継続的に繰り返されてきたと言ってよい。

さらに言えば、ＰＫＯの原則を明らかにする行為自体が、平和維持という活動の性質に根差しているところがある。第1章でも詳述するが、ＰＫＯは国連や地域機構などにより組織され、各国が出しあう要員や装備により支えられ、派遣先の国（ホスト国）との協力も得ながら実施される。こうして組織・派遣されているＰＫＯミッションは、紛争管理という局面で「国際社会」を代弁する存在であるが、ミッションが展開する現地の政府や社会からすれば、「国際社会」はあいまいな存在でしかない。ここで重要になってくるのが、ＰＫＯのあり方・原則である。つまり「国際社会」を代表して紛争に介入するＰＫＯミッションのあいまいさを払拭し、現地からの受容・支持を獲得するためには、それがどのような意図の活動なのかが説明され、理解されることが不可欠になる。この意図を説明する上で不可欠なのが、原則・あり方である。つまり「ＰＫＯがどのような活動なのか」の理解を共有することは、その成否を握る鍵でもあるのである。

ＰＫＯは実際にミッションの形で組織・展開される活動であると同時に、そのあり方・原則が重要な機能を担っている活動でもある。そしてあり方や原則は、国際協力や国際政治に関する一般的な概念や思想からなっている。紛争管理、国際協力、国際政治にかかわるいくつかの主要概念が特定の仕方で結びつき、実践を動かしているのが平和維持なのである。

3　思想は理想ではない

本書は、ＰＫＯを原則的なレベルで構成しているいくつかの思想に着目し、それを明らかにすることで、平和維持という活動の本質を理解することを目的としている。また取り上げる諸概念が国際政治に一般的なものであるという意味では、ＰＫＯの視点から現代の国際政治の思想的基盤や潮流を理解する一助となるかもしれない。

ただし、またここまでの議論からわかるように、「ＰＫＯという思想」を明らかにするとは、ＰＫＯの思想的諸要素に立ち戻ってそれを理想として掲げることでも、またそうした理想を担うものとしてＰＫＯを美化することでもない。

やや個人的な経験として記すが、ＰＫＯの議論をするとき、それをまず国際性、平和、協調や親善といった概念との連関において捉える人が（特に日本では）多いように思われる。そして、そうした人々が陥りがちなのは、平和維持という活動をこのような理想主義的なイメージにおいてのみ理解し、そこから転じてそのとおりになっていない現実を嘆く、という態度である。

確かに、平和維持について理想主義的な連想をすることは全くの間違いではない。すでにふれた国際社会を代弁する性質や原則・あり方の重要性などをみても、平和維持には理念的と言いうる側面があるし、そこにこの活動の魅力のひとつがあるとは言えるであろう（ＰＫＯの理念性については第1章で取り上げる）。

だが、ＰＫＯを国際的な理想主義の発露としてのみ捉えるという理解には、少なくとも二つの問題がある。第一に、ＰＫＯに内在する思想は、現実の国際政治や紛争の中で常に試されているという事実がある。平和維持を構成する諸思想は、現実からの距離によってではなく、むしろ現実の中でのみ動いている——より踏みこむならば、そうした「現実」そのものを構成する役割を担っていると言ってよい。

ＰＫＯを理想主義的に捉えるもうひとつの問題は、ＰＫＯのあり方を構成する諸概念の内部、あるいはそれらの間にある緊張関係や矛盾といったものを把握できない点にある。どのような概念であれ、それが一般的なものであればあるほど普遍的に適用されうるものである。それゆえ、他にＰＫＯにとって重要な概念がある場合、それらとの折り合いを見つけることが難しくなってくる。たとえば、国家主権と国際協力という二つの概念の間にある緊張関係は、ＰＫＯの文脈では派遣に対するホスト国の同意をめぐる問題となって顕れる。国家主権の尊重を前提に、ＰＫＯは派遣先のホスト国政府の合意と協力にもとづいて展開されることが原則となっている。しかしホスト国政府が、そうした合意を政治的に利用し、その条件としてＰＫＯミッションの要員構成や任務内容に介入するようになったらどうすべきか。こうした状況はこれまでにも実際に観察されてきたものであるが[7]、指摘したいのは、ここで提起されている問いとは、「ＰＫＯが掲げる理想がそれを阻む現実と対立する」といった類の問いではない、という点である。それはむしろ、ＰＫＯのあり方そのものにあらかじめ内在し、現実の状況において緊張関係を呈することもある思想的諸要素をどう考えていくのか、という問いなのである。

4　本書の構成

本書においてPKOの何を考えたいのかについて、ここまで説明してきた。PKOをPKOたらしめているのはその思想的な構成要素であるが、それら諸要素は常に実践との交通の中で変化してきている。そうした、「実践される思想の束」としてPKOを捉えていくのが、本書の目論見である。

では、どのような諸思想がPKOを形作っているのだろうか。本書ではPKOの基礎的な性格を構成している「協力」「国家」「平和」について、それぞれに章を割いて検討していく。

まず協力（cooperation）は、国際場裏におけるアクターの行動のうち、最も一般的な形態のひとつであるとともに、平和維持という活動を可能にするという意味で根本的な特徴をなしている。PKOは、まず国際機構、地域機構、ホスト国政府を含む各国政府、非政府組織（NGO）、現地の市民社会や武装勢力など、実にさまざまなアクターがさまざまなレベルで協力することにより成立する。国際政治に協力と競争の側面があるとすれば、平和維持は協力の側面に深く依拠した活動であると言ってよいであろう。

こうしてPKOを国際協力の一部とみることは、①なぜ協力するのか、そして②協力活動としての特質は何か、という二つの根本的な問いを投げかける。第1章では、主に①の問いを考えていく。もともと、平和維持という活動は、誰かあるいは何かに強いられて関係アクターが協力をする、という類の活動ではない。なぜそうした、自発的な協力が可能になるのか。そこにどのような動機づけや計算があるのか。国際協力の諸理論（合理主義・構成主義）に引きつけながらこれらの問いを考えていくのがこの章の目的である。

後者（②）の問いは、言い換えればどのような協力なのか、ということであるが、協力活動としてのPKOの性質を大枠で規定するのが、平和（peace）と国家（statehood）という二つの概念である。

まず、第2章で取り上げる国家は、PKOを理解する上で、二つの意味において決定的な重要性をもっている。第一に、PKOは主権国家システムを前提とし、その枠内で行われる活動である。PKOは諸国家の協力形態のひとつとして行われるようになった活動であり、それゆえ国家間協力としての性質をいまだに強く有している。第二に、PKOの活動内容そのものが、紛争後の社会に国家を建設（または再建）するものへと変化してきた。冷戦期に主流な形態であった、停戦合意の監視を目的とするようなPKOミッション（しばしば伝統型PKOと呼ばれる）が目指したのは、国家間紛争後の状況を管理することであり、その紛争を起こした国家そのものへの支援ではなかった。ところが冷戦後の紛争形態として主流となった国内紛争（内戦）の場では、国家が機能しない状況――紛争発生により国家の機能が低下する側面もあれば、紛争の原因自体がそれまでの国家運営のあり方に由来している場合もある――が現出しているため、それにどう対処するかは避けられない課題となってくる。そして実際、冷戦後に組織されたPKOの多くは、こうした紛争後の社会における国家再建を実質的に担うようになってきたのであった。

以上からすると、PKOは国家間協力を通じた国家建設に向けた活動である、ということになる。ただし、こうしたPKOと主権国家との緊密な関係には、変化の兆候も表れつつある。まず主権国家システムとの関係で言えば、すでに示唆したように、NGOをはじめとする非国家主体がPKOを支えるアクターとして台頭してきている。他方、現代のPKOが国家の再建を実質的な目的とする点についても、さまざまな批判や疑問が近年寄せられるようになっている。こうしてPKOにおける国家の位置づけが変わりつつあるとすれば、それにはどのような含意があるのか。またそもそも、こうした実践や議論において想定されている国家とは何であろうか。第2章はこうした問いを考えていく。

前段でふれたＰＫＯと国家再建をめぐる問題意識は、第3章で取り上げる平和の問題にも直接の関係がある。国家再建がＰＫＯの活動内容の実質をなすように変化してきたのは、ある種の国家を確立することが平和への道筋であると期待されたためである。言うまでもないが、紛争を経験してきた、あるいはその残滓がいまだに残る社会に「平和」をもたらそうとするのが、平和維持という活動である。しかし、平和という言葉もまたさまざまな意味があり、たとえば国家建設論に含意される「平和」と、それへの批判において含意される「平和」とでは意味が異なるかもしれない。とすると、どのような平和を目指すのがＰＫＯなのか。平和維持活動が維持すべき平和とは何か。こうした問題を考えるのがこの章の役割である。

結論にあたる終章では本書の議論を振り返るとともに、そこから浮かび上がる平和維持と国際政治の姿を考察する。まず平和維持の中核を構成する思想からみた場合、その活動の本質は何であり、どう変化しようとしているのか、という問いがある。また、国際政治において中核的な思想が実践される活動のひとつがＰＫＯなのだとすれば、平和維持という思想／実践の考察が国際政治全般についてもたらす示唆を探ることも可能であろう。もちろん、国際政治は平和維持によってのみ構成されているわけではない。だが、平和維持を実践される思想／思想される実践として、そこにひしめく動態において捉える本書の視点からは、国際政治全般についてもある程度一般化して述べることが許されるかもしれない。終章ではこうした諸点を議論しながら、今後の検討に向けた展望も行う。

なお、本文中の略語については巻末に一覧をまとめてある。適宜参照されたい。

5　意義と位置づけ

最後に、本書で展開する議論の位置づけと意義を述べておきたい。

本書はいくつかの意味で架橋的であることを意図している。第一の架橋は、ＰＫＯをめぐる実践と思想の架橋である。[8] 冒頭で述べたとおり、ＰＫＯには実践的な側面と思想的な側面があるが、過去の研究としてはその実践面（ミッションの派遣の経緯、活動からの教訓、実施上のジレンマや課題、ホスト国社会に対する影響など）に着目することが圧倒的に多い。[9] 他方、ＰＫＯのあり方や原則（ドクトリン）についても、特にポスト冷戦期を中心に数多くの論考が生み出されてきた。[10] だが、こうしたあり方や原則の考察もまた政策や運用のレベル、言い換えれば実践への還元を目的として議論される（前者は政策ペーパー、後者はドクトリン文書として）ことがほとんどであり、その思想的基層を意識的に掘り下げた研究は少ない。[11] 本書はまずこの欠落を埋めることで、ＰＫＯを実践・思想両方から捉えることの意義を示していく。

第二は、ＰＫＯを支える諸思想間の架橋である。上記のようなＰＫＯ研究の傾向を踏まえ、ＰＫＯの思想を取り上げる本書では、幅広い研究分野で提示されてきた「協力」「国家」「平和」の概念化を援用しながら、平和維持という実践に内在する思想的諸要素にアプローチしていく。実際、国家は国際政治学や国家（主権）論、協力は国際関係理論、平和は平和学において中核となる概念を形成しており、次章からもみていくように、本書に対しても豊かな示唆を提供している。ただし注意したいのは、これら諸研究で得られた示唆を単純にひとつひとつＰＫＯに「適用」するだけでは、検討として不十分だということである。ＰＫＯという実践を紡ぐ主な思想が協力、国家、平和であるとすれば、ＰＫＯにおいてそれらがどのような意味内容をもっているのかを明らかにするだけではなく、それら諸概念がどのような相互関係にあり、どのような複合体をなすのかも考えることが可能なはずである。それによって初めて、実践される思想としてのＰＫＯがどのような「束」ないし「基層」をなしているのかが理解できる。

第三はすでに述べた、ＰＫＯと国際政治との架橋である。ＰＫＯは国際政治の中で具体的な役割を担い登場してきた実践であるが、ＰＫＯを支える思想的諸要素もまた、国際政治ないし国際秩序にとって重要な位置を占めている。ＰＫＯが実践面だけでなく思想面においても国際政治と結びついているとすれば、ＰＫＯにおいて見出される諸思想の関係やその変化から、国際政治の潮流に関する示唆を得ることが期待できる。もちろん、これも繰り返しになるが、ＰＫＯのみから国際政治の思想について言いうることは限られるかもしれない[12]。だが、その限定ゆえにある程度具体的な指摘ができるようにも思われるのである。

つまり、ＰＫＯという一見きわめて実践的な活動領域の中に、実は広く深い思想の営みとその集積がある、ということである。それを理解することで初めて、ＰＫＯやその関連領域（平和構築など）、さらには国際政治全体についても本質的な理解を得ることができるのではないか。本書の議論を導くのは、そうした問題意識である[13]。

それでは、まず協力から考察を始めていきたい。

第1章　協　力

——PKOはなぜ可能となるのか

本章では、ＰＫＯにおける「協力」の要素に着目して、その活動を読み解いていく。

序章でも述べたように、ＰＫＯはさまざまな国際アクターが協力することによって初めて成立する。関連するアクターによる協力行為は、ＰＫＯという活動が可能となるための前提条件であると言えるであろう。そしてＰＫＯが長年にわたり実践されてきたという事実は、そうした協力行為が広く国際社会に根づいていることを示唆している。

だが、そもそもなぜ国際アクターはＰＫＯにおいて協力するのだろうか。「協力」は国際アクターによる行動の一形態というだけではなく、ほとんどの社会的アクターにおいても観察される一般的な行動のあり方でもある。だとすれば、ＰＫＯに協力するアクターにおいて、協力のあり方はどのような目的や動機を有するのか。また、ＰＫＯへの協力はどのような具体的形態をとるのか。本章でこれから考えていくのは、これらの問いである。

1　ＰＫＯを支える協力

協力の形態

まず、ＰＫＯを可能にする協力にはどのようなものがあるのか見ていく。

少し具体的にイメージするために、国連ＰＫＯが設置される典型的な状況を想定してみたい。ある国で起きていた内戦が政府と主な反政府武装勢力間の停戦合意により一応終息し、その合意を受けて国連安全保障理事会（安保理）は合意監視と履行支援を行うＰＫＯミッション設置を決議する。国連事務局はこうした決定プロセスと並行して、ミッションの立ち上げに必要な能力リストを埋めるべく国連加盟国に対し要員や装備の提供を打診し、各国政府と調整を行っていく。こうしたやりとりを通して提供された資源を組みあわせ、国連ＰＫＯミッションの派遣はようやく実現する。

以上はかなり大雑把な概略であるが、それでも次の二つのことが示唆される。①ＰＫＯは紛争当事者（派遣先政府と主な反政府武装勢力）間の合意にもとづくこと、そして②ミッション立ち上げの決定とその後の派遣にあたっては国連事務局と国連加盟国政府が緊密に調整を重ねていくこと、である。それぞれについて少し補足したい。

紛争当事者間の合意

まずＰＫＯミッションを作る際の出発点となる紛争当事者間の合意であるが、実際には停戦合意だけではなく、和平合意も含まれることが近年は多い。

停戦合意は文字通り交戦行為を止める合意である。和平合意は停戦合意を前提としつつも、中長期的な和平プロセスのいわば設計図となる合意であり、紛争の原因となった問題の解決に向けた手続きや新政府樹立に向けた取り組み（憲法の制定、選挙の実施など）の内容、そしてその実施スケジュールなどが記される。当然ながら、和平合意のほうが停戦合意より包括的である。また、それら合意文書には紛争当事者だけが関わり署名をするわけではなく、多くの場合その合意を仲介する国連や地域機構、そして周辺諸国の政府も参加している。さらに、合意文書の中にＰＫＯミッション設置を求める旨が盛りこまれることがあるのも近年の傾向である。文書内でのそうした言及は、PKOミッションを設置する正式な決定に向けた主な材料となり、文脈を作っていく。

PKOミッションと現地社会との関係について、もうひとつここで付言しておきたい。ここまで想定している「合意」は、主にホスト国の政府や主要な武装勢力の指導部、つまりは政治的なレベルでの合意を意味している。だが実際にPKOミッションが活動する上では、より広い意味での合意である社会全体の支持や黙認を得ていくことも不可欠である。広範な地理的範囲を、限りある要員規模と防御手段でカバーするのがPKOミッションである。現地住民の協力や支持は日々の活動を維持する上で必要なだけでなく、展開する要員の安全を確保する意味でも重要な条件となる。

派遣側における協力

以上が主にPKOミッションを受け入れる側からの協力であるが、PKOミッション設立に関する政治的な支持を動員し、物理的に実現させるのは、それを組織する側である。

冒頭に掲げた状況に沿って言うと、国連PKOを設立する安保理決議は、安保理に対し国連事務局が提出する事務総長報告にもとづき決定される。その報告にミッションの目的、マンデート（PKO組織主体によって正式にその実施が指示された諸任務をまとめてこのように言う）、要員規模、ミッションの組織構成、そしてそれら見積もりの前提となる現地状況の分析が盛りこまれるのであるが、それを安保理が（必要があれば修正して）認める、という形をとるのである。

こうした活動所要の算定作業を主に担うのは、国連事務局の担当部局である平和活動局（DPO、旧・平和維持活動局［DPKO］）や活動支援局（DOS、旧・フィールド支援局［DFS］）である。[1] ただし、決議が採択されるためには常任理事五カ国の拒否権を回避しつつ九票以上の賛成票を確保しないといけないため、決議案が出るまでの段階ですでに事務局と理事国との間では緊密な調整が行われている。さらに、これら手続きと並行して、軍事要員や警察要員などの提供に関する国連事務局からの打診が加盟国に対し開始される（前者は軍事要員提供国［ＴＣＣ］、後者は警察要員提供国［ＰＣＣ］と呼ばれる）。

紛争が一応終息し、ＰＫＯミッションの展開を待っている状況は、基本的には一刻も早い展開が期待されている状況でもあり、安保理の決定を待って部隊編成が開始されるのでは遅いのである。実際、停戦監視を主任務とする比較的小規模なミッション（伝統型と呼ばれる――後述）は決議後三〇日以内、包括的な平和構築を実質的目的とする多機能・複合型ミッションは九〇日以内に活動を開始するというのが国連ＰＫＯでの基本的な目安になっている。(2) きわめて限られた時間の中で、目まぐるしいペースで協議が行われることが、以上からもうかがえよう。

もちろん、このように国連事務局と国連加盟国政府が協議を重ねて新たなミッションをつくることになったとしても、それだけで実際の活動が可能になるわけではない。ミッションが活動できるためには、それをまかなう資金が必要である。国連では、国連本体の活動を支える通常予算とは別にＰＫＯ予算が組まれており、この予算に対して国連の全加盟国政府が一定の分担率（通常予算の分担金に準じた比率だが、安保理常任理事国などはより高い比率で負担している）に従って資金の捻出を行っている。さらに、ＰＫＯ特別委員会という組織が国連総会の下に設置されており、国連ＰＫＯを包括的に議論する場として一九六五年以来継続的に活動している。当初、この委員会は三四カ国の加盟国政府代表からなっていたが（このため、現在も慣例的に「Ｃ34」と呼ばれる）、現在では加盟国の約八割にあたる一五七カ国がメンバーとなっている。(3)

このように見ていくと、国連安保理を軸とする意思決定の局面こそ安保理メンバーが主導するものの、国連ＰＫＯは実に多くの国の貢献やインプットにもとづいて運営されていることがわかる。

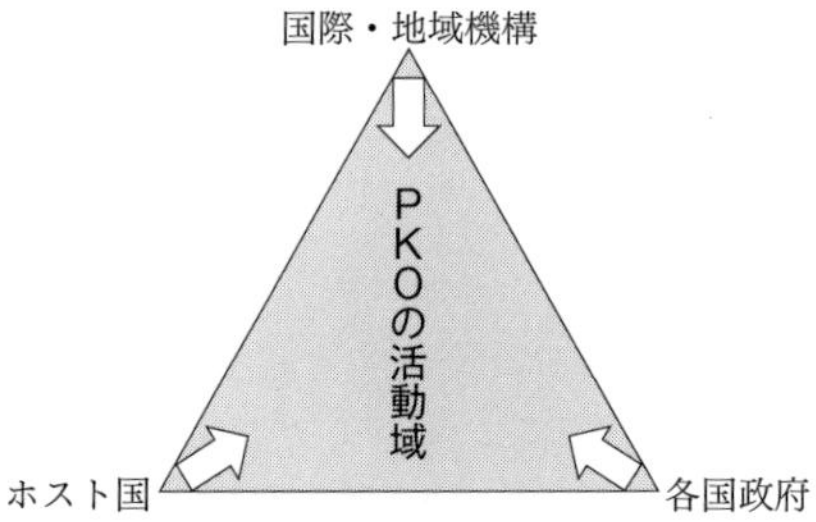

図1–1　PKO協力の三角形

協力の三角形

ここまで、国連ＰＫＯを組織する側、それを受け入れる側でそれぞれどのようなアクターが関わってくるのかをたどってみた。全体を俯瞰してみると、これら両方に協力の要素――合意、協議、調整は、いずれも一定の共通目的に向けた協力的な取り組みである――が色濃く存在していることがわかるであろう。ＰＫＯミッションが実現するには、ホスト国（政府・社会）、国連（地域ＰＫＯの場合には地域機構）事務局、そして各国政府（地域諸国・要員提供国）がミッションの目的や活動内容に賛同し、それぞれが有する資源を持ち寄り、有効に組みあわせるための努力が最低限必要なのである。

より現実的な言い方をすれば、国連ＰＫＯミッションが可能となるのは、これら三者が協力できる範囲においてである（図1―1）。たとえばこれら三つのグループの間やそれぞれのグループ内で何らかの対立があるような場合、そのＰＫＯミッションは十分なマンデートを与えられないか、与えられたとしても実施に移されないことになる。こうした事態は、平和維持においてしばしばみられる実態でもある。

2　多角化するPKO協力

地域機構・多国籍軍との協力[4]

(1) 地域機構

PKOを組織する国際・地域機構、資源を提供する各国政府、ミッションを受け入れるホスト国は平和維持を成り立たせる基本的な「協力の三角形」であるが、PKOをめぐって協力を行っているのはこの三者だけではない。実際には、さらにさまざまなアクターが関わるようになり、協力の形態もPKOミッションを通じたものだけではなくなっている。

再び、冒頭で取り上げた国連PKOミッションを出発点として説明していきたい。まず、先にも少しふれたが、PKOミッションを組織しているのは今や国連だけではない。とりわけ、この点で特に重要なアクターとなりつつあるのが欧州連合（EU）とアフリカ連合（AU）である。

EUとAUがPKOを組織・派遣するアクターとして登場するようになるのはともに二〇〇三年であり、EUはボスニア、マケドニア（現・北マケドニア）、コンゴ民主共和国に、AUはブルンジに、それぞれ最初のミッションを派遣している。EUとAUで特筆すべきなのは、こうした実際のミッション派遣と前後して、派遣に係る一連の制度作りも行っていることである。[5] すなわち両者は①各地域の安全保障に対する自らの役割を設立文書などで明確に位置づけ、そしてそれにもとづいて②PKOを含む介入能力の拡充に向けた事務局機構や派遣態勢の整備を進める、という点で類似した軌跡を歩んできている。AUであれば平和・安全保障理事会（PSC）やアフリカ待機軍（ASF）制度、EUの場合には欧州対外行動庁（EEAS）やEU戦闘群（EUBG）などが主なものとして挙げられる。二〇〇三年以後の継続的な運用実績と併せ、この二つの地域機構は国連と並ぶ重要な派遣枠組みを構成していると言ってよい[6]。

ＥＵとＡＵ以外にも、ボスニア紛争とコソボ紛争後の平和維持部隊派遣やアフガニスタン国際治安支援部隊（ＩＳＡＦ）を通じた活動などの実績がある北大西洋条約機構（ＮＡＴＯ）、冷戦終結後に旧ソ連諸国（モルドバ、タジキスタン、ジョージア）で発生した地域紛争に際して平和維持部隊を派遣した独立国家共同体（ＣＩＳ）、一九九〇年代初頭から地域内で複数の派遣実績をもつ西アフリカ諸国経済共同体（ＥＣＯＷＡＳ）は、それぞれ重要なインパクトを残している。一九九〇年代後半から内戦が断続的に起きてきた中央アフリカ共和国では、サヘル・サハラ諸国国家共同体（ＣＥＮ-ＳＡＤ）、中部アフリカ諸国経済共同体（ＥＣＣＡＳ／ＣＥＥＡＣ）、中部アフリカ経済通貨共同体（ＣＥＭＡＣ）という三つの地域機構が入れ替わりながらＰＫＯを実施している。これらは活動実績がある地域機構であるが、他方で実際の活動実績はないものの、すでにＰＫＯを正式に活動のレパートリーに加え演習を実施している地域機構（集団安全保障条約機構［ＣＳＴＯ］）、あるいはそうすることに関心を示している地域機構（アラブ連盟、東南アジア諸国連合［ＡＳＥＡＮ］）もある。

(2)多国籍軍

もうひとつ、ＰＫＯを組織する多国間の枠組みとしては、多国籍軍の存在がある。一般に、多国籍軍とは①国連安保理決議を通じた勧告と承認にもとづき、②国際の平和と安全を脅かす加盟国に対し平和の回復のために軍事力を行使することを目的とし、③安保理に対し構成国は報告の義務を負い、安保理はそれにもとづいて活動が目的に沿っているか監督を行うものの、活動自体の指揮統制権は構成国がもつ、というものである[7]。湾岸戦争に際して米国などが主導して設置された多国籍軍は、この典型的な例であろう。湾岸戦争がそうであったように、多国籍軍においては国際的な脅威となる国やアクターに対する軍事力の使用が想定されている。このため、必ずしもそうした

「敵国」を想定するわけではないPKOと多国籍軍とはかなり異なるもののようにみえる。

しかし実際のところ、ポスト冷戦期の多国籍軍のいくつかは、PKOと類似する紛争管理のための活動を主目的としているものがある。[8] たとえばハイチでは米軍主導（一九九四～九五年、二〇〇四年）、アルバニアではイタリア主導（一九九七年）、東ティモールでは豪州主導（一九九九～二〇〇〇年、二〇〇六～一三年）の多国籍軍が組織されたほか、中央アフリカ共和国にはアフリカ六カ国からなる多国籍部隊（一九九七～九八年）も派遣されている。

(3)派遣ミッション間の協力

地域機構や多国籍軍によるこうした活動の積極化は、PKOが国連によるものだけではなくなっていることを豊富に実証している。しかも、非国連統括型のPKOミッションの多くは、何らかの形で国連PKOミッションと協力関係をもつことが多い。協力のパターンとしてしばしばみられるのは、非国連統括型PKOがまず紛争直後に短期間展開し、それを受ける形でより大規模な国連PKOミッシコンが展開する、という順序のものである（ハイチ、シエラレオネ、東ティモール、中央アフリカ共和国、コートジボアール、ブルンジなど）。これ以外にも、最初から国連PKOと非国連PKOが分業して展開するパターン（コソボなど）、すでに展開している国連PKOを軍事的に支援すべく非国連統括型の部隊が展開して安定化させるパターン（リベリア、コンゴ民主共和国など）、さらに最初から地域機構と国連が共同でミッションを運営するといったパターン（スーダン・ダルフール地方）もこれまでみられている（この点については後述する）。

一九九〇年代後半の一時期、非国連統括型PKOが国連PKOに代わる中心的な役割を担っていくのではないか、という見方があった。これは、その少し前のボスニアやルワンダにおける国連PKOミッションの「失敗」――ボスニアやルワンダでのジェノサイドに直面しながら、現地に展開していた国連ミッションはそれを止められなかった、という事態――に対する批判や、同時期に非国連統括型ミッションがいくつか登場していた事実にもとづいている。

だがその後、二〇〇〇年代に入ると、こうした考え方は次第に意味を失っていった。これには①非国連統括型PKOの台頭と同時に、国連PKOに対する需要もかつてないレベルにまで高まっていったこと、そして②新たなPKOアクターの参入を受けることになった「老舗」である国連の側も、彼らとの協力に意欲的に取り組むようになったことが背景にある。

国連、地域機構、そしてそれ以外の暫定的な枠組みがPKOへの取り組みを積極化させ、多様な協力関係が実践されてきたことは、現代のPKOを理解する上で重要な一側面であると言えるであろう。

平和構築・人道支援関連組織との協力

(1) PKOの多機能化

PKO協力は、PKOミッションを設置するアクター間をめぐってのみ起きているのではない。PKOミッションは、それ以外の実に広範なアクターとの協力にも従事している。

この点を把握するためには、PKOの内実の変化をまず把握しておく必要がある。

現代のPKOミッションは停戦合意の履行監視だけでなくより包括的な和平合意の履行支援を担うことが多い、という点は先述したが、これはPKOミッションが実施するマンデートの大幅な拡大を意味している。現代のPKOが「多次元（multidimensional)」、「多機能（multifunctional)」としばしば特徴づけられるのは、こうした傾向を指している。

では、PKOに含まれている諸機能にはどのようなものがあるのだろうか。拙著でも以前に紹介したが[9]、この点について網羅的にまとめたもの（表1-1）をここでも見てみたい。この中で、左上の五つを除いた部分（濃い網掛）

表 1-1　現代 PKO の諸機能

ミッションにおける兵站・支援・訓練	政務（政治プロセスに対する助言・支援・調停）	国連要員（PKO 要員以外を含む）・設備の保護
広報	抑止諸活動（緩衝地帯管理，兵力引き離し，武器回収など）	公共秩序・治安の確保（スポイラー対処，擾乱対応）
停戦合意の履行監視	地雷対応	法の支配（司法制度）確立，改革への支援
開発援助（活動の調整，インフラ整備支援）	国民対話・和解の促進	武装解除・動員解除・社会復帰（DDR）
選挙支援・監視，民主化促進	和平合意・プロセス履行の監視・支援	治安部門改革（SSR）
人権促進・保護	難民・避難民保護，帰還支援	政府行政への助言・支援
人道援助活動への支援	文民保護（PoC）	暫定統治，領域統治
予防展開	武装勢力の平定	

出所）Jake Sherman and Benjamin Tortolani, "Implications of Peacebuilding and Statebuilding in United Nations Mandates," in "Robust Peacekeeping: Politics of Force," New York University Center on International Cooperation, December 2009, p. 15; Paul F. Diehl and Daniel Druckman, "Multiple Peacekeeping Missions: Analysing Interdependence," *International Peacekeeping* 25, no. 1 (February 2018), Table 1; 国連 PKO マンデートなど。

は、PKOが「多機能化」することで含むようになった諸任務を示している。治安部門改革（SSR）と法の支配確立、難民・避難民支援と人道援助のように、それぞれの活動領域は直接・間接に重なりあう部分も多い。また、PKOのマンデートは、派遣先の実際の情勢や個別の復興ニーズによって決まってくるものであるため、全てのミッションがこれらを画一的に備えているわけではもちろんない。しかし、全体としてこのように並べてみると、PKOが量（ミッション、アクター、要員等の数）だけではなく、質的にも大幅な拡大を遂げていることがわかるであろう。

　では、この質的な拡大にはどのような意味があるのだろうか。PKOの多機能化で新たに追加された部分を全体として見てみると、それらのほとんどが「平和構築」や「人道援助」と呼ばれる活動分野に対応していることがわかる。[10] SSR、武装解除・動員解除・社会復帰（DDR）、国民和解、開発援助、法の支配確立、選挙支援、行政支援などは平和構築活動の代表的なものであるし、人道援助活動への支援や難民・避難民支援は人道援助、地雷対応や人権促進、文民保護（ＰｏＣ）はこの両者に関わる活動である。

歴史的にみれば、平和構築と人道援助という活動は、平和維持とは別のものとして成立・発展してきた類の活動である。実際、いくつかの例外を除けば、冷戦期に存在したほとんどの国連ＰＫＯは、停戦合意によっていったん戦闘行為が止まった状態を凍結するための装置として機能してきたものであり、平和構築や人道援助にあたる活動を少なくとも明示的なものとしては含んでこなかった。こうした多機能ではないＰＫＯは「伝統型ＰＫＯ」と呼ばれる（伝統型ＰＫＯの四機能は、表1-1では左上にある薄い網掛で示されている）。しかし、現代ＰＫＯの多くは、平和を文字通り「維持（keeping）」するだけではなく、持続的で包括的な安定と平和をもたらすことを目指す、より積極的な平和の「構築（building）」を実質的な役割とするようになっている。さらに、ポスト冷戦期における人道主義の主流化を背景として、国際紛争管理の重要な一翼を担うＰＫＯにも人道的な諸機能が付加されるようになった。[11]

つまり、ＰＫＯの多機能化とはＰＫＯの平和構築化・人道活動化であると、とりあえず言うことができる。多機能ＰＫＯはこの変化を組織上も反映しており、軍事部門に加え政治・外交部門、人道関連部門、警察部門などから構成される複雑なものになっている。[12]

(2) 拡大した接点

とはいえ――そしてこれがこの節の文脈で重要な点なのであるが――これらの複雑な諸任務を担ったとしても、ＰＫＯミッションだけがその実施に責任を負うわけではない。

選挙支援・監視を例にとると、国連事務局の中では政治・平和構築局（ＤＰＰＡ、旧・政務局［ＤＰＡ］）に選挙支援を担当する課があり、ＮＧＯの中にも選挙支援や選挙監視を主な活動領域とするところ（International IDEA，国際選挙システム財団［ＩＦＥＳ］など）がある。欧州安全保障協力機構（ＯＳＣＥ）や米州機構（ＯＡＳ）も、選挙監視団派遣では長年の実績を有している。

同様に、難民支援では国連難民高等弁務官事務所（UNHCR）やRefugees International、難民を助ける会などが活動している。人権促進では国連人権高等弁務官事務所（UNHCHR）やヒューマン・ライツ・ウォッチをはじめとする数多くのNGOが、また開発援助では国連開発計画（UNDP）や経済協力開発機構（OECD）、ドナー国政府の援助機関（日本では国際協力機構［JICA］）などが重要な役割を果たしている。そして人道援助の分野では国連事務局内の人道問題調整局（OCHA）や国連専門機関（国連児童基金［UNICEF］、国連食糧農業機関［FAO］等）、赤十字国際委員会（ICRC）、さらにオックスファム、ケア・インターナショナル、ワールド・ビジョン、セーブ・ザ・チルドレンなど、無数の人道援助NGOがある（人道NGOの多くは開発援助の一部にも関わっている）。

したがって、PKOミッションが多機能なマンデートを与えられて活動する場合、上記のような平和構築・人道援助アクターが並行あるいは先行して現地で活動している、という状況は、ほぼ確実に存在している。これらアクターにとって、参入してくるPKOミッションは大きな国際的プレゼンスであり、自らの活動への影響は避けられない。他方PKOミッションにとっても、長く平和構築や人道援助を行ってきた諸組織との関係構築は、関連する任務を実行する上で不可避である。平和構築に関して付記すると、一年あるいは半年でマンデートが更新され、一定期間の展開後に縮小撤退が行われることの多いPKOミッションからすれば、国際的な平和構築支援を最終的に託すことになる平和構築諸組織との協力は、撤退戦略上も重要となってくる。PKOミッションが関与する活動の地平が拡大していくにつれ、こうした外部アクターとの連携や協力といったものも視野に入ってくるのである。

3　なぜ協力するのか

重層性と自発性

ここまで見てきたように、ＰＫＯミッションはそれを組織する国際機構・地域機構、受け入れるホスト国・社会、そして資源を提供する各国政府の協力関係によって支えられている。さらに、ＰＫＯを組織する枠組みが国連を超えて増加するとともに、ＰＫＯの質的拡大により平和構築・人道援助を行ってきたアクターとの活動上の接点も密になりつつある。換言すれば、平和維持というひとつの枠組みの中で、多様なアクターが入り混じって併存するような状況が存在している（図1-2）。

だが、平和維持に関わるアクターが重層的に協力する状況がこのように観察されるとしても、それはそれらアクターが自動的・無条件に協力していることを意味するわけでない。

序章でもふれたが、ＰＫＯにアクターが従事すると言った場合、その貢献は誰かに強いられて行っているものではない。図1-2でも、上述した「協力の三角形」（前掲図1-1）がその中心をなしているが、ここでもアクター（ホスト国、各国政府、国際・地域機構）はＰＫＯミッションの組織・派遣を外部から強要されているわけではなく、協力の程度・強さはアクター側の協力意思に相関する。そして、「協力の三角形」よりも外側に置かれた二つのレベル（ＰＫＯアクター間の協力、ＰＫＯ以外のアクターとの協力）になると、協力の程度は相対的にはさらに低くなっていく。ミッションを組織する国際・地域機構間の間にせよ、平和構築・人道支援アクターとＰＫＯミッションとの間にせよ、客観的にみれば協力は行われてきたし、その必要性や望ましさも認められるものの、他方でそれぞれが他と協力をせずに活動を行うことも可能なのである。

違う言い方をすると、「協力の三角形」の場合、構成アクター間における一定の強さの協力関係が前提として必要となる。そうでないとＰＫＯミッション自体が成立しないからである。これに対して外円をなす二つの協力形態の場合、各アクターは他と協力する・しないに関する自律的な判断能力を相対的に高く有している。したがってもし後者で協力関係が進展している場合、各アクターは自発的な選択として協力する途をあえて選んでいる、ということになる。その意味で考えれば、外円のレベルで進む協力は、協力に含まれる自発性を際立たせているとも言える。

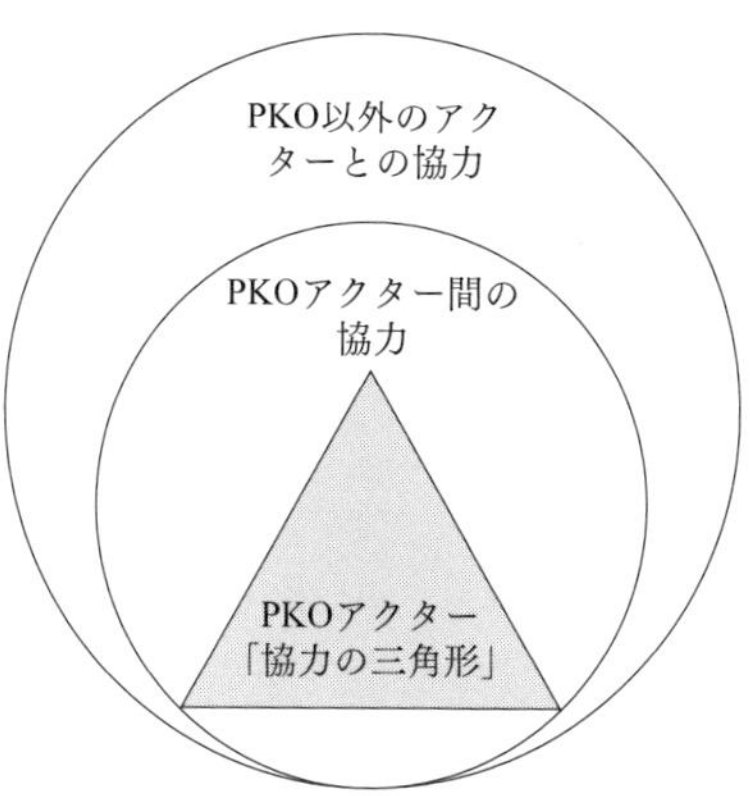

図1-2　PKOをめぐる重層的な協力関係

国際協力の理論1――合理主義

図1-2のどのレベルであれ、平和維持という活動には協力の要素が内在しており、そしてその協力は自発性にもとづいている。そしてそれは、多角化したアクターが協力する場合でも変わらない。ＰＫＯを支える協力を整理しながら浮かび上がってきたのはこうした点である。

では、なぜＰＫＯに従事するアクターは自発的に協力するのであろうか。この問いを考えるためには、そもそも①なぜアクターは国際場裏で協力をするのかを理解した上で、②平和維持という活動に即してアクターの動機を考えてみる必要がある。

まず、国際場裏においてアクターが協力的行動をとる動機に関する主な考え方（問い①）をみていきたい。

協力の動機に関する見方は、大きく二つのものがある。合理主義

(rationalism――功利主義/instrumentalism ともいう)と構成主義(constructivism)がそれである。[13] 端的に言えば、合理(功利)主義はアクターの利害計算を、構成主義はアクターのアイデンティティを、協力における動機としてそれぞれ重視する。以下もう少し具体的に考察していく。

協力論における合理主義とは、アクターは自らの利害(利益・便益)追求に利する場合に協力的行動をとる、という考え方である。アクターは他のアクターとの相互作用(やりとり)にともなうコストと便益を計算し、適切なコストで利益がもたらされると計算する場合、協力を行う。協力することはそれに従事するアクター全てに一定のコストを強いるものであるが、[14] そのコストを上回る利益が得られると関係アクターが見込んだ場合、協力に赴くのである。

もっとも、二〇世紀後半、特に米国で発展してきた協力論において主として提示されてきた見方は、国際関係においてこうした協力状況がいかに発生しにくいか、というものであった。[15] その理由としては、国際関係が無政府状態(アナーキー)と限定的なコミュニケーションを特徴とする特殊な条件下にあり、したがって他者と協力するよりは他者を出し抜く動機のほうが強くなるからである、とされた。

だが、国際関係における協力の困難性を強調する結果となっている合理主義的協力論の中にあっても、アクターが協力しうるような条件は存在する、という見解も出されてきた。たとえば、アクセルロッド(Robert Axelrod)などの実験によれば、①長期間にわたる相互の頻繁なやりとりが発生してきている場合(「将来の影」と呼ばれる)や、②アクター間のやりとりが特定の戦略にもとづくものである場合(互恵性、「目には目を」)、各アクターは協力的な行動をとることを合理的と判断するという。いずれの場合でも、相手とのやりとり(「ゲーム」)が将来にわたり繰り返し発生することが見通せるため、一時的な利得のために相手を裏切るよりも安定した協力関係をもつほうが総合的には優れている、という判断に至るのである。[16]

国際協力の理論2——構成主義

アクターの利益追求と便益計算を前提として協力の条件を同定しようとするのが合理主義であるとすれば、そうした条件をアクターの置かれた社会環境とそれを通じて形成されるアイデンティティ（自らのあり方や価値観に関する自己認識）の中に見出そうとするのが構成主義である。構成主義はアクターのアイデンティティが所与かつ不変のものとして存在するのではなく、他のアクターとの相互作用の中で形成されると考える。[17] したがって、アクター間のやりとりの質（内容）がここでは問題になってくる。

では、アクター同士が協力をするという場合、その協力的態度を促すような性質をもつ相互作用とはどのようなものなのだろうか。ここで構成主義が提示するのは、アクターの自己認識を構成する価値観の共有の程度と、協力的行動とのつながりである。つまり協力は、一定の社会集団を形成するメンバーがそのアイデンティティ・価値観を共有する、その程度に応じて進展するのである。

この視点からすると、協力の機会を便益計算の一致に求める合理主義の立場は、協力にきわめて限定された可能性しか見ていないことになる。そうした機会は存在したとしても一時的で、文字通り機会主義的なものでしかないからである。

しかし、実際には多くの協力的取り組みはそうしたはかないものではなく、長期間にわたって持続している。とすると、協力の基盤はアクター・レベルの便益計算だけではなく、一定の社会集団を構成・維持する過程で形成されてきたアクター間の自己認識・価値観の共通性に依拠することになる。[18] こうしたアクター間の社会関係の中で、アクターによって共有され、参照されている価値群は規範（norms）と呼ばれる。[19] したがって、構成主義にとってどのような規範が共有されているのか、という視点は、アクターの行動を分析する上で重要な入口である。

PKO協力へのアプローチ

本節では国際協力の理論をみてきた。要するに合理主義はアクターを、計算にもとづき利害を追求する存在として捉えるのに対し、構成主義はアクターを、社会関係を構成しつつそれにより自らも形成される存在として捉える。では、それぞれのアプローチからみて、アクターをしてPKOのために協力的行動をとらせる動機はどのように理解できるであろうか。

PKOになぜ協力するのかを問う場合、主に議論されるのはPKOミッションに対して要員や装備を提供する各国政府の動機——たとえば、日本はなぜ南スーダンやハイチのミッションに参加したのか、といった問い——である。[20] 確かにこの場合、「なぜPKOのために協力するのか」という問いは、「なぜPKOに参加するのか」という問いとほぼ重なりあう。これまでの議論からも示唆されることであるが、PKOはそもそも多国間の自発的な協力にもとづく取り組みである以上、PKOに要員や資源を提供して参加することは、PKOにおいて他と協力する一定の準備があることをほぼ意味している。当該PKOミッションを撹乱あるいは不可能にすべくPKOミッションに参加することも可能性として全くないわけではないが、そういった動機が跋扈する場合、そもそもPKOミッションが立ち上がらないのである。

言うまでもないが、PKOに参加する政府アクターは「協力の三角形」の不可欠な一部であり、以下の考察でも中心的に取り上げていく。ただし、本章の前半で指摘したのは、PKOをめぐる協力がこうした各国政府レベルの協力を超えて起きているということであった。さまざまな国際アクターがなぜPKOにおいて協力しあっているのかを考えるためには、各国政府以外のアクターによる協力動機も捉えていく必要がある。したがって以下の論述も、政府アクターによる協力動機の説明から出発しつつ、それ以外のアクターによる協力動機にも視野を広げる形で進めていく。協力の動機という意味では、各国政府によるPKO協力の動機として挙げられる内容は、実は政府以外のアクターにも共通する部分が多い。次節からそれぞれの理論に沿って具体的にみていきたい。

4　物質益――合理主義からみた協力（1）

まず合理主義からみたＰＫＯへの協力から始めていきたい。そこからは、「アクターにとっての利益を獲得または伸長できる合理的な見通しがある場合、アクターはＰＫＯに協力する」という視点が得られる。では、ＰＫＯに参加することで得られる「利益」とは何であろうか。

もちろん、それぞれのアクターとしての性格や目的、あるいはＰＫＯに対する関わり方などにより、アクターが追求する利益が異なってくることは想定される。また同じアクターをとってみても、その時の具体的な状況（協力対象となるミッション、地域、ホスト国との関係、組織あるいは国内の状況）により追求すべき利益内容は変動するであろう。だがそれでも、ＰＫＯの文脈で追求される利益の種類に関して、ある程度一般的に述べることは可能である。

そうした利益は、概して言えば①物質益、②政治外交益、③国際益に大きく分けることができる。この節ではまず物質益を扱い、続く二節で政治外交益と国際益をそれぞれ取り上げる。

ミッション参加国

物質益とは、ＰＫＯに協力することによって獲得が期待される物質的・可視的な利益のことを指す。まずＰＫＯに要員などを派遣する政府アクターに即して言えば、それは自国の安全保障に関するものと、経済的利得に関するものとに大別できる。

まず、安全保障の観点からすると、PKO参加は安全保障上の脅威の予防や抑止に役立つものと考えられる。ある国・地域が紛争状態にあることが自国に直接的（紛争の拡大や地域化による巻きこまれ）あるいは間接的（紛争状態であることによるガバナンスの不在に付けこんだテロ組織・海賊・組織犯罪の跋扈、廃棄物の不法投棄、資源等の不法取引など）脅威を与えると判断される場合、そうした脅威の源である紛争を管理する手段として平和維持が有効であるという考え方である。これらのうち、紛争がもたらす間接的な諸脅威を強調する後者の議論は、「破綻国家（failed state）」あるいは「脆弱国家（fragile state）」という概念と深い関連性を有している。もっとも、破綻国家概念がどの程度論理的・実証的な精査に耐えられるのか、という問題はあるものの、ポスト冷戦期の国際安全保障を構想する上でこの概念とそれに依拠した新たな脅威論が盛んに取り上げられ、実際の政策や活動に反映されたこともまた事実である[21]（破綻・脆弱国家論については第2章で改めて取り上げる）。

安全保障の視点が対象国・地域をリスク（脅威）として捉えるものであるとすると、経済的な動機はPKO協力によってさまざまな経済的利得の機会がもたらされる、という期待からなっている。これにも、直接的なものと間接的なものがある。国連PKO参加によって国連から支給される償還金は最もわかりやすい直接的な例であり、とりわけ国連PKO要員の大多数を占めるようになっている開発途上国の参加動機を検討する際にしばしば引き合いに出される[22]。より一般的あるいは間接的なものとしては、資源・市場・通商路の確保も挙げられる。ミッション派遣先の国や地域が重要な天然資源を持っている、またその人口規模ゆえに大きな市場を提供している、あるいはエネルギー源の確保や貿易上必要な交易路に面しているといった場合、紛争が終結し安定することは自国の経済活動にとっても重要な利益をもたらす。たとえば、国連南スーダン共和国ミッション（UNMISS）に対して中国が初の歩兵派遣を含む積極的な参加をしたことには、同地域で産出される石油に対して中国企業が多くの利権を握っていることが背景のひとつになっているとしばしば指摘されてきた[23]。こうした指摘で前提とされているのも、経済的利得とPKO参加を結びつける視点である[24]。

ミッション受け入れ国

他方で、やはり政府アクターではあるがミッションを受け入れる側（ホスト国政府）となると、追求する物質益の内容も変わってくる。まず一般的に言って、ホスト国にとって紛争の終結自体はもちろん安全保障上の利益である。ただし、とりわけ紛争からの過渡期においては、それまで（旧）政府側と反政府側（多くの場合単一ではなく、複数存在する）をそれぞれ主導していた政治集団間にも緊張と相互不信が――社会全体の亀裂や対立を反映しながら――存在していることがほとんどである。こうした場合、PKOの派遣がそれを要請した側のみに利するとみられる（あるいは、和平プロセスの妨害を狙ってそのような宣伝がなされる）リスクがある。もたらされる平和が国全体にとってのものであるという国内のコンセンサスを醸成していくこと、またそれに向けた国際的な支援を行っていくことは、ホスト国全体の協力を確保する上で枢要なのである。

ホスト国にとっての経済的利得に関しては、PKOミッションの受け入れも含めた和平プロセスの進展と治安の安定が、開発援助や投資を呼びこむ上で重要なアピールポイントとなっていることが挙げられる。世界銀行グループ、国際通貨基金、欧州開発基金といった国際機構、さらにはドナー国政府で開発支援を担当する機関の多くは平和構築の考え方を取り入れ、和平合意成立後、比較的早い段階から現地政府との計画作りやその実施を行うようになってきている。とはいえ、そうした経済面での協力プロセスが進んでいくためには、和平合意の履行自体が進捗するとともに、文民支援が可能となる程度にまで実際の治安が安定する必要がある。PKOの展開受け入れは、こうしたプロセスを加速する可能性をもつだけでなく、ホスト国政府が和平プロセスおよび国際社会との協力に前向きであることを示す意味合いも含んでいる。

ＰＫＯ組織アクター

(1)ＰＫＯミッション間の協力パターン

ＰＫＯを組織する国連、地域機構や多国籍軍が相互に協力する場合に目を転じてみると、協力の重要な物質的動機は、それぞれの組織が動員できる資源の相互提供や融通ということになる。この協力で最も典型的なのは、それぞれが派遣するミッションによる分業である。先にも簡単にふれたが、これにはⒶ新ミッションが先行する別組織のミッションを引き継ぐもの（継時展開型）、Ⓑ同時展開する中で異なる役割を分担するもの（連携分業型）、Ⓒ展開しているミッションを支援するために別の組織が短期間にミッションを派遣するもの（戦略予備型）、Ⓓ異なる組織が共同でひとつのミッションを立ち上げ運営するもの（ハイブリッド型）というパターンがある。

こうした例は一九九〇年代以降多数存在している[25]（表1-2）。最も実践例として多いのは継時展開型（Ⓐ）であり、ハイチや東ティモールにおける多国籍軍から国連ＰＫＯへの移管、マリやブルンジなどでみられた地域ＰＫＯと国連ＰＫＯとの間の受け渡し、あるいは北マケドニアや中央アフリカ共和国での地域ミッション間の受け渡しといった、いくつかのサブ・パターンからなっている。連携分業型（Ⓑ）も実践例が多いパターンであり、比較的長い期間にわたり分業しながら並行して活動する点に特徴がある。分業の仕方も多様であるが、多国籍軍や地域機構が治安面の活動を中心に担い、国連ミッションがその他を担当するという形が一般的なようである。コソボ、コートジボアール、二〇〇六年擾乱以降の東ティモールなどがこの形態をとっている。戦略予備型（Ⓒ）も分業型の一種であるが、急激な治安悪下に迅速な対応を行うため、短期間に軍事力を中心としたミッションを新たに投入する点に明確な特徴がある。ＥＵと英国がコンゴ民主共和国、シエラレオネの国連ミッション支援のためにそれぞれ展

表 1-2　PKO ミッション間の運用協力事例

国・地域		期　間	ミッション
Ⓐ継時展開型	ハイチ	①1995年 ②2004年	①多国籍軍（アップホールド・デモクラシー作戦）から国連ハイチミッション（UNMIH）へ ②多国籍暫定軍（MIF）から国連ハイチ安定化ミッション（MINUSTAH）へ
	東ティモール	2000年	東ティモール国際軍（INTERFET）から国連東ティモール暫定行政機構（UNTAET）へ
	マリ	2013年	アフリカ主導国際マリ支援ミッション（AFISMA）から国連マリ多元統合安定化ミッション（MINUSMA）へ
	ブルンジ	①2003年 ②2004年	①南アフリカ防護支援分遣隊（SAPSD）からアフリカ・ブルンジ・ミッション（AMIB）へ ② AMIB から国連ブルンジ活動（ONUB）へ
	北マケドニア	2003年	NATO アライド・ハーモニー作戦 から EU コンコルディア作戦へ
	中央アフリカ共和国	①2002年 ②2008年 ③2013年 ④2014年	①サヘル・サハラ諸国国家共同体平和維持軍（CEN-SAD PF）から中部アフリカ経済通貨共同体多国籍軍（CEMAC FOMUC）へ ② FOMUC から中部アフリカ諸国経済共同体中央アフリカ共和国平和定着ミッション（ECCAS MICOPAX）へ ③ MICOPAX からアフリカ主導中央アフリカ共和国国際支援ミッション（MISCA）へ ④ MISCA から国連中央アフリカ共和国多元統合安定化ミッション（MI-NUSCA）へ
Ⓑ連携分業型	コソボ	1999年～	国連コソボ暫定行政ミッション（UNMIK）と NATO 国際安全保障部隊（KFOR）
	コートジボアール	2003～15年	仏ユニコーン作戦と国連コートジボアール活動（UNOCI）
	東ティモール	2006～12年	国連東ティモール統合ミッション（UNMIT）と国際安定化部隊（ISF）
Ⓒ戦略予備型	シエラレオネ	2000年	国連シエラレオネ・ミッション（UNAMSIL）に対する英パリザー作戦の支援
	コンゴ民主共和国	①2003年 ②2006年	国連コンゴ民主共和国（安定化）ミッション（MONUC / MONUSCO）に対する① EU アルテミス作戦，②コンゴ民主共和国 EU 部隊（EUFOR RDC）の支援
	中央アフリカ共和国	①2013年 ②2014～15年	国連中央アフリカ共和国多元統合安定化ミッション（MINUSCA）に対する①仏サンガリ作戦，②中央アフリカ共和国 EU 部隊（EUFOR RCA）の支援
Ⓓハイブリッド型	スーダン（ダルフール）	2007～20年	ダルフール国連・AU 合同ミッション（UNAMID）

出所）国連，EU，AU 各ウェブサイト，Terry M. Mays, *Historical Dictionary of Multinational Peacekeeping*, 4th ed. (Lanham: Rowman and Littlefield, 2021）など。

注）期間については各ミッションが活動していた期間ではなく，それぞれの形態の運用協力が発生した時期（すなわち継時展開型では後継ミッションへの引き継ぎが発生した時期，連携分業型およびハイブリッド型ではミッションが並行して活動した時期，戦略予備型では短期ミッションの介入による支援活動が行われた時期）を指している。

開した部隊はその代表例である。ハイブリッド型（Ⓓ）はスーダンに展開したダルフール国連・AU合同ミッション（UNAMID）を数えるのみである。経緯の特殊性や活動に対する評価の低さなどに鑑みて再現性の低いパターンではあるものの、[26]AUが自律的なミッション展開・維持能力を高めるまでの間、これに近い形での展開がみられる可能性もある。

付言すると、PKO組織アクター間での資源の相互融通については、展開ミッション同士の協力以外にもさまざまな形がある。たとえばNATOは、AUがダルフールやソマリアにミッションを派遣する際、AU加盟国から現地へのAUミッション要員の輸送支援を行った。また国連やEUは、AUによるPKOを含む紛争管理・介入能力整備（ASF）に対し、助言や訓練などを通じた能力構築支援を長年行っている。

(2)ミッション間協力における物質益

さて、資源を相互に提供しあうこうした協力行動をPKO組織アクターがとるのは、自らだけでは維持することが困難な資源（要員・装備・財源）を、他のアクターとの協力的分業関係を通して確保できると期待するためである。[27]

表1-2からも示唆されるが、実際にこのような協力がなされる場合の多くは、国連PKOミッションが中心となる形で行われている。地域機構や多国籍軍の場合、PKOミッションは展開地域、目的あるいは期間において限定的なものが多い。その背景には、組織自体の財政の脆弱さ、運用能力の未発達、派遣目的の限定性、あるいは派遣に関するメンバー国の支持のばらつきなどがある。こうした性格ゆえに地域・多国籍PKO同士の分業関係だけで完結できることはむしろまれであり、国連が最終的な受け皿となることが多い（実際、表1-2で例示した継時展開型協力はほとんどこの形をとっている）。ここには、限定されたメンバーシップをもち、PKOに参入した経験が比較的浅い地域機構や、そもそもアドホックな活動枠組みである多国籍軍と、普遍的なメンバーシップと（さまざ

まな問題はありながらも）包括的な資源動員能力をもつ国連との違いが反映していると言える。

他方、地域・多国籍ＰＫＯは軍事面の危機対応や紛争終結直後の治安維持に役割を絞り、迅速な展開能力を発揮するものが多い。迅速な軍事的対応を長年の能力的な課題のひとつとしている国連[28]にとって、国連の外から提供されるこれらの鋭い介入能力は非常に有用である。

先に少しふれた、ＡＵのＰＫＯに対する国際的な能力構築支援についても同様に考えてみたい。支援を受けるＡＵにとっての物質的な利益の存在は自明であるとして、支援を行う側である国連、ＥＵあるいは各国政府側にとっての利益は何であろうか。こうした支援では、支援側から被支援側へと財源やスキルの移転が起きるわけであり、支援側はその支援で直接的な物質益を獲得できるわけではない。では、その支援にどのような物質益があるのか。

この点を理解するためには、そうした支援が何を目指しているのかを踏まえて考えるとよい。すなわち、アフリカＰＫＯに対する能力構築支援が目指すのは、アフリカの地域機構とその加盟国自体が自律的にミッションを派遣・維持できることである。とすると、そうした能力が確保されれば、域外アクターの側が自らＰＫＯを組織派遣しなくて済むということになる。つまり、この場合の域外支援アクターにとっての物質益とは、協力によって新たに獲得できる資源のことではなく、域外の国や組織がＰＫＯの派遣展開を求められる状況自体を減らすことによる、潜在的なコストの低減にあるのである。「物質益」で通常想定される可視的・直接的な理解とは異なる物質益の計算が、ここには絡んでいると言ってよいであろう。

平和構築・人道支援アクター

(1) 新たな事業と財源

最後に、ＰＫＯの任務拡大（前掲表1-1）にともなって関係するようになった平和構築・人道支援アクターとの協力における物質益について考えたい。平和構築や人道支援に従事する組織は、ここまでふれてきた各国政府や国際機構以上に多様性があるため、一概に述べることはほぼ不可能である。それを踏まえた上で、そうした組織の側がＰＫＯミッションとの協力から期待する物質益に何がありうるのかを考えると、新たな事業と財源、そして物理的保護という二点が挙げられる。

まず前者に関してであるが、平和構築や人道支援アクターにとって、ＰＫＯミッションそのものが財源の直接的なソースとなることは少なく、あったとしても限定的である。ＰＫＯミッションが展開しているのと並行して、人道支援や平和構築を担当する国際・地域機関は基本的には自分たちの財源でフィールドでの活動を行い、国際・ローカルＮＧＯも政府機関等から集めた財源を用いて活動を行っている。例外的と言えるもののひとつは、いくつかの国連ＰＫＯミッションが有するクイック・インパクト・プロジェクト（ＱＩＰ）と呼ばれるプロジェクト財源であり、これはミッションや国連機関に加え、他の国際機関、ＮＧＯ、現地政府など幅広い実施主体が想定されている。ただし、期間と財源規模ともに小規模であり[29]、ＰＫＯに協力する持続的な動機とはなりにくいところがある。国連ＰＫＯミッションの予算から平和構築活動に拠出される額は増加傾向にあるものの、平和構築全体の所要からするとかなりのギャップがあるのが現状である[30]。

むしろ、そうした直接的な財源獲得より重要なのは、ＰＫＯマンデートが平和構築・人道支援アクターに新たな事業案件の可能性をもたらすことである。これは、特にＮＧＯにあてはまる。

選挙支援を例に挙げると、多機能ＰＫＯミッションには和平プロセスの一環として中央政府の議会や行政の長

（大統領）をはじめとした選挙の実施、あるいはそのための包括的支援を託されることが多い。この場合、国連であればDPPAなどの部局が中心的な役割を果たすものの、選挙実施に必要な市民教育や運営方法の訓練、実施時の選挙監視活動など、幅広い業務にNGOが参入・貢献している。

また、紛争からの移行期にPKOが実質的な暫定統治機構としての役割を果たす場合、コミュニティ・レベルでの市民行政の提供や社会の融和促進を目的として国際NGOがプロジェクトを行うことがある（ローカルNGOがこの目的で設立され、ドナーからの財政支援を得て活動することもある）。こうした活動を、NGOはPKOの「下請け」ではなく自らの事業として企画し、国際機関や各国政府など幅広いドナーから資金を募っている。つまりPKOマンデートの実施はNGOにとって新たな事業案件の創出と、それを通じた新たな財源の獲得につながっているのである。

PKOミッションの側からみても、人道支援・平和構築アクターと協力するメリットは複数ある。国際機関であれNGOであれ、それらアクターはPKOミッションよりも当該国・地域に対して長期的に関与している。たとえば国連システムの場合には開発・人道援助の専門機関が長期間活動していることが多く[31]、NGOも事業を行う際には現地事務所を開設して活動している。こうして、彼らの多くはPKOミッションよりも前から現地にプレゼンスをもち、PKOの派遣が終了した後も活動を続けている。

PKOミッションからすれば、それらアクターはマンデート遂行上不可欠なパートナーであるだけでなく、現地情勢の情報ソースとして、あるいは派遣終了時の撤退戦略の一部としても重要な存在である。さらにNGOの場合、PKOミッションや国際機関よりも活動開始の迅速性、遠隔地へのアクセス、コミュニティ・レベルでのプロジェクト実施能力などにおいて相対的に優れていると言われており[32]、PKOの活動を補完してくれるという期待を生む。

(2) 物理的保護

平和構築・人道支援アクターをＰＫＯミッションとの協力に導くもうひとつの物質的動機は、物理的保護手段の確保である。人道支援活動は紛争の最中でも従来から行われてきた活動であるが、それに加え、平和構築活動もＰＫＯミッションやそれ以外の平和構築アクターにより、紛争終結後の早い段階から実施されるようになっている。やはり多くの場合、紛争直後の治安は必ずしも安定的ではなく、紛争再発のリスクを抱えている状況でもある。

こうした中で活動する文民の平和構築・人道支援アクターが、国際的な軍事的プレゼンスであるＰＫＯミッションに物理的保護を期待するのは、ある意味当然のことではある。実際、近年展開している国連ＰＫＯミッションのほとんどには、①人道支援要員の保護あるいは人道支援活動上の治安条件確保、②平和構築を含むマンデート遂行のための「必要なあらゆる手段の行使」が安保理決議で授権されている。ミッション外のこうしたアクターとの協力が、ＰＫＯミッションにとっても前段で述べたようなメリットがあるとすれば、マンデートにもとづきパートナーの求めに応じた保護を提供することは合理的と言える。

(3) 協力におけるジレンマ

ただし、新たな事業・財源にせよ物理的保護にせよ、それら利益の追求はそれ特有のジレンマをも生み出すものである。

まず先にふれた事業・財源との関係について言えば、そこには事業間の調整という問題群が存在する。ＰＫＯミッション、国際機関、各国政府機関、そしてＮＧＯが平和構築や人道支援のプロジェクトをさまざまな規模や分野において取り組む、という状況は、それら事業間の重複や矛盾を解消するための調整を必要とする状況でもある。だが、それぞれのミッションやアクターはさまざまな事業目的のほか、手続き、運用ルール、事業計画、財源元への説明責任などの枠組みないし制約の中で事業を実施しており、柔軟な相互調整の余地を必ずしももっているわけではない。調整問題を論じる際にしばしば登場する言い回しを用いれば、この結果「誰もが調整したがるが、誰も調整されたがらない」──つまり、自らの活動に他が合わせてくれることを期待するが、他に自分が合わせることには抵抗する──状態がここに現れる。

ＰＫＯミッションとこれらアクターとの関係に即して述べれば、ミッションが直接大規模な形で人道支援や平和構築を行う場合、伝統的な平和構築・人道支援アクターとの競合関係は目立って表面化する。先述したとおり、ＰＫＯミッションはミッション外のアクターに対する事業財源の直接提供はあまり行っていないが、マンデートに含まれている平和構築や人道支援の諸任務を遂行するための活動はやはり行っており、その局面では直接競合するところもあるのである。この点で最も議論を呼んだのは、ＮＡＴＯがコソボやアフガニスタンで大規模に──後者では、民軍混成タスクフォースである地域復興チーム（ＰＲＴ）を各地に展開したりしながら──行った人道支援や民生支援の活動であり、同地で活動を行っていたＮＧＯコミュニティからは強い反発が起きた[33]。この反発の中には、人道支援・平和構築アクターに対する調整の不在に加え、ＮＡＴＯの活動が彼らの活動そのものを奪っているという危機感もあったように思われる。

他方、物理的保護にともなうジレンマは、保護を提供する側（平和維持要員）が攻撃を受ける対象にもなることから生じる。そもそも物理的保護が人道支援・平和構築アクターにメリットとなるのは、①それらアクターが物理的保護の手段をもたず、ＰＫＯミッションがそれを有しているという能力上のギャップに由来するが、さらに言えば②ＰＫＯミッションが十分な保護を提供できるという期待にももとづいている。

だが、②の期待には疑問が呈されつつある。というのも、ＰＫＯミッション自体が攻撃を受けるケースが増加傾向にあるからである。国連ＰＫＯを例にとれば、敵対的な暴力行為による国連ＰＫＯ要員の死傷者数は増える傾向にあり、国連においても大きな課題となってきている[34]。この主な背景としては、ＰＫＯが関与する紛争の性質変化（武装勢力の多様化、テロ的な手段の多用）に加え、その紛争終結に対するＰＫＯの立ち位置の変化（和平プロセスに対する包括的な支援アクターとなったため、そのプロセスに不満をもつ分子からの妨害・抵抗を受けやすくなったこと）も関係しているものと思われる。

ＮＧＯなどからすれば、このようにして標的となりやすくなったＰＫＯミッションと行動をともにすることは、その安全上のリスクも間接的に引き受けることを意味する。とはいえ難しいのは、平和構築や人道支援に従事する組織・要員に対する攻撃も同時に増加傾向にあるという点であり、ＰＫＯミッションに物理的保護を求めなかったとしても何らかの措置はやはり講じなければならない。実際、国際ＮＧＯの中には民間軍事会社に警備を依頼するところもあるという[35]。

ところで、調整や保護をめぐるこうしたジレンマには、それらにより得られるメリット・デメリットといった利益計算以上の問題が含まれている。先取りして言えば、その問題とは人道支援・平和構築アクターのアイデンティティに関するものであり、調整あるいは保護を受けることによってアクターとしてのあり方、ひいては信憑性が毀損する、という恐れに起因している。この点については、構成主義からみた協力を論じる第7節以降で改めて取り上げるが、その前に残り二つの合理主義的利益をみていく。

5　政治外交益――合理主義からみた協力（2）

政治外交益とは、ＰＫＯに協力することによって獲得・拡充が期待される外交上の利益のことを指す。言うまでもなく、外交（diplomacy）は国家間関係を前提にした政府間の交渉や働きかけを伝統的には意味している。また、PKOの設立・実施を主導し、運営に必要な資源（要員・装備・財源）の多くを供出しているのは各国政府であり、その外交目標との関係でPKOへの貢献がどのように位置づけられるのかは、それら政府にとって常に意識されている。国連や地域機構がPKOミッションを組織する場合にも、その意思決定は加盟国間での交渉・合意にもとづいており、その限りで各国の意思が調整された形で集合的に反映されていると言えるであろう[36]。

他方、平和構築・人道支援アクターの場合には、PKOミッションへの関与はそれぞれのアクターが得意としている実質的な活動の側面（事業の獲得、物理的保護）が主であり、それらの活動を通じて何らかの「外交」を展開する狙いがあるわけではない。これに加え、現地での支援活動を主眼としているこれらのアクターは人道主義や開発支援に関する一定の行動規範を共有しているが、その規範の中核をなすのが「政治」「外交」的な活動からの独立という原則である[37]（この点は構成主義を扱う節で改めて取り上げる）。

他国との協力関係の推進

したがって本節での議論は、PKOへの協力（先述のように、この場合PKOへの参加とほぼ同義になる）が各国政府の対外政策や外交においてどのような意義があるのか、をめぐる考察が中心になる。

そうした意義としては、①他国との協力関係の推進、そして②国際社会における認知度の向上、という二つが主に挙げられる。

まず、PKOへの協力によって他国との協力関係が推進されるのは、PKOが基本的に多国間の取り組みであり、他国と協力しながらの活動を必然的に要請するからである。司令部や兵站といった機能を派遣要員・部隊が担っている場合には、ミッションに参加する各国の要員・部隊との協力が日常的に求められる。また、たとえば同じミッション内で隣接する地域を異なる国からの派遣部隊が担当している場合、任務実施のための活動調整はもちろんのこと、業務以外にも部隊間で交流行事がしばしば行われている。こうしたさまざまな活動を通じた交流は各国の政府間レベルにおいても交流の実績としてカウントされる。当然ながら、同じことは派遣先であるホスト国政府や社会との関係についても言えるであろう。PKOミッションの一部としてホスト国の平和維持・構築に人材や財源などを投じて貢献したことは、当該国への重要な協力実績となるのである。

こうした視点からみると、PKO参加は二国間あるいは多国間での（政府間）外交に加え、ホスト国社会との関係ではパブリック・ディプロマシー（対象国の世論に対する外交的な働きかけ）の一翼を担っているとみることができる。[38]

国際認知度の向上

他方、PKOへの協力によって国際社会における認知度の向上（②）が期待できるのは、PKOが多国間の枠組みでの意思決定を根拠とした、高い国際的正当性をもつ活動だからである。[39] 国連であれ地域機構であれ、PKOが設立される場合には正式な意思決定を経て行われる。地域PKOや多国籍軍の場合、組織主体における設置のための意思決定や取り決めだけではなく、近年はさらに国連安保理の決議も得る傾向が強くなってきている。[40]

こうした、重層的とも言える正当性を帯びた活動に参加するということは、それによってその正当性を共有できることを意味している。この正当性は、各国レベルにおいては「国際社会の意思を尊重し、その実現に貢献する国」としてのそれに転化する。国際場裏における自国の地位・威信（prestige）の向上にPKO参加が資するという認識は、基本的にはこのような期待にもとづいている。

これと関連する、もう少し具体的な形をとった利益としては、国際機関における発言力の向上がある。ある国際機構がＰＫＯを組織・派遣し、そのミッションに対し加盟国が貢献をしていれば、その国は当該国際機構の意思決定を重視しその実行に貢献する国として認識される。その認識は、貢献がより多く継続的であればあるほど、それに比例して強化される。国連ＰＫＯを例にとれば、要員や部隊の提供国として長年多くの貢献をしている国は、それに応じて自国の発言に対する他国からの支持や尊重の姿勢を期待することができる[41]。このことは、安保理常任理事国の拡大に関する議論の中で、新規常任理事国にふさわしい国の基準として国連ＰＫＯへの貢献度合いがしばしば取り上げられることにも反映している[42]。

国連ＰＫＯに対し、アフリカ諸国の影響力を高めるべきという論点も、もうひとつの例である。ポスト冷戦期において国連ＰＫＯへの要員提供数で最上位を占め続けてきたのは南アジアの諸国（インド、パキスタン、バングラデシュ）を中心とするアジア地域であった[43]。しかし二〇一〇年代に入ると、アフリカ諸国による国連ＰＫＯ派遣が――ＡＵなど、アフリカ地域機構への参加とは別に――積極化してくる。国際平和研究所（ＩＰＩ）のデータによると、国連ＰＫＯに対する派遣者数の大陸間比較においても、二〇一三年頃を境にアフリカがアジアを抜いて最も多い要員派遣数を出しているという[44]。

国連ＰＫＯに関してはこれまでも、要員などを提供する国（アジア・アフリカなどの諸国）と重要な意思決定をなす国（安保理常任理事国）との間のギャップが常に問題になってきた。アフリカが国連ＰＫＯに対する最大の要員提供地域になったことで、アフリカ諸国・機構に国連ＰＫＯに対する発言権をより多くもたせるべきという主張がさらに高まっていくであろう[45]。元来、地域内に多数の国家を擁しているアフリカは、地域別の加盟国グループを通じた外交が行われる国連政治の中でも大きな影響力をもってきた[46]。貢献実績を背景にアフリカ諸国の発言力が向上すれば、アフリカ諸国全体としての国連における影響力向上を後押しする効果を生むであろう。

「発言力」「影響」「協力の推進」という現象は、物質益のような可視性やわかりやすさを持っているわけではない。しかし、国際関係をなすアクターは目に見える、あるいは示すことができる利益だけを追求しているわけでもない。国際政治のアクターは一度登場すると比較的長い期間存続するという基本的性質があり、その期間において何度も、さまざまなレベルでやりとりを交わす。こうした連絡や交流の履歴が相互の信頼度や信憑性の評価をなし、それがひいては国際場裏における活動のしやすさ（支持の得やすさ、障害の少なさ）に転化する。影響力や二国間・多国間交流が重要なのは、こうした文脈においてなのである。

6 国際益——合理主義からみた協力（3）

国際益としてのＰＫＯ参加

国際益とは、ＰＫＯに協力することによって国際社会全体が享受できると期待される利益のことである。物質益や政治外交益が、各アクターの目線から個別的に定義され、その拡張が目指される類の利益であるとすると、国際益はそれらアクター全てに共通の利益である点が大きく異なっている。

そしてここで問題になるのが、個々のアクターにとって重要な利益の内容と、国際益のように複数のアクターにより共有される利益の内容との間にはギャップがある、という点である。そうでなければ、ＰＫＯを通じて追及される「利益」がここまで見てきたような多様性を示すことはそもそもないであろう。全体利益と個別利益の齟齬や矛盾は他の社会的・思想的文脈でも多く見られる現象であるが、以下ではＰＫＯへの協力という文脈に即して議論を進めてみたい。

議論の軸となるのは以下の三つの問いである。すなわち、①ＰＫＯが国際益の一部となるのはどのような意味においてなのか、②アクターからみて、そうした国際益を追求することが合理的となるのはどのような意味においてなのか、③合理的な選択として国際益を追求する観点からPKOに参加・協力する場合、どのような困難があるのか、である。順番に考えていく。

まずPKOが国際社会全体の利益となるというのは、どのような意味においてなのであろうか（①）。最も一般的に言えば、平和維持は紛争の管理・解決を支援する国際活動である。その紛争がどのような形（内戦、地域紛争、あるいは国家間紛争）をとるものであれ、発生した紛争は国内だけではなく周辺諸国、ひいては国際社会の秩序にネガティブな影響をもたらす。もともとは国内勢力同士の武力衝突として発生したとしても、周辺諸国による一部勢力への援助や直接的な軍事介入により地域紛争化する、あるいは治安維持や法執行能力の低下が組織犯罪やテロを行う組織の跋扈につながるリスクもある。また紛争の発生は、関係国の経済構造の変質、インフラの破壊や人材損失・流出による生産能力低下、市場の喪失といった経済的・社会的損失もともなう。こうした意味で、どのような紛争も、既存の国際秩序に悪影響を与え、それを通じて各国とそこに住む人々の生活を悪化させる。したがって紛争を管理・解決し、紛争リスクがある状態からの離脱を支援する活動であるPKOは、国際秩序の安定という国際益を促進するものと言える。

アクターによる国際益追求の合理性

PKOの実施は、こうして国際秩序の安定という国際益に資するものと理解される。ここでの国際益がそのような意味であるとして、ではそれを追求するのが合理的となるのは、どのような場合なのであろうか（②）。

ここで問題になるのが、受益と負担とのバランスである。利益を追求する行動には、一定のコストがかかる。PKOの文脈に即して言えば、国際秩序の安定という利益を得るために、各アクターは要員、装備、財源、政治的支持の動員といった負担を担うのであり、ＰＫＯに協力するという行動が合理的たりうるためには、その投資（コスト）に見合った利益（リターン）をもたらすという計算が（期待値であったとしても）成り立っている必要がある。では、そうした計算はどのような場合に成り立つのだろうか。

この問いを考える上でまず指摘しなければならないのは、紛争管理（の一部としてのＰＫＯ）が国際秩序全体に有益なものであるとしても、その裨益の程度は地域や国によってかなり異なる、という事実である。紛争の周辺地域に位置する国と、それとは異なる大陸に位置する国とでは、その紛争がもたらすインパクトそのものが当然異なっている。紛争が飛び火するかもしれない周辺諸国にとって、その紛争が終息すべく尽力することは直接的な利益であり、国際益をわざわざ持ち出す必要はない。他方、遠く離れた国にとっては、国際秩序の安定という国際益は、紛争がもたらす中長期的かつグローバルな影響を認識するための概念装置として機能する。

そう考えてみると、国際益とは紛争に直接――すなわち、近接した空間枠あるいは短期的な時間枠で――影響を受ける可能性が低いアクターに対し、その紛争管理・解決に貢献することを説得するための利益概念であることがわかる。国際益が前提とする長期的・構造的な視点をアクターが受容することを通じ、各アクターはそのコスト分担を合理的とみなすのである。

国際益追求をめぐるジレンマ

ということは、国際益がＰＫＯ協力という行動の動機となる程度は、国際益という考え方を各アクターが受容する度合いに依存することになる。そしてここに、国際益特有の困難さも存在している（③）。

ひとつは、「国際秩序の安定」の公共財としての性質に関係する。安定した国際秩序は国際公共財としての性質が強く、その維持のための負担の有無にかかわらず、それを享受することが可能である。公共財の供給に際して指摘されるこうした「ただ乗り」（フリーライダー）問題は社会科学では長らく指摘されてきた問題であるが、国際秩序の安定のための負担であるPKOへの協力にもこれがあてはまる。自分以外の誰かがPKOに貢献し、その成果である地域・国際秩序の安定を自分が享受できるのであれば、あえてPKOに自分が協力する必要はない、という考えに至るのである。

しかし全てのアクターがこうした判断をしてしまうと、結果的に需要に合致した規模のPKOの派遣ができなくなり、国際秩序の安定も各アクターが期待したほどには実現せず、その利益も享受できなくなる。各アクターのレベルでは低コストで高い利益をもたらすようにみえる行動が、集団のレベルでは公共財（＝安定した国際秩序）の過少供給という事態をもたらすのである。

この問題を管理する最も一般的なやり方は、一定の負担を義務化することである（さまざまな公共サービスやインフラを維持するために課税をするのはひとつの例である）。実際、すでに記しているように、国連PKOではPKO予算に対する加盟国からの拠出が通常予算に準じた形で義務化されており、加盟国は定められた割合を支払うことになっている。だが、実際に国連PKOミッションを可能にする要員や装備に関しては、同じような義務を加盟国に課すことはできていない。この点はAUやEUのような地域機構も同様である。[47]

それができない理由は、要員の派遣が各国にとって政治的アカウンタビリティと主権にかかわる問題だからである。[48]各国政府にとって、自国が派遣する要員はPKO要員である前に自国民であり、紛争管理という活動の性質上一定のリスクをともなう活動に彼らを送り出す決定は常に重いものである。そして、そうした決定を（所定の法的枠組みと政治制度を通じて）行えるのは、自国民の生命と財産に責任をもつ自国民自身である。ここにはいわば「主権の壁」があるわけであるが、こうした観点からすれば、国際益の追求はリアリティに欠けるものと映るかもしれない。

国際益と国際共同体

つまり、国際益を動機とした行動にはフリーライダーの問題がともなうが、それを克服するための施策である義務的なスキームの導入も「主権の壁」に阻まれる、ということである。では、国際益がＰＫＯ協力で果たす動機としての役割は、ここが限界なのであろうか。国際政治に協力よりも競争の要素をより多く見出すリアリズムのような立場を持ち出さずとも、各アクターに固有の利益の存在や可視的利益の訴求力などに鑑みれば、こうした限界の存在は容易に想像できる。

だが興味深いことに、そうであるにもかかわらず、ＰＫＯに参加・協力する各国政府を含めたアクターの多くは、国際秩序の安定や啓蒙された（＝中長期的な視点に立った）国益としての国際益が重要であることを言明し続けている。実はここには、コストとの関係で計算される利益とは異なる意味を帯びた「国際益」の重要性が含まれている。それは、国際益概念に含まれる「アクター」の特殊性とでも言うべきものである。

いわゆる「国益」という概念が当該国（政府および国民）の存在を前提としているように、国際益という概念も、そうした個別のアクターを包摂しつつそれらを超えた一種の集合体のイメージを惹起する。こうした集合体・総体は国際共同体（international community）あるいは国際社会（international society）と呼ばれる（この二つの概念には微妙な含みの違いがあるが、ここでは国際共同体という用語を用いる）[49]。先に、国際益がＰＫＯ協力の動機となる程度は、その考え方を各アクターが受容する度合いに依存する、と記した。では、こうした受容が起きうる条件は何か。それは、各アクターが自己よりも大きな受益主体である国際共同体と自らを一致したものとみなす認識が存在すること、換言すれば、国際共同体の一部としてのアイデンティティを自らの中に認めること、である。

「安定した国際秩序」という国際益を積極的に追求するためには、そのアクターがそれを国際公共財として捉えるだけではなく、国際益と対になっている国際共同体に自らのアイデンティティを見出すような認識装置をも備えている必要がある。ＰＫＯに協力するアクターが「国際秩序に対する責任」を動機として挙げるとき、示唆されるのはそうした装置の存在である。[50]

では、アクターのアイデンティティはＰＫＯ協力の動機としてどのような役割を果たすのであろうか。この問いを考えるのに有用な理論が構成主義である。

7　国際規範としてのＰＫＯ──構成主義からみた協力（1）

規範、アイデンティティと協力

先に述べたように、構成主義はアクターが一定の社会関係を構成する中でアイデンティティや価値観を共有し、それに依拠した行動をとることになるという見方をする。こうした行動は共有された価値観（規範）やアイデンティティを尊重し、それらを伸長する効果をもたらすという意味で協力的な行動である。ある活動が一定の積極的価値を内包する行動モデルとして社会的に認識され、その認識が共有されているとすると、そのモデルは当該社会のメンバーにとってアクターとしてのあり方、存在理由や目的の一部をなすべきものと捉えられる。モデルに沿った行動をすることが、メンバーシップの一部となるのである。

これをＰＫＯへの協力にあてはめて考えてみると、平和維持が規範化、すなわちアクター間で共有される価値群の一部をなすにつれ、より積極的に協力行動がみられることになる、という視点が得られる。前節で指摘した、国際益、国際共同体、そして個別アクター間の関係をめぐる議論がここでも有益である。ＰＫＯがその価値群の一部となっている社会関係の総体は国際共同体であり、アクターはＰＫＯを含む諸規範を受容することでそのメンバーと、PKOに従事する際にアクターが国際益（国際社会の安定）の追求を理由として掲げるとき、そこで前提とされている国際共同体のメンバーシップも同時に自認していることになる。自己よりも大きな共同体に対するメンバーシップやその構成規範の受容を必然的にともなうという意味で、国際益は、規範的な色彩の強い「利益」であると言えるであろう。

さて、PKO協力を、国際共同体およびその規範と個別アクターとの一致（identification）から捉える構成主義的な視点は、次の二つの問いを投げかける。①PKOがどの程度国際共同体の規範となっているか、②平和維持がどのように各アクターにおいて規範化されているか、という論点である。これらの問いは相互に関連しあっている。というのも、国際レベルで規範化（①）されていないものについて、アクター・レベルにおける規範化の程度（②）を問うても意味をなさないので、②を考えるためにはまず①の輪郭を可能な限り明確にしておく必要がある。他方、アクター・レベルで規範として受容（②）されていないものが国際レベルで規範化（①）していることも考えにくいであろう。実際、アクターによる規範化は国際レベルの規範化の中心的な柱である。

要するに、ある活動が国際共同体の規範となることと、それがアクターによって規範化していることはほぼ同時に進行する、相互に構成的な事態なのである。ただし、平和維持が国際規範となっている背景は、個別アクターの行動に収斂しないマクロな要素も含んでいるため、まずこの点（①）から考察を進めていく。個別のアクターにおけるPKOの規範化（②）については次節で取り上げる。

パターン性と理念性

さて、そもそも平和維持は国際共同体の規範となっているのであろうか。アクターが国際共同体の一員として行動することを考える場合、そのアイデンティティの一部として取りこむべきモデルとなっているのであろうか。一般的に、規範とは任意のアクターの集まりにとって何らかの意味で適切と考えられる行動規準のことを指すが[51]、この理解からは、規範の存在が認識されている場合の一定の条件のようなものが推測される。すなわちそれらは①ある程度一般化された「型」の存在（パターン性）と、②当該活動に取り組むことの望ましさに関する共有された認識（理念性）の存在である。前者は規範が行動規準であること、後者はアクターにとっての適切性の認識からそれぞれ導き出すことができる。

つまりある行動パターンが望ましいと認識される場合、規範が存在していると言いうるわけであるが、PKOに即して言えば、そう考えるだけの材料は多く揃っている。ここまでの議論でふれた内容とも重複するが、最も大きなところをかいつまんで列挙するならば、以下のようになる。

・国際連盟などによる取り組みを経て、国連によってPKOが活用され、七一のミッションが設置（二〇二四年末時点）されてきたこと。
・本章で説明したように、現在は国連を超えたさまざまな枠組みで平和維持が広く実践されていること。
・PKOが恒常的に多国間で行われてきたため、ミッションの運営側（国連事務局、EU委員会およびEEAS、AU委員会など）や資源提供側（各国政府など）において準備・運用体制に一定の制度化がみられるようになっていること。
・各国の外交政策や安全保障政策においてPKOを含む紛争管理への貢献が頻繁に言及されていること（個別のアクターにおける規範化の問題に直結するが、次節で述べる）。

PKOが国際活動のパターンとしての地位を確立していることについては、活動実績の豊富さや運用体制の制度化を指摘すれば足りるであろう。ＰＫＯの理念性については、それに取り組む各国の政策における位置づけに主にみてとることができる（次節参照）が、国際レベルでは国連や地域機構におけるＰＫＯの位置づけの中にも観察することができる。位置づけとは、各機構の目的や機能との関連で平和維持がどのように定められているのか、ということである。以下ではこの点について、国連をはじめとするいくつかの主要な例をみてみたい。

ＰＫＯの理念性

(1)国連における位置づけ

序章でも述べたように、国連憲章には平和維持は文言として登場していない。しかし、国連においてＰＫＯミッションが設立される場合、それは安保理決議を通じ、安保理の権限において設立されるのであり、それを通じて国連憲章に定められた安保理および国連の目的に関連づけられている。では、どのように関連づけられているのであろうか。

国連でＰＫＯが設立される場合、その設立決議の多くにおいて、①当該情勢の「国際の平和と安全に対する脅威」認定、②憲章第7章の権威、③「必要なあらゆる手段」行使の授権、がふれられている。憲章第7章は、安保理が平和への諸脅威に対し、軍事までをも含む諸手段を用いて対処することを定めた章である。第二次世界大戦の惨禍を経て設立された国連にとって最も重要な目的は、「国際の平和と安全」を維持し、そのために必要な集団的手段を講じることである。集団安全保障と呼ばれるこの機能は国連の重要な役割のひとつであるが、国連ＰＫＯはこの目的を達成するための手段として位置づけられているのである。

集団安全保障ほど直截的な位置づけではないが、ＰＫＯは国連の他の目的にも関連づけられている。国連憲章第一条は集団安全保障（第一項）に続き、次のように述べる。(52)

二、人民の同権及び自決の原則の尊重に基礎をおく諸国間の友好関係を発展させること並びに世界平和を強化するために他の適当な措置をとること。
三、経済的、社会的、文化的または人道的性質を有する国際問題を解決することについて、並びに人種、性、言語または宗教による差別なくすべての者のために人権及び基本的自由を尊重するように助長奨励することについて、国際協力を達成すること。
四、これらの共通の目的の達成に当たって諸国の行動を調和するための中心となること。

これに続く第二条は、これらの諸目的を国連およびその加盟国が果たしていく上での原則を定めている。若干長いが、ここに引用しておく。

一、この機構は、そのすべての加盟国の主権平等の原則に基礎をおいている。
二、すべての加盟国は、加盟国の地位から生ずる権利及び利益を加盟国のすべてに保障するために、この憲章に従って負っている義務を誠実に履行しなければならない。
三、すべての加盟国は、その国際紛争を平和的手段によって国際の平和及び安全並びに正義を危うくしないように解決しなければならない。
四、すべての加盟国は、その国際関係において、武力による威嚇又は武力の行使を、いかなる国の領土保全又は政治的独立に対するものも、また、国際連合の目的と両立しない他のいかなる方法によるものも慎まなければならない。
五、すべての加盟国は、国際連合がこの憲章に従ってとるいかなる行動についても国際連合にあらゆる援助を与え、且つ、国際連合の防止行動又は強制行動の対象となっているいかなる国に対しても援助の供与を慎まなければならない。

六、この機構は、国際連合加盟国ではない国が、国際の平和及び安全の維持に必要な限り、これらの原則に従って行動することを確保しなければならない。

七、この憲章のいかなる規定も、本質上いずれかの国の国内管轄権内にある事項に干渉する権限を国際連合に与えるものではなく、また、その事項をこの憲章に基く解決に付託することを加盟国に要求するものでもない。但し、この原則は、第7章に基く強制措置の適用を妨げるものではない。

全体として言えば、国連憲章は、集団安全保障、民族自決にもとづく国際友好、そして国際問題の解決と人権促進における国際協力において、国連が各国による協調的行動を導く役割を果たすべきであること、またそれらに取り組む上では国家主権、内政不干渉、紛争の平和的解決および集団安全保障を尊重すべきであることを記している。こうしてみると、PKOは国連の目的を広い意味で体現した活動であることがわかる。PKOは集団安全保障にもとづき、かつホスト国および要員等提供国の合意と協力にもとづく活動である。東ティモールや南スーダンでは武力によらない民族自決を促す役割を（困難をともなったとはいえ）担った。人権促進は文民や社会的弱者の保護という形でPKOの主要任務になっている。[53] これら国連の理念を具現化した存在であるがゆえに、PKOは実践すべき規範としての性質を帯びるのである。

(2)EUにおける位置づけ

国連と異なり、EUの場合にはアムステルダム条約（一九九九年発効）においてPKOがEU基本条約に明記されるようになっている。[54] 同条約では、次のように記されている。[55]

四二、一、共通安全保障・防衛政策は共通外交・安全保障政策で中心的な部分となる。それは文民および軍事資産に依拠した運用能力を連合にもたらす。連合は、国連憲章の諸原則にのっとり、平和維持、紛争予防、国際安全保障の強化のため連合外部で行われるミッションに向けてそれらを用いることができる。それら諸任務の遂行は加盟国から提供された諸能力を用いて行われる。

ＥＵの目的は「平和、連合の諸価値およびその市民の幸福を促進すること（promote peace, its values and the well-being of its peoples）」であり、[56]対外政策（共通外交・安全保障政策［ＣＦＳＰ］）の分野では「連合の価値、利益、安全保障、独立と保全の保障」「民主主義、法の支配、人権、国際法諸原則の強化と支援」「国連憲章の諸目的と原則、ヘルシンキ宣言の諸原則、パリ憲章の諸目的に沿った平和の維持、紛争予防と国際安全保障の強化」などが目的として掲げられている。[57]ＰＫＯはこれら諸目的のための活動と位置づけられている。

地域機構であるＥＵのＰＫＯが加盟国の利益と安全保障に向けられていることは当然としても、民主主義など欧州に由来する政治的諸価値の国際的拡張にも向けられていることは注目に値する。また国連憲章が「平和の維持」に関する部分を含めコンスタントに引き合いに出されていることにも注意したい。ＥＵがＰＫＯを用いる場合も、それは国連の諸目的・原則に沿った、「国際の平和と安全」のためであることがそこに含意されているのである。

(3)　ＡＵにおける位置づけ

ＡＵの場合、「平和支援活動および介入（peace support operations and intervention）」は平和・安全保障理事会（ＰＳＣ）の機能のひとつとして定められている。ＰＳＣの目的はアフリカの平和と安定の促進、紛争予防、平和構築・紛争後の復興支援などであり、ＥＵとは異なりアフリカ大陸での活動が想定されている。[58]

他方、その活動原則をみると、ＰＳＣはＡＵ憲章（AU Constitutive Act）、国連憲章および世界人権宣言に依拠することが明記され、具体的な原則としては紛争の平和的解決、危機への早期対応、法の支配・人権・国際人道法の尊重、相互依存、主権と領土保全、内政不干渉、主権の平等などが挙げられている。さらに、人道上の深刻な事態(戦争犯罪、ジェノサイド、人道に対する罪)が発生している際には連合として介入する権利を有することも明記されており、国連やEUよりもさらに踏みこんで、軍事活動と人権・人道の尊重を結びつける姿勢を示していると言える[59]。

AUがアフリカ地域でのPKOの運用を想定している背景には、地域機構としての性格に加えて、この大陸で多くの地域紛争や内戦が勃発している現実がある。だが前段で述べたPKOの意義づけの仕方に着目してみると、AUもまた国連やEUとかなり類似した認識があると言えよう。

本節では、国連、AU、EUという三つの主要アクターにおけるPKOの位置づけをスケッチすることで、平和維持がどのような意味で国際規範となってきているのかを考えた。組織により強調の濃淡はあるが、PKOは国家主権(領土保全・内政不干渉)、人権・人道主義、民族自決(主権平等)、法の支配、紛争の平和的解決といった諸価値、さらには国連憲章への言及を通じて集団安全保障にも関連づけられている。平和維持がこれらの価値を帯びた活動のパターンとしてアクターに認識されるがゆえに、それは規範とみなされているのである。

8 政府アクターによる規範の受容——構成主義からみた協力(2)

政府アクターにおける規範化

平和維持が上述した意味で国際規範となっているとして、では個々のアクターにおいてその規範はどのように受容され、アイデンティティの一部となっているのであろうか。

アクターということで言えば、国連や地域機構もPKOアクターである。ただし前節でみたように、これら国際機構はPKOミッションを設立・組織する立場の下、国際的なレベルでPKOという規範を拡散・推進する役割を果たしている。やや誇張するならば、これら諸機構は平和維持という国際規範を積極的に代弁するアクターであると言ってもよい。

国際規範としてのPKOの受容という問題がよりあてはまるのは、やはり各国政府やNGOといった、国際的な活動をしつつもより限定的な目的、メンバーシップ、そしてアイデンティティをもつアクターの方であろう。まず、PKOに参加する各国政府における規範化をみていく。各国政府においてPKOが規範として受容される仕方やその程度は当然ながら国によって異なり、また受容をもたらす諸要素は各国特有の仕方で複合している。本書でそれら諸要素を網羅的に述べる準備はないが[60]、ある程度の整理は可能である。すなわち、PKOという国際規範の受容につながる諸要素は、①国際場裏における自国の役割に関する認識、②PKO組織主体（国連および地域機構）への評価、③紛争管理における自国の役割に関する認識・姿勢、という三つの大きなカテゴリーに分けることができるように思われる。

自国の国際的役割

第一のカテゴリーは、国際関係における自国の役割に関する最も基本的な自己認識である。この場合、「役割」とは国際共同体を担うエージェント（代理人）として自認する役割のことを意味しているが、そうした自認が起きるためには国際共同体と自国とのアイデンティティ上の一致が存在している必要がある。自国の望ましいあり方が国際共同体およびその諸規範と重なりあうのであれば、その国は国際共同体との（存在上の）距離感を抱くことなく行動できるであろうし、逆に国際共同体から根本的な隔絶を意識しているのであれば、国際規範が行動の動因となることもないであろう。

では、どのような形で国際共同体との一致という自認は起きうるのか。少なくとも二つのルートが考えられる。ひとつのルートは、自らが国際共同体の現在の形――その形のことをここでは「国際秩序」と理解しておく――を作り維持しているという認識にもとづいている。既存の国際共同体の形成を主導した国であることから、その維持に責任を有するという考え方が生まれる。さらに、国際共同体の形成を主導したのであれば、それを構成している諸価値（規範）や制度は、その国自身の価値や制度をある程度反映してもいるであろう。その意味では、国際共同体はその主導国のアイデンティティの延長線上にあるものでもある。

もうひとつのルートとしては、価値観やアイデンティティの一致のみに依拠するものが考えられる。国際秩序形成を主導できるような立場でなくとも、その国自身がすでに持っている、あるいは持とうと目指している価値観やアイデンティティに合致するものとして国際秩序をポジティブに評価しているのであれば、自国と国際共同体との間に隔絶を見出すことはないであろう。また、仮に隔絶があるとしても、それは埋めることを目指すべきギャップであり、越えられない溝とは認識されないはずである。国際共同体と合致して振る舞う姿が自国に「ふさわしい」と考えるにせよ、それが自国の「目指すべき方向性」であると考えるにせよ、これらの国は価値観やアイデンティティの観点から国際共同体を積極的に評価し受容（しようと）している点で共通している。

だが他方、第二のルートは、「なぜこれらの国は国際共同体との一致を志向するのか」という問いを直ちに生む。というのも、既存の国際秩序形成に対する責任に（構成主義の視点から）動かされる主導国とは異なり、これらの国は国際共同体や国際規範に対する態度を自由に決めることが可能だからである。なぜ、彼らは国際共同体との一致を選ぶのであろうか。

この問いへの十分な答えは構成主義からだけでは得られないところがあるものの（たとえば対外政策や物質益と

いった各国の利害計算も重要である）、構成主義の視点からは次のようなことが言える。まず国際共同体を自国のアイデンティティに合致するものとして肯定的に評価する国は、秩序主導国と同じ価値観や秩序構想をもつものの、主導国となるような国際政治上の権力資源を有していない国である。つまり、既存の秩序を主導している（できる）わけではないが、価値観の点では主導国と同じような結びつきを国際共同体に対してもっている。主導国との外交関係もあり（これは先述した政治外交益にあたる）、彼らは国際共同体との一致を志向するのである。

より興味深いのは、国際共同体への合致を志向するようになった国のケースである。前段で述べた国とも異なり、彼らはもともと国際共同体の価値観や制度を共有していたわけではなく、ある段階でその共有を志向するようになったことになる。どのような段階で、何を契機にそうした変化を経験するのであろうか。

これも、さまざまなケースが考えられる。たとえば、それまで掲げていた価値観や対外行動上のイデオロギーが大きな動乱（国家間紛争、内戦、国内体制の崩壊など）によってその正当性を失えば、それらの国は国際共同体の価値観を受容する方向に赴くかもしれない。権力資源の拡大と自らへの国際的期待（あるいは圧力）の高まりにともない、国際共同体へのより深い浸透を図ろうとする場合もあるであろう。その場合には、国際共同体の主要なメンバーとしての責任を自認してその価値観や制度を取りこもうとする国もあれば、それらを取りこみつつも自国固有の価値観に沿った形で漸進的に国際秩序を変えていこうとする国もあるかもしれない（こういった意向にも、合理主義的な計算がさまざまな程度で作用している）。

既存の国際共同体の形（国際秩序）に対しどのように自国を重ねあわせるのかには、このように多様な仕方が存在する。また先ほど示唆したように、国際共同体へのアプローチは同じ国であっても変化しうることにも注意したい。だが、これらルートのいずれかを通って国際共同体との一致を志向する国であれば、その中で規範（パターン・理念）化している活動であるＰＫＯは貢献すべき活動として認識されるであろう。違う言い方をすれば、

ＰＫＯに積極的に協力することが、国際共同体という社会関係全体に対するポジティブな意思表示のひとつとなるのである。

ＰＫＯを組織するアクター（国際機構）への評価

国際共同体との関係における自国の役割をめぐる以上のような考え方は、国際規範としてのＰＫＯ受容をもたらす最も一般的なカテゴリーであるが、残りの二つはＰＫＯとの関係性がより直截的なカテゴリーである。ひとつはＰＫＯアクター間の関係、もうひとつはＰＫＯが属する活動分野としての性質にそれぞれ関連している。

第二のカテゴリーは、ＰＫＯを組織するアクターと自国との一体感あるいは距離感である。先述したように、国連や地域機構といったＰＫＯを組織するアクターは、国際レベルで平和維持という活動を規範化し、かつ平和維持やそれが関連づけられている諸価値を体現する役割を果たしている。そうした役割をもつＰＫＯ組織アクターを積極的に評価する国の場合、その機構が推進している活動である平和維持もポジティブなものとして捉え、それに協力する姿勢をとるようになる。

ではどのような認識からそれら機構を支持するようになるのか。そうした動機は、国際共同体に対する認識と類似しているところがある。すなわち国連や地域機構の設立に尽力した経緯に由来する責任感を抱く国もあるであろうし、それら機構の目的（価値）に対する積極的評価から貢献（しようと）する国もあるであろう。この視点からみれば、ＰＫＯに協力することは、それを通じてそれらミッションを組織するアクターへの支持を示す意味をもっている。

実際、国連ＰＫＯへの協力を説明する理由として、国連そのものへの支持が挙げられることは珍しくない。たとえば国連の専門機関の本部を多く抱えていたり（オランダ、オーストリアなど）、あるいは非同盟主義といった対外政策の原則と国連の理念が近いと認識されていたりする場合（インド、インドネシアなど）、国連は重視すべき、その活動に貢献すべき存在として映る。国連ＰＫＯへの協力はこうした認識からは自然な帰結のひとつとなる。ＡＵやＥＵの場合にも、その創設に尽力した履歴や、それぞれの機関が掲げる目的や価値観へのコミットメントをもつ国は、ＰＫＯを含むそれら地域機構の活動を主導し積極的に参加する姿勢をとりやすいであろう。

国際紛争管理への姿勢

(1)自国の役割とニッチ認識

第三のカテゴリーは、その国の国際紛争管理に対する姿勢とでも言うべきものである。これには国際・地域紛争の解決や管理における役割の認識と、さらにその中でもＰＫＯという活動に対して与えている評価という二つの次元があるように思われる。

まず最も一般的なこととして、国際紛争管理に対する認識のレベルがある。これは、直接の当事者というわけではない紛争の管理や解決に際してどのような役割を自国に見出すのか、という問題系であるが、そうした役割を積極的に担ってきた国は確かに存在している。代表的なのは北欧四カ国である。和平交渉を専門に高い実績を挙げてきた危機管理イニシアティブ（ＣＭＩ）はフィンランドのＮＧＯであるし[61]、国連ＰＫＯの諸原則を最初に生み出したハマーショルド国連事務総長や、第一次中東戦争（一九四八年）に際して国連の調停努力を主導したフォルケ・ベルナドッテ（Folke Bernadotte）はともにスウェーデンの出身である（同氏の名前は平和活動や紛争調停分野で国際的にも知られるスウェーデンの教育・研究機関の名前にも冠されている）[62]。アメリカ、イギリス、フランスといった諸国も、多くの紛争に際してその解決や管理を主導してきた歴史を有している。

当然ながら、そうしたアイデンティティの形成は先述した二つのカテゴリーの諸要素にも関係している。すなわち、国際的役割全般やPKO組織アクターとの関係を重視する国であれば、国際紛争管理にも積極的に取り組む姿勢をもつと考えるのは、無理な想定ではない。だが他方で、国際紛争管理へのその国の姿勢には、紛争や紛争管理という分野に特有の要素も考えられる。それは①国際紛争管理をどの程度自国のニッチとして認識するのか、②国際紛争管理に対する貢献としてどのような手段がふさわしいのかという、密接に関係する二つの問いに集約される。

最初の問いは、国際紛争管理を自国の国際的役割としてどの程度認識するのか、という問いである。仮にある国が一定の国際的役割を自国の重要なアイデンティティとして自認するとしても、それが必ずしも紛争管理への貢献に直結するとは限らない。途上国への開発支援をはじめとして、国際的役割にはさまざまな実施手段があり、その中でどの分野が自国にふさわしい、あるいは得意と考えるのかは国によって異なる。

もうひとつの問いは、国際紛争管理に一定の役割を見出すとして、その分野の中でどのような手段が適切なのか、ということである。ここでポイントになるのは、自国の軍事力をどの程度国際紛争管理に用いる準備があるのか、という論点である。国際紛争管理は外交、人道支援、法執行、社会・経済面の支援なども含む包括的な取り組みであるものの、その活動の性質上、軍事力を用いた貢献が期待されるという特徴がある。そういった能力を自国の防衛以外に用いることにどの程度自国のアイデンティティを見出すのかも、やはり国によって異なるであろう。[63]

言うまでもなく、ニッチ認識（①）とふさわしい手段に関する認識（②）は相互に影響しあう関係にある。たとえば、自国の軍事力を用いた国際紛争管理に消極的な場合、国際紛争管理そのものをその国のニッチと考える傾向も低くなることが想定される。この場合、手段（軍事力）の制限によってニッチ認識が限定されるわけであり、ドイツや日本はこうしたケースにおおむねあてはまるように思われる。[64]

ただし逆に、ニッチ認識の高まりが手段に関する制約を弱めていくというパターンもある。ノルウェーの場合を引き合いに出すと、同国は人道支援や開発援助を国際活動の伝統的なニッチとしてきていたため、安全保障や軍事分野での国際支援には消極的であった。しかし一九九〇年代後半以降、同国はアフリカＰＫＯの能力構築のための訓練プログラム（平和のための訓練［ＴｆＰ］）を始めていく。[65] ＴｆＰ立ち上げ当時にノルウェー外務省特別顧問であったヘルガ・ハーンズ（Helga Hernes）の言葉を借りれば、そこにはアフリカを含めた世界の多くの場所で「軍事的脅威と非軍事的脅威を区別できなくなりつつある」という基本認識の変化があったという。[66] 実際のところ、ＴｆＰにおける訓練教育の主な対象は警察や文民要員であり、その意味でノルウェーの伝統的なアイデンティティはまだ有効ではある。ただし、アフリカＰＫＯの能力構築を主眼とする支援を実施すること自体が、ノルウェーにとって大きな姿勢の転換を示しているとは言えるであろう。この例が示唆するのは、国際紛争管理をニッチとする国内的なコンセンサスがあり、かつその分野において軍事面での協力も必要と認識される場合、手段のコンセンサスもそれに合わせて変化しうるということである。

(2) ＰＫＯに対する評価

もうひとつの次元は、ＰＫＯという活動そのものに対する評価である。これも、これまで述べてきたより包括的な範疇（国際秩序、国際機構、国際紛争管理）における自己認識や評価から割り出されるものに加え、ＰＫＯという活動に固有の認識の存在が考えうる。そうした認識は主に当該国がＰＫＯにどのように関わってきたのかの履歴に依拠し、いくつかのバリエーションがある。

たとえば平和維持という活動の立ち上げにかかわったという認識がある場合、ＰＫＯがその国の国際場裏におけるアイデンティティの一部として認識されることがある。先述したスウェーデンなどの北欧諸国はこの文脈でも再び挙げられるが、外相であったレスター・ピアソン（Lester Pearson）がスエズ危機（一九五六年）に際して国連緊急軍（ＵＮＥＦ）のアイデアを提唱したカナダや、一九五八年以降国連ＰＫＯに参加し続けているアイルランドなども、こうした国の例として挙げられよう。[67]

また、長年にわたりPKOに継続的かつ大規模な貢献をなしてきた実績がある国の場合も、PKOに対する一種のオーナーシップ――自らの貢献により活動が成り立ってきた、という自負――をもちうる。これも先にふれたが、長期間にわたり国連PKOに大規模な要員を提供し続けている南アジアの諸国は、こうした例として挙げられるであろう。[68] 実績にもとづくこうした自負は、それ自体がある程度の自律的強度をもつ傾向がある。つまり、自負それ自体が動機として機能することで、さらなる継続的貢献を導いていくのである。こうして、PKOがその国において習慣化していくとともに、活動規範としても「内面化」していく。意義づけを明示しなくとも、あるいは参加のきっかけを確認しなくとも、平和維持はいわば「当然やることになっている」[69] 活動となるのである。

PKOに対してポジティブな評価を抱くもうひとつの経験的な契機は、その国がPKOミッションのホスト国であった経験がある場合である。たとえば東ティモールの場合、一九九九年から二〇一二年にかけて四つの国連PKOミッションと多国籍軍が同国において展開し、独立投票後の治安維持から新たな主権国家の建設まで、包括的な支援を受けた。その最後の国連PKOミッションであった国連東ティモール統合ミッション（UNMIT）がまだ活動を行っていた二〇一二年二月、新国家の一部として新設された国軍は、ポルトガル軍施設部隊の一員として早くも国連PKOに要員を送りこんでいる。[70] 国軍組織自体が形成途上であるにもかかわらず東ティモール政府が[71]このような積極的姿勢を示したことには、自国の独立そのものに平和維持が深く関わってきたことに対する肯定的評価が大きな動因として存在するように思われる。

もっとも、ホスト国であったことが必ずしもPKOに対する積極的な評価につながるわけではない。東ティモールと同様、PKOミッションが展開したのち積極的な要員提供国となった国にルワンダがあるが、同国でジェノサイドが起きた当時、国連安保理は展開していた国連PKOミッションを実質的に撤退させる決定を行っている（決議九一二号、一九九四年四月二一日)。これは、当然ながらルワンダにとっては国連PKOへの信頼を失墜させる出来事であったはずである。にもかかわらずジェノサイド後のルワンダ政府(ルワンダ愛国戦線[RPF]を中心に構成)が国連やAUのPKOに積極的に貢献していることには、ジェノサイドに対しアフリカと国際社会が対応を怠るようなことが今後あってはならない、というメッセージを発信する意思が根本にあるためである。ルワンダ・ジェノサイドを止め、その実施勢力を国外に追い出したことが重要な正当性の根拠となっている同国政府にとって、ジェノサイド阻止に向けた取り組みを行うことは国内政治上の支持確保と対外政策上の影響力拡大においてきわめて重要である。[72] 政治・外交上の考慮とこのように混じりあいながらも、ルワンダにとってPKOはその強化に貢献すべき国際活動のひとつと映っているのである。

他方、PKOに対する関与履歴がマイナスに働く場合もある。最も有名な事例は米国のソマリア介入である。米国はソマリア内戦に際し、人道支援の治安面の条件確保を目的とした介入部隊を投入した(統合タスクフォース[UNITAF]、一九九二年一二月~九三年五月)。UNITAFそのものはPKOミッションではないが、先行して設立・展開していた第一次国連ソマリア・ミッション(UNOSOM I)が現地武装勢力の抵抗にあって機能しない局面を立て直すべく送りこまれたという意味では、国連PKOミッションの活動と深い関係がある。実際、UNITAFの活動により一定の治安が回復したことを受け、その任務を引き受ける形でUNOSOM IはUNOSOM II(一九九三年三月~九五年三月)へと再編されている。米国は再編後のミッションへも要員を提供するとともに、これを軍事的に支援する目的のもと、早期展開部隊を自国の指揮下で展開していた。

ところが一九九三年六月、任務に就いていた二四名のミッション要員が現地武装勢力の一派(アイディード派)に殺害されたことを契機に、国連PKOと同武装勢力との関係は一気に緊張したものとなった。米国も特殊作戦部隊を投入するなどしてアイディード派の掃討作戦を行うが奏功せず、結局多数の死傷者を出しながら撤退した

（UNOSOM IIもまた内戦を終結させることなく早期に撤収）。一九九四年五月、クリントン大統領（William J. Clinton）は国連PKOへの米国の参加を限定する大統領決定指令二五を発出したが、それはこうした一連の経験を反映したものであった。これ以降の米国がソマリア撤退当時のような否定的姿勢を国連PKOあるいは平和維持全般に対して一貫してとり続けているわけでは必ずしもないが、広くかつ強く共有された否定的記憶は、その時々の政策論議においても繰り返し引き合いに出される傾向がある。ちなみにこの例で言えば、それはしばしば「ソマリアの大失敗」（"Somalia debacle"）という表現として常套句のようにすらなっている。

オランダもまた、PKOへの否定的認識をもつに至る経験をした国である。特に、ボスニア内戦時（一九九二〜九五年）に同国中部の町スレブレニツァで起きた虐殺は、オランダにおけるPKOの議論に重い影を落としている。[73]スレブレニツァには国連安保理決議八一九号（一九九三年四月一六日）により、非武装民保護の目的で安全地帯が設立された。国連保護軍（UNPROFOR）はその安全を担保するための「プレゼンス」として——攻撃を受けた場合に軍事的に十分な対応が可能な権限や手段を与えられることなく——同地に駐留していた。一九九五年七月、セルビア系武装勢力の攻勢によりスレブレニツァが陥落したとき、展開していたのはオランダ軍大隊の一部であった。陥落後、町にいた多くの（のちの調査では八〇〇〇人以上とも言われる）ムスリム系ボスニア人が殺害されたことが次第に明らかになってくると、その虐殺を現地にいながら食い止められなかったオランダに対する国際的批判がなされるようになる。これらの批判は、オランダ軍部隊が当時置かれた状況に鑑みれば必ずしも正当なものではなかったが、最も批判を重く受け止めたのもまたオランダであり、さまざまな形での自問が繰り返し行われている。二〇〇二年には政府のイニシアティブでスレブレニツァ陥落に関する検証を行い、政府の責任も問う報告書の結論を受けて当時の政権が引責辞任したほか、[74]被害者団体から政府に対し賠償請求を求める訴えも行われた。[75]米国と同様、オランダもまたこうした経験にもかかわらず一定の貢献を国連PKOに対してその後も行っている国であり、オランダ国内にも国連ＰＫＯに対し積極的評価をする基盤は残存している。[76] だが、ＥＵやＮＡＴＯといったより政策的な優先順位の高いＰＫＯ派遣の枠組みも存在する中、スレブレニツァのトラウマはオランダの国連ＰＫＯに対する一定の距離感を生み出し続けているように思われる。

このように見てみると、各国政府におけるＰＫＯの規範化の程度や仕方は、重層的な認識の積み重ねによって成り立っているのがわかる。国際共同体とその秩序、ＰＫＯ組織主体、そして紛争管理・ＰＫＯは、相互に関連しつつもそれぞれに固有の性質や拡がりをもつ領域ないし枠組みである。政府アクターもまた諸要素それぞれについて一定の評価や考え方をもっており、さらに実際の関与を通じさまざまな速度でそれらを変化させていく。政府によるＰＫＯ規範の受容は、これら諸認識の（潜在的には変化しうる）複合によってもたらされるのである。

9　ＮＧＯによる規範の受容——構成主義からみた協力（3）

ＮＧＯとしてのアイデンティティ

最後に、ＮＧＯにおけるＰＫＯ規範の受容について考える。物質益を論じた際に示唆したように、ＮＧＯが平和構築や人道支援に関する部分でＰＫＯミッションと協力を行うことによって生じるジレンマには、ＮＧＯのアイデンティティにも由来する部分がある。[77] ＰＫＯアクターから新たな事業や物理的保護を受けることが一定の物質的な利益をもたらすとしても、それら利益の享受は同時に、ＮＧＯとしてのあり方に抵触する部分をも含んでいる。それゆえジレンマが生じるわけであるが、ＮＧＯの場合、他のアクターに比して組織としてのあり方、アイデンティティというものがより前面に出やすいのである。なぜなのだろうか。ここではまずこの点、つまりＮＧＯにとってのアイデンティティの重要性を考察し、それがＰＫＯ規範の受容にどのような意味合いをもつのかを考えていく。その意味合いには、上述したジレンマに関する構成主義からの考察も含まれている。したがってここでの議論は、合理主義（物質益）の視点からＮＧＯについて展開した議論を構成主義の視点から捉えなおし、さらに発展させる形になる。

さて、組織としてのあり方（アイデンティティ）はどのような意味でＮＧＯにとって重要なのだろうか。まず、前節で議論してきた政府アクターと簡単に比較してみたい。

概して言えば、政府アクターは国民の存在を前提とし、国内外で包括的な活動を行う公的アクターである。国民全体の利益の保護と増進を目的に、安全保障だけではなく外交、経済、社会、文化など国民生活の全般を網羅して資源の動員や政策の立案・実施を行うのが政府アクターの役割である。こうした広範な活動に取り組む政府アクターにとって、ＰＫＯ協力はそのごく一部をなすものにすぎない。しかも、そうした諸活動は国民の存在を前提とするため、国際関係、外交、紛争管理や平和維持において自国がどのような役割を自認するのかに関する国民のコンセンサスが、ＰＫＯ協力へのアプローチにも影響していくことになる。先に、政府アクターによるＰＫＯ規範受容の内容や程度を決める三つの要素として、①国際場裏における自国の役割に関する認識、②ＰＫＯ組織主体への評価、③紛争管理における自国の役割に関する認識・姿勢を挙げたが、これらいずれの認識・評価も、国民のコンセンサスがベースになっている。

これに対し、ＮＧＯは市民社会の側で自発的に組織された、公共性のある活動を行うアクターである。公共性のある活動を行う点ではＮＧＯと政府アクターは類似しているが、国民全体の利益を活動の前提にする政府アクターと異なり、ＮＧＯにおいては問題意識や目的（価値）を共有する市民社会のメンバーが、それら問題の対処や目的実現のために集まり、組織を設立している。活動のための財源も税金ではなく、一般からの寄付やプロジェクトごとに獲得した外部資金に主に依存している。国民の存在を前提とした包括的な活動を行うのが政府アクターであるとすれば、市民の発意を前提とし、より焦点を絞った活動を行うのがNGOなのである。

このように記してみると、なぜNGOにとって自らのアイデンティティが重要なのかが理解できるであろう。第一に、任意の設立目的（問題意識）を共有したメンバーの発意によって設立されているNGOにとって、共有された目的はその組織が存在している理由そのものであり、そのNGOにとってアイデンティティの中核をなす。そうした目的や問題意識が、たとえば何らかの理由によって希薄化していく、あるいは別のものへと変化していってしまうとすれば、その事態は当該NGOの存在意義を左右する危機に直結する。存在理由そのものとの「距離感」が非常に近いがゆえに、NGOにとってアイデンティティは重要なのである。

第二に、NGOがその問題意識を明確に示すことは、活動上の財源を確保する上でも非常に重要である。広く社会から活動資金を募らなくてはいけないNGOが、そのためのアピールを行う際に最も強調するのは、やはりその活動の目的と、それに沿った実績である。目的が社会的に価値あるものであり、かつその分野で高い実績を挙げていることは、他の市民へのアピールを説得力あるものとするためにも、また基金などから競争的資金を獲得する上でも不可欠である。

公共的な利益の一部を市民の発意によって推進するNGOにおいて、発意の元となる共有された問題意識はその存在理由とイコールであり、かつ最大のアピールポイントでもあるのである。

NGOによるPKO規範の受容

以上を踏まえた上で、ではNGOにおけるPKO規範の受容はどのような形で行われるのであろうか。政府アクターと同様、概括的な考察になるが、二点指摘することができる。そのひとつは、NGOによる受容があくまで

ＮＧＯのアイデンティティが許す範囲においてであること、もうひとつは、受容された場合においてもそれはＮＧＯにとって一定のリスクをともなうものであること、である。順に考えていく。

第一点目は、ＮＧＯがＰＫＯを規範として受容する程度や仕方は、ＰＫＯの目的や含まれる諸価値がどのように当該ＮＧＯの設立目的（アイデンティティ）と合致するのかによって決まってくる、という点である。これまで述べてきたことから、なぜそうなのかは自明であろう。先に同定したように、ＰＫＯは国家主権（領土保全、内政不干渉）、人権・人道主義、民族自決（主権平等）、法の支配、紛争の平和的解決、集団安全保障といった諸価値に依拠して規範化した紛争管理の活動である。ＮＧＯがこうした活動の一部、たとえば紛争調停、人権保護、法の支配の促進、あるいは人道支援を目的とするものである場合、その目的に合致する範囲でＰＫＯミッションとの協力には積極的に取り組みうるはずである。そうすることは、当該ＮＧＯの側のアイデンティティを強化・強調する方向へと作用するはずだからである。

だが（これが第二点目であるが）、そのようにしてＮＧＯがＰＫＯとの規範上の合致を見出し、ＰＫＯミッションとの協力に進んだとしても、それはそれでＮＧＯにとってはリスクを抱えることにもなる。リスクのひとつは、埋没のリスクとでも言うべきものである。これは、ＰＫＯミッションと連携協力した活動をすることによって、ＮＧＯによる活動の足跡が目立たなくなり、結果的にＮＧＯとしての独自性が損なわれるように見えることを意味する。もうひとつのリスクは、アイデンティティ内部の緊張関係に由来する。ＰＫＯミッションとＮＧＯが、ある部分では目的を共有しているとしても、他の部分では相いれない部分があるため、両者の間で軋轢が生じる。この軋轢はもちろんＰＫＯミッションの側にも経験されるものではあるが、アイデンティティに特有の重要性を見出しているＮＧＯにとっては特に深刻な、動揺を与えるものと映る。

NGO活動のジレンマ再考

もう少し具体的に考えるために、ここで合理主義の視点からNGOを論じた際に挙げた、物理的保護や事業調整に関するジレンマに再び立ち戻ってみたい。そこではこれらのジレンマを、NGOがPKOミッションとの協力により利益追求を行うことにともなって生じるものとして描いた。しかしそれらはまた、NGOのアイデンティティとの関係において捉えなおすこともできる。

まず調整問題に関して言えば、PKOミッションとの競合関係や調整の困難性は単純な組織利益や事業のやり方の違いだけではなく、当該NGOがその独自性・自律性を維持していこうとする姿勢にも由来している。先にふれた、コソボとアフガニスタンでのNATOによる大規模な民生活動に対する反発はその最たるものである。そこには埋没のリスクに加え、軍事組織が人道支援や平和構築に乗り出すこと自体に対する反発も少なからず含まれている。人道支援や平和構築の局面でNATOと一定の連携を行うにせよ、軍事的手段を背景とした強い介入を行うNATOと、軍事的手段以外を用いて草の根の活動を行うNGOとでは、組織としての性格・あり方が大きく異なっている。現地において軍事部隊を展開し強力なプレゼンスをもつNATOとの協力は軍事主導のものとならざるをえず、それは多くのNGOにとって受け入れがたい矛盾をもたらすものだったのである[78]。

物理的保護についても同じように考えることができる。NGOがPKOミッションに物理的保護を求める場合の問題点は、PKOミッション自体の活動環境の悪化だけではない。前段で述べたように、平和構築や人道支援を行う多くのNGOにとって、軍事部隊との協力はNGOのあり方における許容域を超えたものであり、そうした部隊を含んでいるPKOミッションとの関係でも同様の問題が顕在化しうる。こうした一種の忌避感覚は、たとえば軍民がチームとなって活動したアフガニスタンでのNATOのPRTに対する、NGO側からの批判（先述）の重要な動機になっている。

もうひとつの例は国連の民軍調整（CMCoord）概念である。CMCoordは、人道支援と軍事活動の関係を律するべく、国連事務局のＯＣＨＡが中心となって一九九〇年代から検討してきた考え方であり、そこからガイダンス類が策定されてきた。そこで特に留意されてきたのは、人道支援に対してどのような場合に軍隊（やそれに準ずる組織）が護衛等のサービスを提供できるのかという問題である。その点に関しCMCoordが提示するのは、あくまで他に代替手段がない状況における最後の手段としてのみ、軍事部隊のアセットに依存すべきという原則であった[79]。軍事組織との連携を可能な限り限定しようとするこの原則の背後に、軍事活動と一線を画することで中立的かつ自律的な活動領域を確保してきた人道支援アクターのアイデンティティと、それを尊重する国連側の配慮があるのは言うまでもないであろう。

平和維持に関連する活動、特に平和構築や人道支援の分野において、ＮＧＯの存在と活動はもはや日常的なものとなりつつある。しかし政府アクターに比べメンバーシップと財源が限定され、組織の設立も自発的なものであるＮＧＯにとって、共有された目的とそれに沿った活動実績は、かなりの程度その存在理由を規定するものである。平和維持に関連する分野の支援を主な目的とするＮＧＯは、まさにそれゆえにＰＫＯミッションとの積極的な協力に前向きになりうるが、同時にその協力の範囲は全面的なものにもなりにくい。政府アクターのような、国民レベルで認識された自国の役割やイメージに由来するＰＫＯ規範の受容とは異なる認識のプロセスが、ＮＧＯにおいては作用しているように思われる。

10　協力現象としてのPKO

本章では、PKOにおける「協力」の要素を論じてきた。まず、協力の具体的な形態をみていくことで、PKOがさまざまなアクターによるさまざまなレベルでの協力によって初めて成立する取り組みであることを明らかにした。それを受けた後半では、PKOミッションを主に担っている各国政府を中心に、なぜそれらのアクターはPKOを通じた協力に従事するのかを、二つの協力論（合理主義・構成主義）に依拠しながら考えていった。合理主義はアクターによる利益の獲得・拡大を、構成主義は国際社会の共有規範を受容することによるアイデンティティ認知の向上を重視する見方である。ここから、PKOに協力することで追求できる利益にはどのようなものがあるのか、またPKOという国際規範に対する受容態度を決める要素にはどのようなものがあるのかを、可能な限り網羅的に同定した。

最後に二点ほど指摘しておきたい。

第一は、PKOへの協力を行うどのアクターにとっても、その協力動機は複合的なものである、という点である。PKOへの各国政府による貢献動機をレビューした著作の中でウィリアムズ（Paul D. Williams）とベラミー（Alex J. Bellamy）が述べるように、それら動機には国によってかなりのバリエーションが観察され、諸動機の（時期によっても変化する）相互作用によって実際の協力姿勢が導かれている。[80] 協力論を手引きとして個別的な協力現象であるPKO協力を考えていった本章でも、「利益」「アイデンティティ」それぞれに多様な動機の内容が含まれるだけでなく、それらの動態的なハイブリッドとして協力動機が形成されていることがみてとれた。

少し違う観点から言えば、PKOミッションの設置や展開は整斉とした機械的なプロセスではない、ということでもある。あるミッションの設立が決定され、実際にそのミッションが展開し活動するプロセスの背後では、多くのアクターによる協力の是非や程度をめぐる利益計算や意義づけの検討がうごめいている。そうした計算や検討の結果が、平和維持という活動となって表れているのである。

第二は、そうであるとすると、前半でみてきたような近年におけるＰＫＯ協力形態の多角化は、アクターの側で協力に前向きとなる諸動機が増えてきたことを概して示唆する、という点である。前節の最後でＮＧＯに関連して指摘したように、利益の追求であれ、社会的アイデンティティの伸長であれ、それをＰＫＯ協力で実現しようとする場合には、他の利益・目標との競合やアイデンティティ上の齟齬・矛盾が生じることがある。また、ＰＫＯ協力はどのアクターにとっても資源制約に関する考慮をともなうものであり、その意味でも協力を抑制する圧力は常に存在している。にもかかわらず、ＰＫＯ協力はさまざまなアクターを巻きこんだものへと拡大し、ＰＫＯそのものも国連を超えたグローバルな取り組みへと進化してきた。こうした進展は、協力を抑制する動機よりも促進する動機をより多くもつアクターの集まりがなければ生じなかったように思われる。

本章ではＰＫＯに内在する協力の形態と動機について考えてきた。国際関係において、協力という行動は実はそれほど珍しい現象ではない。ＰＫＯが長期間にわたり、また近年はその裾野を広げながら実践されてきたこと自体がそれを物語っている。だが他方で、協力だけでは平和維持という実践／思想を深く理解することはできない。協力において、アクターは何かを目指して、何らかのやり方によって活動するが、協力の視点のみではそれらの共有された目的ややり方を捉えることはできない。やや抽象的な言い方をすれば、協力は行動の様式ないし外形であり、その内容ではないのである。とすれば、平和維持の内容を規定するそうした思想についても探求していく必要があることになる。

次章以降で取り上げる「国家」と「平和」は、平和維持の内容を根本的に規定してきた主要な二つの思想である。大まかに言えば、平和はＰＫＯの目的、国家はＰＫＯの進め方にそれぞれ深く関わっているが、協力と同様、あるいはそれ以上にさまざまな論点を含んでいる。

第2章ではまず国家を取り上げていきたい。

第2章　国　家

——紛争後社会のガバナンスとはなにか

序章でもふれたが、平和維持において国家概念が重要であるのは、その活動が「国家」と呼ばれる統治の仕組みを前提として行われるためである。ここで「前提として」と記すのは、少なくとも次の二つの意味においてである。

第一は、PKOに協力する諸国家の存在という意味である。第1章でみたように、PKOにおいてNGOなど非国家アクターとの協力は重要なものとなりつつある一方、PKOミッション自体は国家間機構としての基本的性格をもつ国際機構の意思決定にもとづき、その加盟国政府からの資源提供に依存している。その意味で、PKOは主権国家が集まり、一定の意思決定とその履行を共同で行う状態を前提としていると言える。

第二は、PKO展開地域に平和をもたらそうとする際の枠組みとしての国家という意味である。このあとすぐ整理するが、平和維持やそれに続く平和構築が実質的な活動内容としてきたのは近代主権国家の構築ないし再建であり、その限りで近代主権国家のイメージは現代の平和維持・構築を強く規定している。

つまり、PKOは主権国家システムを前提とし、紛争後の社会をそのシステムに取りこむための装置として作用する特質がある、ということである。だが、ここで問題となるのは、主権国家を平和に向けた処方箋として提示することの効果と意義である。内戦や地域紛争を経験してきた国がそこから離脱し平和を確立する上で、近代主権国家は最適解を提供するのであろうか。そもそもなぜ、「国家建設」が平和の処方箋とみなされるようになったのか。さらに言えば、ここで想定されている、確立されるべき「国家」とは、具体的にどのようなものなのであろうか。

これらの点については、近年さまざまな形で批判・問い直しが行われてきている。本章はそれらの議論も参照しながら、平和維持に内在する「国家」を考えていく。

1　国家建設としての平和維持・構築

PKO多機能化の意味

まず、平和維持の諸任務が国家建設（再建）を実態上想定している点の確認から議論を始めていきたい。前章で多次元・多機能PKOが包括的和平合意の履行支援を主眼としていることは説明したが、その意味を考えることがここでも有益である。

PKOの焦点が停戦合意ではなく和平合意へとシフトしたことにはさまざまな意味合いがある。和平合意には人道諸問題からガバナンス、社会内の和解および開発支援などの諸分野において造っていくべき制度や進めていくべき取り組みが記されており、こうした和平合意の履行を通じて紛争後社会の再建が進められる。第1章では、ここから現代PKOの平和構築化・人道支援活動化や、それを背景としたNGOとの協力拡大を考察した。

しかしここで強調したいのは、和平合意が結ばれることの実質的な意義そのものである。和平合意には、当該国家の包括的な再建に向けた紛争当事者間の合意を明文化し、明文化することでその合意内容の実施を確実なものにする意図がある。紛争後社会の再建において、和平合意は再建すべき国家の基本的な設計とそのための道程を定めた取り決めとして機能する。和平合意の履行と国家再建がかくして不可分であるとすると、その履行を主眼とするようになった多機能PKOが国家再建を実質的な目的に据えるのも、当然の帰結と言えるであろう。

表 2-1　2 つの国連文書における平和維持と平和構築の定義

平和維持（peacekeeping）	平和構築（peacebuilding）
「キャップストーン・ドクトリン」(2008 年)	
平和維持はいかに不安定であろうとも，戦闘が停止した平和な状態を維持し，和平仲介者が取り付けた合意の履行を助けるための手法を指す。平和維持は長年を経て，国家間の紛争終結後に停戦と兵力の引き離しを監視するという主として軍事的なモデルから進化を遂げ，軍事，警察，文民の多様な要素が連携して，**持続可能な平和に向けた基礎の構築**を支援するという複雑なモデルを取り入れるようになった。	平和構築は国内のあらゆるレベルで紛争管理能力を強化することにより，紛争の発生や再発のリスクを低め，持続可能な平和と開発に向けた基礎を築くための幅広い措置を指す。平和構築は持続可能な平和に必要な条件を整備するという，複雑で息の長いプロセスである。したがって，武力紛争の根深い構造的な原因について，包括的な対策を講じることが主眼となる。平和構築の具体的措置では，**社会と国家が機能するために必要な中心的課題**に取り組むとともに，**国家がその中心的機能を実効的かつ合法的に果たせる能力の向上**を目指す。
「ブラヒミ・レポート」(2000 年)	
50 年の歴史があるが過去 10 年の間に急激に進化してきており，国家間紛争後の停戦合意や兵力分離という伝統的な，主に軍事的なモデルから，**軍民からなる多くの要素が共に働くことによって内戦後の危険な状況に平和を構築する活動**へと変化してきている。	比較的最近になって用いられるようになった表現であり，紛争終結を受けて，平和の基盤を寄せ集め，この基盤を土台として，単に戦争がない状態を超える実質的平和を作り上げるための活動を指す。

出所）UN Department of Peacekeeping Operations (DPKO) and Department of Field Support (DFS), “United Nations Peacekeeping Operations: Principles and Guidelines,” January 2008, p. 18; Report of the Panel on United Nations Peace Operations, UN Doc. A/55/305-S/2000/809, 21 August 2000, Annex, paras. 12–13.「キャップストーン・ドクトリン」訳は国連広報センター版〈http://www.unic.or.jp/files/pko_100126.pdf〉,「ブラヒミ・レポート」訳は引用者による。太字は引用者。

平和維持から平和構築へ

平和維持・構築と国家建設との間の緊密な関係性は、現在の国連PKOドクトリンである『国連平和維持活動――原則と指針』（二〇〇八年、「キャップストーン・ドクトリン」と呼ばれる）においても確認できる。この文書では、平和維持と平和構築は表2－1のように定義されている。この表では、「キャップストーン・ドクトリン」以前の国連PKOに関する主要な参照枠組みである「ブラヒミ・レポート」における両者の定義も比較のために示している。

まず、両方の文書からは、PKOドクトリンにおいても前章で述べた平和維持の平和構築化が明確に認識されていることがわかる。「ブラヒミ・レポート」では平和維持が「平和を構築する活動」へと変化してきたことが指摘されており、「キャップストーン・ドクトリン」では多機能的（「複雑な」）ＰＫＯモデルが「持続可能な平和に向けた基礎の構築」をともなうことが説明されている（太字参照）。現代ＰＫＯが平和構築を担うようになった結果、多次元・多機能なものへと変化した、という経緯が、こうした説明からは浮かび上がる。

　こうした認識は、平和維持と平和構築の関係をテーマとする国連平和維持活動局（ＤＰＫＯ、現・平和活動局［ＤＰＯ］）とフィールド支援局（ＤＦＳ、現・活動支援局［ＤＯＳ］）の検討ペーパー（二〇一〇年九月）でさらに明確にされている。そこでは、平和維持要員は「初期平和構築要員（early peacebuilders）」であり、①平和構築の優先順位の明確化とコンセンサス作り、②他の支援アクターが平和構築に取り組むための条件整備、③初期の平和構築業務の実施、において平和構築に貢献する役割があるとされた[1]。これも前章で述べたが、平和維持が平和構築を担うといっても、ＰＫＯミッションが、平和構築という本来は裾野の広い活動の全てを吸収できるわけではもちろんない[2]。このペーパーはその点を踏まえた上で、平和構築におけるＰＫＯミッションの役割を精緻化しようとしているものと理解できるであろう。

平和構築から国家建設へ

　平和維持が実質的に平和構築を初期の段階から目指すものであるとして、では平和構築は何を目指すのであろうか。

　ここで再び表2−1を見てみたい。ポイントになるのは、平和維持の定義と異なり、平和構築の定義に「ブラヒミ・レポート」と「キャップストーン・ドクトリン」とで大きな違いがみられることである。「キャップストーン・ドクトリン」におけるその違いとは、平和構築の実質的な目的が「社会と国家が機能するために必要な中心的課題」への取り組みと、「国家がその中心的機能を実効的かつ合法的に果たせる能力の向上」として具体化されている点にある。社会・国家の機能確保と国家の能力向上とは、つまりは国家建設のことである。上記の検討ペーパーでも、平和構築における優先分野が基本的治安・安全保障、包摂的政治プロセス、基本的社会サービス提供、中核的政府機能の回復、経済活性化に対する支援を含むことや、「正当な政府の権威の回復と拡張」が「持続的平和にとって根本的な条件のひとつ」であることが述べられている[3]。

平和維持は平和構築を目指し、そして平和構築は国家建設を具体的な内実としている。つまり国家建設が平和維持の実質的な目的となっている、ということである。平和構築との連続性が強調されていくにつれ、平和維持は「国家建設活動」としての性格を帯びていく。現代平和維持が国家建設としての性格をもつことは、第1章で整理したPKOの諸機能（前掲表1-1）でも明確である。ここまでの議論を踏まえ、ミッションの多機能化にともなって加えられた諸活動を改めて一覧すると、それらが実は全て社会と国家の機能確保および国家の能力向上に向けられていることがみてとれる。

「キャップストーン・ドクトリン」のやや解説的なPKOの定義にもあるように、平和維持は「停戦と兵力の引き離しを監視する」「軍事的なモデル」がその従来の姿であった。伝統的なPKOが軍事部門のみからなり、組織上も司令官がミッションの長を務めていたのは、紛争直後の停戦状態をフリーズすることが活動目的であったからである。

国家建設はこれに比べるとはるかに野心的な目的の設定である。国家を再建するためには、当該国の国民が安定的生活をしていく上で必要な物理的・制度的インフラの整備だけでなく、紛争を経験した国民同士の（再）統合――いわゆる「国造り（nation-building）」――も支援していく必要がある。国内治安面においても、伝統型PKOミッションはあくまで紛争停止状態を継続させる、という消極的な役割にとどまっていたのに対し、国家建設の視点からは、秩序と治安の持続的・自律的な再生産が可能な機能および能力を社会自体が備えられるよう、積極的な支援をすること（また、初期においてはその機能自体を代行すること）が求められる。最後に、このようにＰＫＯミッションが広く深い介入の役割を担うようになると、それに対して妨害または挑戦する勢力（「スポイラー」と呼ばれる）が出てくることがある。この場合、そうした行動を和平合意とそれに依拠したＰＫＯマンデートに対する妨害・挑戦とみなし、必要に応じて軍事力も使いながらあらゆるレベルの紛争当事者による合意を積極的に維持・管理していく、というのが現代ＰＫＯにおける考え方である。(4)

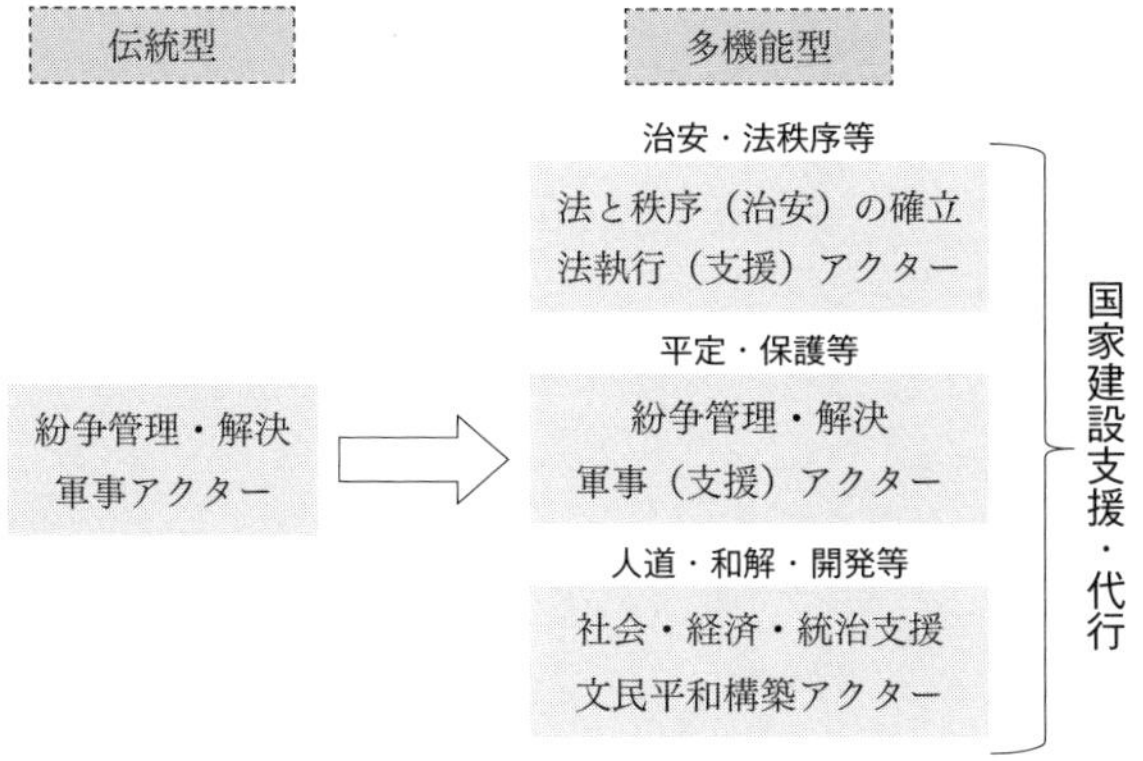

図 2–1　「国家建設」と平和維持の変化

ＰＫＯの三つの「顔」

異なる表現をすれば、平和構築を経由して国家建設を担うようになった現代の平和維持は、結果として三つの「顔」をもつようになったと言うこともできる（図2–1）。

伝統的なＰＫＯミッションは、（限定的な）軍事アクターとして紛争管理・解決を行うアクターであった。現代のＰＫＯミッションも軍事アクターとしての顔は引き続き有しているが、これに加えて法と秩序の再建を担う法執行アクターとしての顔と、社会経済および国造りに貢献する文民平和構築アクターとしての顔も兼ね備えるようになった。そして、それにともなって軍事アクターとしての役割も広範（武装解除・動員解除・社会復帰［ＤＤＲ］、文民保護など）かつ強力（安定化、スポイラー対処）になったのである。

国家建設における「国家」

和平合意とＰＫＯの関係、ＰＫＯ諸任務の実態、ＰＫＯドクトリンいずれにおいても、現代の主流をなす多機能ＰＫＯは、国家建設の支援（場合によっては一時的な国家機能そのものの代行）を実態上担うようになっている。平和維持活動は「国家建設」活動に（も）なっている。これがここまで確認してきたことである。

もう一歩考察を進めたい。ＰＫＯがこのように国家建設に従事している実態があるとして、ではここで想定されている「国家」とは何であろうか。

ＰＫＯの実施形態が伝統型から多機能型へと変化していった、そしてそれによって国家建設を目的とするようになったことは「自然」な流れのように思える。だが、「国家」にはさまざまな形態がありうる。国家の形態としてすぐに想起されるのは専制国家や民主国家であるが、両者それぞれにさまざまなバリエーションが存在するであろうし、両者の中間的な形態も考えられる。

しかし、本章のこれまでの議論で明らかなように、平和維持・構築において想定されている「国家」のモデルというのは、ある特定の姿を一貫してもっているようにみえる。同じことは「国家建設」についても言える。「国家建設」を字義通りに理解したとして、国家を建設するという行為自体は、たとえば脱植民地化が進んだ一九六〇年代において盛んに行われた営みであり、それら多くの国において、その取り組みは現在まで続けられている。だが、近年「国家建設」が言及される場合、こうした活動までもが意図に含まれることはほとんどなく、もう少し限定された意味で用いられている。

つまりここで示唆したいのは、平和維持・構築が行きついたモデルとしての国家建設は、特定の国家像を想定した国際支援の形として、ある時期から強調されるようになった言説なのではないか、ということである。国家建設を近年におけるひとつの思潮（「国家建設論」）として把握することで、現代の平和維持・構築に内在する国家をより深く捉えることができる。

2　現代国家建設論

三つの潮流

では、近年の国家建設「論」とは何であろうか。端的に言えば、それは近代主権国家の基準に沿った国家の建設を、紛争や貧困といった重要な課題に対する処方箋として提示する考え方である。とりわけ、紛争の発生は重大な危機を意味するため、その管理および予防が国家建設の主眼として強く意識される。地域紛争や内戦を経験した社会が紛争状態に再び戻らないために最も有効な手立ては、当該社会が近代主権国家の形に沿った統治能力を備えることであり、そのために国際社会は必要な支援をする必要がある。逆にそうした支援もなく、国家建設が進まなかった場合、結果として紛争再発のリスクも高まり、当該地域や国際社会の安定も損なわれることになる。当該国の統治能力、国際（地域）安全保障、そして国際支援の三つを一体のものとして捉えるのが、この考え方の特徴のひとつである。

この国家建設論は冷戦後の国際安全保障を構想する際の有力な考え方として影響力を高めたが、同論には三つの関連する系譜があるように思われる。破綻国家（または脆弱国家）論、開発支援におけるガバナンス論、そして「民主主義による平和」論がそれである。それぞれの議論を詳細に検討する余裕はないが[5]、本章の目的に沿って以下簡単にみていくことにしたい。

(1) 破綻国家論

まず、現在の国家建設論と表裏一体をなすのが破綻国家論である。破綻国家論は冷戦が終結し、「新たな国際秩序」（ジョージ・H・W・ブッシュ大統領［George H. W. Bush］）を構築しようとする上で認識されるようになった、新たな問題群である。この場合、国家破綻が問題となることの意味は大きく言って①紛争の発生およびその帰結（難民・避難民の発生、政府機能の崩壊、経済発展の停滞など）が地域・国際秩序にもたらすネガティブな影響、という直接的なものと、②破綻国家が法の支配の及ばない空間を生み、それが国際テロ組織や国際犯罪組織に利用されることで国際社会にもたらされる不利益、という間接的なものに分けることができる（以下では①を「紛争リスク」論、②を「温床」論と記す[7]）。

前者の「紛争リスク」論は、西アフリカ、ハイチ、バルカン半島などで発生していた紛争を念頭に置く形で一九九〇年代に登場し[8]、後者の「温床」論は二〇〇一年の九・一一テロおよびそれを受けたアフガニスタンやイラクにおける軍事作戦を主要な契機として論じられるようになった[9]。どちらの立論にも言えることであるが、破綻国家と紛争あるいはテロなどとの間の因果関係は——すなわち、破綻国家が紛争・テロなどの原因となるのか、それとも紛争やテロなどの結果として破綻国家がもたらされるのかについては——実は必ずしも明確ではない[10]。ただ、どちらの経路をとるにせよ、破綻国家をポスト冷戦期の秩序形成を妨げる主要な脅威として認識する点では同じであると言える。

国家が「破綻」しており、それが安全保障上の脅威を構成する、というこの論理が、軍隊など安全保障を担ってきたアクターに新たな役割を与える意味合いをもつことは明らかであろう。破綻状態から当該国を救うことが「脅威」の除去に貢献するのであれば、その役割は安全保障アクターにふさわしいものとして位置づけられる。「破綻」状態が紛争状態と重なりあうのであればその紛争をまずもって止める必要があるであろうし、そもそも当該国の

「破綻」している側面を矯正するための支援も必要になってくる。こうして、破綻国家論は安全保障アクターに①新たな軍事介入の事由を与えるだけではなく、②安全保障アクターによる包括的な国家建設への参入を可能にするのである。

拡大された新たな役割は、それを担うアクターの財源・組織・要員の確保と拡大を可能にする。そうした概念や論理は、とりわけ冷戦の「勝者」である欧米諸国にとって、以下の意味で必要なものであった。まず一方では、冷戦が終わったことにより大国間の戦争が現実のものとは認識されなくなり、しかも欧米の主要国は他を圧倒する軍事力を擁してもいる、という状況があった。しかし、国家の生存そのものを脅かす類の脅威（存在脅威[11]）が存在しない状況は、安全保障アクターの役割・組織・財源に関する余剰感、ひいてはその削減（「平和の配当」）を求める声をも生み出す可能性があった。

他方、存在脅威が不在であるといっても、脅威そのものが全てなくなったわけではもちろんない。テロをはじめとする二次的な脅威への不安は残存し、それら脅威が――九・一一テロのように――現実とならないようにすることへの関心を高めることになる。特に野党が政策運営の「失敗」を批判することが政治のダイナミズムを作っている民主主義国の場合、政権を運営する側は「国土に対するテロを食い止め、国内感情に対応すべく可能な限りのことをしていると見られたい政治的欲望」をひとつのドライブとして政策立案をするようになる。[12]ある種の国家を脅威とみなす破綻国家論は、こうした圧力に後押しされてポスト冷戦期の安全保障議論に大きな影響を与えたのである。[13]

(2) 開発支援とガバナンス論

現在の国家建設論のもうひとつの系譜をなすのが、開発支援分野におけるガバナンス論である。破綻国家論が、問題化した国家を直接的・間接的脅威をなすものとして捉えるのに対し、開発支援における国家の問題性は、当該国政府の経済・財政面におけるガバナンス能力の欠如が、その国の経済発展の重要な妨げになっている、という点にある。ここでガバナンス能力と言われるのは、国内の経済改革を推進する能力、債務の返済能力、援助プログラムの履行能力といったものである。

こうした問題意識は一九九〇年代以降さまざまな形で、また微妙に異なるニュアンスや意図をもって提示されてきた。[14] たとえば経済開発の分野で、ガバナンス論が国内経済や政府財政の管理能力を重視する主張として最初に提起されたのは一九九〇年代初めであった。こうした動きの背景には、一九八〇年代まで世界銀行や国際通貨基金が推進してきた構造調整政策（開発援助と引き換えに抜本的な経済自由化・民営化を要請する政策）が思うような成果を生まなかったこと（もっとも、こうした問題提起の仕方は、国際援助機関による政策失敗の原因を被支援国側に帰するものではないか、という批判があるが）や、旧共産圏諸国の体制移行が経済・財政面の変革の問題をともなったことなどがある。[15] また、東アジアなど経済成長を遂げた国とそうでない国との格差がこの時期までには明白となってきたことも、それら諸国間にある「政府の質」問題への関心を高めた。[16] 他方、主に二〇〇〇年代以降の援助プログラムの履行能力を強調するガバナンス論には、政府以外の組織を含むドナーの増加にともなう援助プログラムの乱立および分散化や、開発支援で国際基準を設定する役割を果たしてきたＯＥＣＤ開発援助委員会（ＤＡＣ）に属さない大口ドナー国の登場に対する危機感などが関係しているという。[17]

こうした狙いや意図の違いはあるものの、共通しているのはドナーと政策やプログラムの調整を行いながら、国内において開発援助を活用し、経済発展を推進できるガバナンス主体（政府）が必要である、という認識である。そしてこうした認識の延長線上に、開発援助の視点から紛争管理に関与しようとする思考も生まれてくる。

まず、経済成長を目指すに際して経済ガバナンス能力の構築が必要であるとすると、紛争の発生やその継続はそうした取り組みを阻害する最大の要因をなす。また、逆に紛争が一応の収束をみせ、和平プロセスが進みはじめた段階――本章の議論で言えば、平和維持から平和構築へと移行しようという段階――は、経済発展の基礎となるガバナンス能力を支援する重要な機会を提供するものとも映る。こうして、一九九〇年代中盤以降になると、開発支援コミュニティにおいても「紛争と開発」というテーマが重要な議題として登場するようになった[18]。

経済・社会の個別分野における開発支援から、現地政府を中心としたガバナンス主体に対する支援、さらには紛争後の復興期における支援へと至る変化は、開発アクターによる活動の大幅な拡大を意味する。これが、開発援助のための予算獲得や組織拡大を促し正当化する意味合いをもつのは言うまでもない。

安全保障アクターの場合と同様に、冷戦の終焉は開発援助を行ってきたアクターにとっても、危機感と期待感をもたらすものであった。一方で、冷戦期までの開発援助が前提としてきた国際政治経済構造の終焉は、援助の意義や役割が自明なものでなくなったことを意味し、さらにいくつかの国においては援助を続けること自体への疑問すら呈されるようになった[19]。他方、冷戦の終結は、開発援助政策が冷戦の対立構造から解放されグローバルなものとなったこと、そして旧共産圏諸国による社会主義からの移行にともなう支援ニーズが新たに生まれたことをも意味した[20]。前段で述べたように、開発援助アクターの側からのガバナンス論の提起、およびそれを経路とした復興支援への参入は、開発援助のあり方をめぐる実質的な議論に由来している。しかしその議論は同時に、開発援助コミュニティにとっての活動環境認識や利害関心にも動機づけられていたのである[21]。

(3)「民主主義による平和」論

破綻国家論や開発ガバナンス論が当該国における統治能力の異なる側面に光をあて、その構築や改善を国際的な課題に位置づけるものであるとすると、「民主主義による平和」論（democratic peace, 以下、DP論と記す）は統治形態、あるいは政体としての自由主義・民主主義を推進する効果をもつ言説である[22]。

DP論の起源にはいくつかのものがあるが[23]、現在広く知られ、冷戦後に政策的にも大きな影響力をもつようになったDP論は、ドイル（Michael Doyle）やラセット（Bruce Russett）らによって一九八〇年代後半から提出されるようになった論考を中心としている。今では広く知られているその中心的な主張は、①自由主義諸国間の対外関係の平和化傾向と、②同傾向の自由主義諸国間への限定からなっている。[24] 自由主義・民主主義を採る国はお互いに軍事力行使を避ける傾向があるが、その傾向は自由主義・民主主義以外の政体を採る諸国間の関係、あるいは同諸国と自由主義諸国との関係にはあてはまらない、ということである。

民主的な政治プロセスは法の支配、権力分立、情報公開、公開討論をともない、それゆえ合意形成を重視する政治文化が国内に生まれるのであるが、この態度が同じ民主主義を採る他国への姿勢においても拡張（外化）される。また、自由主義・民主主義諸国は経済面では多国間貿易を推進し相互依存が進んだ国であるとともに、国際機構にも――その多くには創設メンバーとして――参加している。経済的相互依存のネットワークをなす諸国は、それを阻害するリスクのある戦争には抑制的になり、国際機構を通じ他メンバーとの紛争解決と友好関係構築を推進する。経済的相互依存と国際機構の役割とのこうした相乗効果もあり、民主政体間の国際関係は平和的なものとなる。[25]

DP論がこのようなものであるとして、現代の国家建設論に対してどのような意味合いをもつのであろうか。前段から明らかなように、紛争と政体の関係を主要な問題意識とするDP論は、国家建設のあり方についての考察を具体的に展開しているわけではない。DP論が主な考察の対象としているのは民主主義を採る国家間の紛争の有無であり、現代の平和維持・構築の多くが関わっているような地域紛争や内戦の発生ではない。

とはいえ、DP論と国家建設論との間には、次の二つの意味で明らかな親和性がある。

第一に、国家建設論が前提とする思潮（イデオロギー）上の前提を浮き彫りにしている点である。破綻国家論やガバナンス論が強調するのは国家やガバナンスの「能力」再建あるいは向上である。「能力」はそれ自体価値中立的であり、統治の形態は問わないものであるようにみえる。だが実際には、上述したように、両論は安全保障、開発それぞれの分野において欧米諸国による包括的な国家建設への意思を背景とする立論であり、そこで建設が目指される国家の能力は、自由主義的な価値観や民主政体を実践上の前提としている。ただしこの場合注意したいのは、欧米諸国は国家建設を通じて単純に自らの政治社会システムを紛争後の社会に押しつけたわけではない点である。むしろ、自由主義や民主主義の諸価値や制度を国際基準とする思潮がとりわけ冷戦直後から一九九〇年代にかけて色濃く存在し、そのことと欧米諸国の政策意図とが重なりあう形で国家建設論が台頭してきたと考えることができる。DP論は、背景にあるこの思潮がなぜ強い力をもっていたのか、そしてそれがなぜ国家建設論にも影響を与えているのかを端的に説明している。

言うまでもなく、この思潮が力を得た最大の背景は、冷戦の終焉そのものである。冷戦終焉後、民主主義が社会主義および共産主義に「勝利」し、「唯一」の正当性ある政治原則として生き残ったという認識が広く共有されるようになった。しかし、民主主義はただ生き残っただけではない。冷戦の終焉は、民主主義に沿った新たな国際秩序・規範を野心的に再構成していこうという関心を自由主義諸国の側に生むものでもあった。当初、この関心は旧社会主義諸国の民主主義への移行推進に対する期待として表れた[26]。だがその関心のグローバルな性質上、社会主義からの移行国以外にも対象が拡大するポテンシャルは常に存在した。

第二に指摘したいのは、DP論が紛争後社会に関して、このポテンシャルを現実のものとする役割を果たしていることである。つまり、紛争を経験したばかりの諸国を民主化推進の対象とする上で、DP論は決定的な役割を果たしたように思われるのである。なぜなら、DP論が示唆するのは民主主義と平和化傾向との連関であるが、この連関は（DP論の焦点である）国家間関係以前に、国内政治と秩序にそもそもあてはまるものだからである。

たとえばオニール（John R. Oneal）とラセットは、民主主義が機能している国の場合、国家間紛争だけではなく内戦や国内の政治的暴力全般の発生が低い傾向があると述べ、その理由として民主主義政府がもつ高い正当性や、機能する民主政体においてはリーダーが広範な社会利益を考慮する必要がある点を挙げている[27]。民主主義がその政治プロセスや原則上の特質ゆえに国内政治や対外政策において平和化の傾向をもつのであれば、内戦などを経験した社会が、暴力によらず紛争を解決できるような社会を目指す際にも、自由主義・民主主義はモデルとして——すなわち、民主化が紛争再発防止の処方箋となりうる、という意味で——有用なはずである[28]。

実際、DP論の将来を論じた一九九三年の著作の一節において、ラセットが期待を寄せていたのが国連などによる平和維持・構築を通じた民主化の促進であった。選挙支援や民主主義諸制度の構築に向けた助言を行う働きをもつPKOは、軍事力を用いた強制的な民主化よりも「通常ははるかに有望」であり、そして冷戦後強化された国連は「カンボジア、ナミビア、エルサルバドル、ニカラグアといった場所で平和的移行や民主選挙を促す主要な役割を担って台頭してきた」とラセットは指摘した[29]。この指摘からは、DP論が平和維持・構築を通じた国家建設を民主化推進の有力な手段と捉えていたことがわかる。

民主主義と平和との内在的なつながりを取り出してみせることにより、DP論は、現代において目指すべき国家や統治のあり方は自由主義・民主主義的なものであるべき、という思潮を現代国家建設論のバックボーンとなす働きをした。破綻国家論や開発ガバナンス論が国家の「能力」を問題化し、その構築を要請するならば、DP論は国家能力の構築がどのような範型に沿って行われるべきかを示し、その方向へと実践を導いたのである[30]。

時期と思想の重なり

破綻国家論においては、破綻国家がもたらす脅威は新たな軍事介入の事由を構成するだけではなく、介入後の国家に対する再建支援を安全保障アクターの役割に加える意味合いも含んでいた。他方、開発援助分野のガバナンス論においても、経済発展を主導できるような政府が確立するためには国家が紛争状態から脱していることが必要であると考えられるようになった。とりわけ紛争後の復興フェーズは、経済発展を（再び）軌道に乗せる意味で重要な機会であることから、開発アクターもまた紛争後の国家再建に高い関心を示すようになった。

包括的な国家再建への関心というアジェンダのもとで、安全保障コミュニティは伝統的には開発援助に属していた活動分野へ、開発援助コミュニティは伝統的に安全保障に属していた活動へと相互に参入するようになった。それぞれの力点や目的の違いから、具体的に描いていた国家再建は必ずしも同じデザインを有するものではなかったかもしれない[31]。だが、本書の視点からみて重要なことは、包括的な国家建設の必要性がこのような形で提唱され、政策的にも広いコンセンサスを獲得していったことである。DP論に代表される自由主義・民主政体の優位を強調する思潮が、このコンセンサス形成を後押しする役割を果たしたことは言うまでもない。

現代国家建設論を描くために若干長い回り道をしたが、ここで平和維持・構築に戻ることにしたい。ポスト冷戦期に台頭した国家建設論と、平和維持・構築が国家建設を内実とするようになったこととはどのような関係にあるのだろうか。二つの視点からその関係を整理することができる。

ひとつは時期である。「キャップストーン・ドクトリン」と「ブラヒミ・レポート」の比較からも示唆されていたように、平和維持・構築が実質的に国家建設を目指すものであるという考え方は、二〇〇〇年代に入って標準化していったように思われる。

ただし、ミッションの活動を通じた国家建設はその前の時期にひとつのピークを迎えている。たとえば、国家建設としての性質を最も明確に示すPKOミッションの形態は暫定統治であるが、暫定統治ミッションが展開したのはカンボジア（一九九二～九三年）、クロアチア（一九九六～九八年）、コソボ（一九九九年～）、東ティモール（一九九九～二〇〇二年）であった。和平合意の履行を目的として強い権限を与えられ、暫定統治の性格をその活動当初は特に強く帯びていたボスニア上級代表事務所が設立されたのも一九九五年である[32]。

こうしてみると、平和維持・構築分野におけるこうした実践やその概念化と、現代の国家建設論の登場はほぼ同時の現象であり、一方が他方を導くという関係では必ずしもない。むしろ、それらの論が多機能化しつつあったＰＫＯの方向性に影響を与えたと同時に、そうした機能をもったＰＫＯが国家建設論の台頭を後押しした側面もあると考えることができる。破綻国家論、開発ガバナンス論、ＤＰ論、そして（国家建設としての）平和構築論は、そのようにして「国家建設」というひとつの思潮と実践を形成しているのである。

国家建設論と平和維持・構築の関係を捉えるもうひとつの視点は、両活動の実質的内容、とりわけそれらにおける「国家」の位置づけに着目するものである。平和維持・構築のあり方は、同時期に分野横断的に台頭した国家建設論の一部をなすもの（すなわち、破綻国家論、開発ガバナンス論、ＤＰ論と連続した文脈にあるもの）として捉えることができる。では、この時期以降の平和維持・構築のあり方をめぐる議論において、「国家」はどのようなものとして想定されているのだろうか。

3　自由主義平和構築における国家

自由主義平和構築を取り上げる意味

本章ではまずＰＫＯが実態において平和構築を志向し、平和構築が国家建設を軸としていることを捉え、次にそうした変化の時期に国家建設論はどのように進展してきたのかを整理してきた。平和維持・構築がこうして国家建設に収斂していく過程で、その営みの中心にあるのが国家である。平和維持に内在する「国家」を考えることが本章の目的であるが、ここまで行ってきたのはそのための背景と動向の整理であった。

ここで改めて問うと、では平和維持・構築の文脈においてイメージされる国家とは何であろうか。実は平和構築分野においては、この問いを考える上で重要な手がかりを与える議論がある。自由主義平和構築（liberal peacebuilding［ＬＰＢ］）論と呼ばれるものがこれであるが、本節[33]ではこの議論を梃子にしながら、そこにある国家の姿を捉えていくことにしたい。その名前の通り、ＬＰＢは平和維持というよりは平和構築のあり方をめぐる言説であるが（後述するハイブリッド平和構築やレジリエンス論も同様である）、繰り返し指摘したように平和維持は実態上も概念的にも平和構築化している。平和構築のあり方に関する議論が国家の姿をより鮮明に映し出すとすれば、そのイメージは平和維持にも通底するものとして理解できるように思われる。

さて、ＬＰＢ論は現在主流をなす――つまり、国家建設を内実とするようになった――平和構築が強い自由主義的性格をもつことに着目し、この思想的前提を批判的検討に付すための立論である。他の論争的概念同様、ＬＰＢは論者により異なるニュアンスを帯びているが、基本的な理解は共通している。ゾーム（Dominik Zaum）の表現を借りれば、それは「第一に自由主義的な西側諸国により実施され、第二に大規模な人権侵害への対応や国際的な保護責任のもとでの実施といった自由主義的な動機にもとづいており、第三にそうした介入は自由民主主義的な諸制度、人権、効果的で良質なガバナンスや経済自由化を促進し、それによって戦争を経験した国々に平和と繁栄をもたらそうとする」特徴を有するものとして要約される[34]。

換言すれば、ＬＰＢとは、自由民主主義的国家モデルの紛争後社会に対する適用を目的として、自由民主主義を掲げる西側諸国が主導する形で行われる平和構築のことである。ＬＰＢ論が登場したのはおおむね二〇〇〇年代末であり、二〇一〇年代前半には多くの論考が発表されるようになった[35]。前節の最後でふれた時期について述べると、ＬＰＢ論はすでに広く実践され、主流化している平和構築の進め方を批判的検討に付すべく遡行的に捉えたものであり、実践との間にはタイムラグがある。前節で述べた平和維持・構築の実践や現代国家建設論の登場が一九九〇年代から二〇〇〇年代にかけての現象であるとすると、ＬＰＢ論はこうした実践や立論を踏まえながら、平和維持・構築という活動の全体像を描いたものと言える。

その意味で考えれば、ＬＰＢ論に国家に関する議論――ゾームの指摘でも、第三点目の特徴として示唆されている――がかなりの程度含まれていることも、驚くには値しないであろう。つまりＬＰＢ論は、現在の平和維持・構築がある特定のモデルに依拠した国家の建設であることを浮き彫りにしようとする試みとして読み解くことができるのである。ＬＰＢ論をここで取り上げる意味もそこにある。

国家のモデル

先にもふれたように、ＬＰＢ論が活発な議論を呼んだのは二〇一〇年代以降である。[36] ここではそれらの議論の中で提出されてきた、平和維持・構築を通して建設されるべき国家のイメージを描き出してみる。それは以下述べるような四つの要素からなるものとしてまとめることができる（図2-2参照）。それぞれの要素についてみていきたい。

(1)主権国家

ＬＰＢに含まれる第一の要素としては、近代主権国家としての地位や制度の確立がある。

近代国家は領土、人民、政府からなる複合体であり、その中で政府は領土と人民を統治する機能を果たす。主権的（sovereign）であるとは、その国家が他の主権国家から独立していること（対外的独立性）、そして国家運営を司る政府が国内にある他の組織体に対して優越した権威を有すること（国内的至高性）を主に意味している。これらを担保するために必要とされるのが、政府による暴力の独占と法の独占であり、両者を同時に独占し運営することによって国家は対外的な独立と国内的な秩序維持の実現を目指すことができる。ヴェーバー（Max Weber）による主権国家の定義はあまりに有名であるが、こうした原理を捉えたものとしてやはりここで引いておきたい[37]。

国家とは、ある一定の領域の内部で――この「領域」という点が特徴なのだが――正当な物理的暴力行使の独占を（実効的に）要求する人間共同体である。国家以外のすべての団体や個人に対しては、国家の側で許容した範囲内でしか、物理的暴力行使の権利が認められないということ、つまり国家が暴力行使への「権利」の唯一の源泉とみなされているということ、これは確かに現代に特有な現象である。

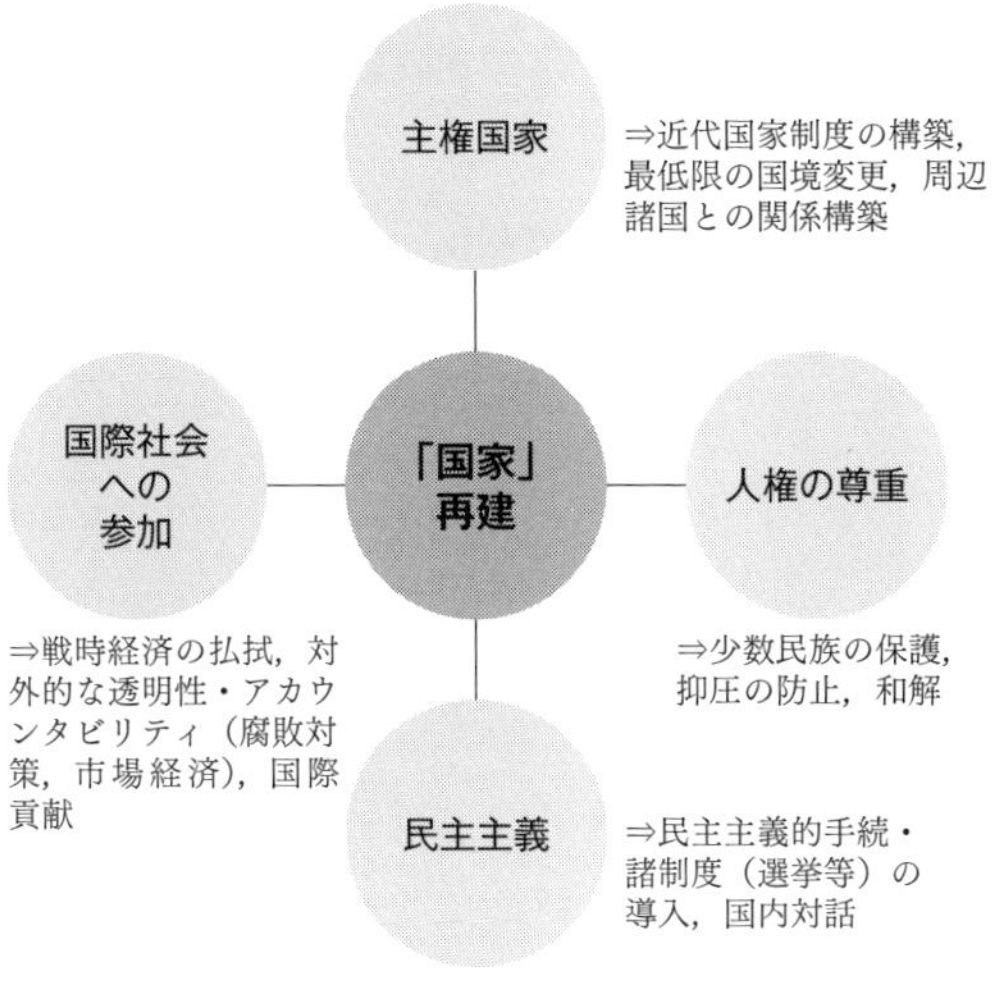
主権国家
⇒近代国家制度の構築，最低限の国境変更，周辺諸国との関係構築
「国家」再建
国際社会への参加
⇒戦時経済の払拭，対外的な透明性・アカウンタビリティ（腐敗対策，市場経済），国際貢献
人権の尊重
⇒少数民族の保護，抑圧の防止，和解
民主主義
⇒民主主義的手続・諸制度（選挙等）の導入，国内対話

図 2-2　自由主義平和構築における国家建設

近代主権国家の下で、そこに住む人々はその国の市民（citizen）となり、統治が及ぶ物理的な領域は領土（territory）となる。近代主権国家はこうして堅い殻のようにして組織された複合体であるから、それに対する自国以外の権威からの干渉は原則として認められない（内政不干渉、領土保全）。

だが他方で、こうした主権国家は自らの手段によってのみその地位を維持できるわけではない。主権国家としての存在を効果的に維持していくためには、他の主権国家との間でお互いの主権的地位を承認しあうことが不可欠である。相互に主権国家として承認しあうことによって、それがない場合に生じやすいと考えられる対立や紛争などのコストを大幅に減らし、長期的な安定を図ることができるようになる。国家間の承認の文脈でやりとりされる「主権」はいわばクラブの会員資格のようなものであり、新たに主権国家たろうとする国は既存の有資格者（＝主権国家）たちからの承認を得る必要がある。主権という概念は国家を堅い殻にする一方で、他の諸国家との関係構築をも不可欠なものとする概念なのである。

(2)人権の尊重

近代国家の確立と並んで重要な構成要素が、人権の尊重と民主主義である。近代主権国家の建設が社会の政治的な組織化の仕方を示す考え方であるとすると、人権と民主主義はその組織化が何のために、またどのようにして行われるべきかを示す考え方である。

人権は、個々の人間が人間であるがゆえに有する一連の権利を指すが、これは自由主義的な人間観にもとづいている。自由主義では人間が自らの命運を自律的に決める自由が重視され、またそうした決定にかかる知的・倫理的判断能力を個々人が（少なくとも潜在的に）有しているとされる。[38] だが、この自由や能力を現実のものとするためには、一定の社会環境が整備されなければならない。人権概念は、そのための必要条件（決して十分条件ではない）を個々の人間に寄り添った形で表現したものであると言ってよい。[39] 人間が自律的に思考し活動する能力を獲得・発揮する、つまり自由であるためにそれが不可欠であるという意味で、人権はきわめて自由主義的な概念なのである。

(3)民主主義

他方で民主主義は、こうした自由主義的な人間観と近代主権国家の像とを結びつける役割を果たしている。自由主義的な人間観からは、個人が自律的に活動し目的や利益を追求する姿がイメージされるが、これは上述した主権国家の組織体としての強い権威・権限とは一見相反しているように映る。[40]

だが自由主義は、国家がもつ権限の正当性が実は市民の権利に依拠しているという議論を展開することにより、国家は個人の権利と自由という目的を実現するための手段であるべき、という主張を導く。自由をよりよく実現するための社会的枠組みとして国家は存在し、この枠組みの下で政府は権限を行使すべきであり、その目的に反する活動を行う政府は正当性をもたないのである[41]。

では、国家と個人（市民）との関係をこのように理解した場合、個人の意思を国家の意思にどのように反映させることができるのか。個人の自由と自律を主とし、国家の役割を従とするのであれば、この問いへの答えは人々自らが市民の集団として国家の意思決定を行うこと、つまり民主主義ということになる。この場合の参画には各個人が意思決定に直接参加するものと、（現実の民主政体がほとんどそうであるように）人民から選ばれた代表者を通じて参加するものとがある[42]。だがどちらの場合にせよ民主主義は、国家の意思決定プロセスにおいて個人の自律と能力への尊重を促す自由主義的な役割を果たしていると言える。

(4)国際社会への参加

最後の軸である国際社会への参加は、ここまで述べてきた三つの要請にともなって結果するものである。人権と民主主義を原則とし、個人の自律と自由実現を尊重する主権国家にとって重要な政治的価値は、コミュニケーションの透明性と公正さ（アカウンタビリティ）である。

人権を主張する場合、あるいは民主主義に則った意思決定を進める上においても、その主張あるいは決定のための検討が効果的になされるためには、コミュニケーションの空間が公正かつ開かれた（何らかの外的勢力によって限定あるいは歪曲されていない）ものである必要がある。

他方で経済面においては、この開かれた空間は市場の形をとり、そこでは財（資本）を私有する個人による利潤追求の行動が需給のメカニズムを通じて調整される[43]。そして国内の政治・経済運営でみられる自由主義国家のこうした振る舞いは、国際社会との関係にも同様にあてはまる。政治・外交上のやりとりにせよ、国際経済への参入にせよ、自由主義国家は透明かつ公正なコミュニケーションがとれる空間を必要とし、それを積極的に構築・維持しようとする。[44]

平和構築への適用

さて、ＬＰＢにおいてイメージされている国家がこうしたものであるとすると、その建設に向けた支援としての平和構築が何を必要とするのかが明らかとなる。

近代主権国家としての地位や制度の確立が、政体を問わず基本的には同じ要請をともなうものであるのに対し、人権、民主主義、国際社会への参加という他の三要素から導かれる平和構築の活動内容には、自由主義の特色がよりはっきりとした形で表れる（前掲図2-2参照）。

代表的なものを例示すれば、まず人権関連では少数民族の保護および抑圧の防止、紛争中に行われた人権侵害に対する法正義の適用や賠償、コミュニティ間の和解といった活動が考えられる。民主主義関連では選挙制度の導入にともなうさまざまな手続きや能力の構築、武装勢力の政党への転換、市民団体の活動支援などが含まれる。そして国際社会への参加関連では、経済面においては戦時経済の払拭、市場経済の導入やアカウンタビリティの確立（腐敗対策など）、外交的には国際機構や地域機構への加盟、国境を超えた諸問題に対処するための多国間協力への参加といったものが挙げられる。[45] ＬＰＢとは、こうして特徴づけられる自由民主主義的国家を確立することが、紛争からの復興と再発防止の方途であるとする考え方なのである。

ところで、ここまでの記述より明らかであろうが、ＬＰＢで特徴づけられる国家の姿は第1章で整理した現代ＰＫＯの諸機能（前掲表1-1）から映し出される国家のイメージ――治安部門が政府を中心に集約され、選挙が実施されるとともに国民和解、人権、法の支配が推進される国家――とぴったり重なりあう。さらに言えば、前節でみた国家建設に関するさまざまな言説との合致も確認できる。

たとえば、ガーニ（Ashraf Ghani）とロックハート（Clare Lockhart）は、破綻国家状態からの移行を図る上で目指すべき国家像は、市民との契約および国際社会との契約を履行し、両者から正当性を有するとみなされる国家であるとし[46]、具体的には表2-2の一〇機能をもつべきものとした。

また、開発ガバナンスを初めて主題として取り上げた世界銀行の報告書（一九九二年）では、健全な開発管理のためには①公共部門による経済管理と公共サービス提供の改善、②上記の①におけるアカウンタビリティの確保、③法律的枠組みと法の支配の確立、④情報アクセスと意思決定における透明性の向上が必要であるとされた[47]。国連ミレニアム開発目標を支持した国連加盟国による宣言（二〇〇〇年）でも、開発と貧困撲滅に向けた環境作りは各国内および国際レベルのグッド・ガバナンスや金融・通貨・貿易システムの透明性に依存するとされ、「開かれた、公正な、ルールにもとづく、予測可能かつ無差別な多国間貿易金融システム」に向けたコミットメントが記された[48]。その後、同開発目標の達成方法について検討した研究プロジェクト報告書ではより具体的に、開発のためのガバナンス改善には①公共行政部門に対する投資、②法の支配強化、③アカウンタビリティと透明性の促進、④人権促進、⑤民間部門への支援となる健全な経済政策の推進、⑥市民社会との連携が必要であると論じられている[49]。

破綻国家論、開発ガバナンス論いずれの言説においても、想定されているのは人権と民主主義を重視し、国内においても国際社会との関係においても開かれた主権国家である。ＬＰＢ論が捉える自由主義国家は、平和維持・構築の分野だけでなく、それ

表2-2　国家再建の指標

・法の支配	・社会政策を通じた市民権の創出
・正当な暴力手段の独占	・インフラサービスの提供
・行政管理	・市場の形成
・財務の健全な運営	・公的資産の運営
・人的資源への投資	・効果的な公的借り入れ

出所）Ashraf Ghani and Clare Lockhart, *Fixing Failed States: A Framework for Rebuilding a Fractured World* (Oxford: Oxford University Press, 2008), Ch. 7.

が一部をなす国家建設論における国家の姿もかなりの程度捉えているといえるであろう。

ＬＰＢへの批判

ＬＰＢは、自由民主主義的国家モデルの紛争後社会に対する適用を目的として、自由民主主義を掲げる西側諸国が主導する形で行われる平和構築である。それが近年、さまざまな批判にさらされるようになっている、と本章の冒頭で述べた。なぜそうした批判があり、どのような内容からなっているのであろうか。

平和構築に対する批判は、平和構築の実績や実践上の問題を指摘するものと、平和構築の実践において想定されているモデル自体の問題を指摘するものとの二つに大別できる。以下にそのポイントをみていきたい。

(1)実践上の諸問題

まずＬＰＢの実績や実践上の問題を指摘する第一の批判であるが、これには支援を実施する側の態勢に関するもの（資源や政治的意思の欠如、平和構築を担う部門間の調整の欠如、計画や目的設定の不明瞭性）と、現地社会との関係構築の失敗に関係するもの（現地側の認識や利益に対する不十分な考慮、一部の地域や社会層への偏った関与）とがある。たとえば国連平和活動ハイレベル独立パネル報告書（二〇一五年）は、平和構築の「七つの過失」として以下を挙げている。[50]

・社会現実を無視した、定型モデルの押し付け
・当該国自身の優先順位の無視
・支援側主導の支援、改革における技術的・非政治的アプローチ
・財政面（不足、制約）の考慮の欠落

・戦略的計画、調整、統合の不在
・首都、エリートへの関心の集中
・社会レベルでの和解、信頼醸成支援の看過

これらは一般化された批判のポイントであるが、いずれも一九九〇年代以降実践されてきた平和構築の経験やそれへの反省にもとづいている。実際、ＬＰＢ論が登場する二〇一〇年代頃までに、平和構築の取り組みが十分な成果を挙げていないと思われる事態はたびたび観察されるようになっていた。

たとえば東ティモールでは、一九九九年から二〇〇五年にかけて暫定統治を含む大規模な平和構築支援が行われたにもかかわらず、翌二〇〇六年には国軍内の待遇差別問題を契機とした騒擾が発生した。国軍兵士、警察、ギャングなどを交えた武力衝突や破壊行為をともなったこの危機に対し、治安回復のための多国籍軍（オーストラリア主導の「アストゥート」作戦）が急遽組織される事態にまでなった。[51] 一九九〇年代から国連、ＥＵ、ＮＡＴＯ、欧州安全保障協力機構（ＯＳＣＥ）などが協力する形で重厚な支援が展開したボスニアとコソボでも、現地集団間の緊張関係がしばしば暴動の発生に結果するとともに、組織犯罪の跋扈といった不安定要素の存在も指摘されるようになっていた。[52] 米国同時多発テロ事件（二〇〇一年）を受けて行われた軍事介入でタリバン政権が崩壊したアフガニスタンでも、安定化のための軍事作戦と並行して包括的な近代国家の再建支援が行われたが、その際参照されたのもＬＰＢのモデルであったという。[53] しかし新政府は勢力間の抗争や腐敗といった問題をたびたび露呈させる一方、タリバンの残党と思われる勢力によるテロ攻撃は二〇〇〇年代半ばから顕著な増加をみせるようになっていた。[54] その後米軍の同国からの撤退を契機としてタリバンが攻勢をかけ、二〇二一年八月に再び実権を握るようになったことは周知の通りである。

大規模かつ長期間にわたる平和構築が奏功しなかったとみられるこれらの事態に加え、平和構築にともなう新たな制度（選挙、市場経済）の導入が混乱や対立の先鋭化を招いているとの指摘や、外部による包括的介入と和平プロセスの管理が現地社会による自発的な取り組みを阻害し、国際支援に対する一種の依存体質を助長しているのではないか、との批判もなされるようになった[55]。先に紹介した二〇一五年の報告書における「七つの過失」は、こうした議論や観察を総括したものと言えるであろう。

(2) LPBモデルへの疑念

第一の批判は、平和構築が平和や安定性の創出において十分な結果を出せていないだけでなく、意図しない副作用をも現地社会に生んでいるというものであった。第二の批判もこうした経験的な批判を重要な契機としているが、同時により理論的な方向への昇華がみられる。すなわち、上記したような問題点や副作用が発生してしまう原因を、平和構築が依拠し確立を目指すモデルそのものの限界に見出そうとするのである。ここで批判の視座を提供するのは、第一の批判でも示唆されている、現地社会とLPBモデルとの関係性である。

LPBにおいては、自由民主主義的国家モデルが普遍的な優位性と有効性をもつものとされ、多様な背景や性格を有する紛争後社会に対しても（概して）一律に適用がなされる。このモデルを適用する主体も国連や地域機構、国際NGOなど、自由主義諸国間でその多くが設立されている外部アクターであり、平和構築はこれら外部アクター主導の下で実施される。したがって平和構築の成否を握るのは外部アクターの働きであり、LPBのモデルが「適用」される現地社会は平和構築の主体的なアクターとして認識されない。

第二の批判の出発点は、こうした自由主義の「傲慢さ（hubris）[56]」に対する知的（倫理的と言ってもよい）違和感である。そしてこの違和感から、現地社会の実情を踏まえた平和構築の進め方を考えようとするのである。

なおこの段階でひとつ付言しておきたい。これは第一の批判についてもあてはまることであるが、第二の批判を展開する論客も、その批判をもって平和構築や平和維持からの全面的な撤退を唱えているわけではない[57]。紛争後の困難な状況に際して何らかの国際支援が必要であるという認識は、ＬＰＢを擁護する論客同様に有している[58]。ＬＰＢのモデルを批判する一方で紛争後の社会に対する国際支援そのものは否定しないのであれば、ＬＰＢに代わる平和構築のやり方を提示しなければならない。ＬＰＢ批判論がＬＰＢに代わる平和構築のモデルを提示しようとしていることには、こうした動機がある。

以下に続く二つの節では、ＬＰＢ批判を通して提出されてきた二つの議論、ハイブリッド平和構築（hybrid peace-building［ＨＰＢ］）とレジリエンス論をみていく。両論とも、ＬＰＢで前提とされている自由民主主義的国家モデルと現地社会の実情との関係を再定義（再交渉）しようとする知的試みであるが、その再定義の仕方は異なっている。以下ではその点を整理した上で、本章の関心である国家についての考察を進めていく。ＬＰＢがすでにみたような国家像を前提としているとすれば、それに代替しようとする平和構築の方法もまた、自由民主主義的国家モデルに対する修正、ひいては否定を含意するかもしれない。そうした可能性はどの程度、そしてどのような形でみられるのか。新しい平和構築論において前提とされている国家や社会の姿はどのようなもので、それは何を意味するのであろうか。

4　ハイブリッド平和構築

議論の構図

まず議論の構図をはっきりさせるため、ＬＰＢ論とＨＰＢ論およびレジリエンス論との違い、さらに後二者の間の違いを端的に述べておきたい。

その違いは、ＬＰＢ論が依拠する自由民主主義的国家モデルに対する二つの異なる態度として理解される。すなわちＨＰＢ論は、ＬＰＢ論においては望ましいものとして含まれない非自由主義的な価値、アクターや制度を平和構築の中に積極的に取り入れていく態度であるのに対し、レジリエンス論においては自由主義と非自由主義の区別、さらに言えばＬＰＢ論が有しているような平和構築にともなう「価値」の側面を問題とせず、現地社会による自発的な平和構築の重要性を強調する。

やや抽象的な言い方をすれば、ＨＰＢ論が平和構築における自由主義の位置づけを相対化するという意味で「非」自由主義的（non-liberal）であるとすると、レジリエンス論は「自由主義とそれ以外」という構図そのものに対して不可知的な態度をとるという意味で「脱」自由主義的（a-liberal）である、と特徴づけることができる。

ハイブリッド性

以上を踏まえたうえで、本節ではＨＰＢ論を取り上げる。ＨＰＢとは、現地社会との対話を通じて自由主義的な要素と非自由主義的な要素を組みあわせ、平和構築を進めていこうとする考え方である。

まず、ＨＰＢを導く中心的な概念はハイブリッド性（hybridity）である。ヤースタッド（Anna K. Jarstad）とベローニ（Roberto Belloni）によれば、ハイブリッド性とは「自由主義的および非自由主義的諸価値、制度、アクターが共存する状態」を意味する。[59] ＬＰＢが自由民主主義的国家モデルを形作る価値、制度やアクターのセットのみからなっているとすると、ＨＰＢではそれらに加え、現地社会で伝統的な制度・価値・アクターも平和構築に貢献しうる要素として認識される。後者で含まれる諸要素を前者と対比しつつ例示したものが表2-3である。

表が示すように、ＨＰＢには現地社会の伝統、エスニシティ、宗教を背景とするような権威や社会的紐帯、またそれらを担うアクターが潜在的に含まれている。また、近代化やグローバル化にともなう社会変化の帰結あるいはそれへの対応として地域社会レベルで新たに組織される暴力的・非暴力的な運動や組織も含まれるが、それらの多くは伝統的な諸要素と重なりあって存在している[60]。

これらのうち、特に武装組織やマフィア組織については、LPBからみれば平和構築のアクターとしては認めがたいかもしれない。だが、現実の平和構築が実施される紛争後の社会でこうしたアクターが存在していることはむしろ常態的であり、外部から平和構築支援を行う組織は、それらにも関与せざるをえない状況にしばしば置かれる[61]。HPB論は、この現実を踏まえた概念枠組みとして提起されている。

もうひとつ留意したいのは、表2-3で二つに分けられている制度・価値・アクターは、〈国際社会〉対〈現地社会〉の構図と一致するわけではない、という点である。非自由主義的な諸要素については現地社会に由来するものと考えられる一方で、LPBの諸要素については現地社会にも――伝統そのものの中に、あるいは現地社会のアクターが自由主義国家・社会の価値や制度を取り入れることを通して――存在しうる。「ローカルなものは一枚岩でもなければ、自由主義諸規範と必然的に相いれないものでもない」のである[62]。

こうした含みを持ちつつも、HPB論は、平和構築を自由主義および非自由主義諸要素の組みあわせからなるハイブリッドな過程として捉え

表2-3　自由主義平和構築とハイブリッド平和構築の基本的な違い

	自由主義平和構築（LPB）	ハイブリッド平和構築（HPB）
制度	市場経済，民主主義（議会，選挙等）	＋伝統的統治（宗教，民族，部族，家族），コミュニティ互助（地域，近隣）
価値	統治の透明性，法の支配，人権	＋父権主義，権威主義，宗教，相互扶助
担い手	公務員，政治家，自由なメディア，市民団体	＋部族長，宗教権威，武装組織，マフィア組織，自警組織，互助団体など

出所）Anna K. Jarstad and Roberto Belloni, “Introducing Hybrid Peace Governance: Impact and Prospects of Liberal Peacebuilding,” *Global Governance* 18, no. 1 (January–March 2012), p. 3; Volker Boege, Anne Brown, Kevin Clements, and Anna Nolan, “Building Peace and Political Community in Hybrid Political Orders,” *International Peacekeeping* 16, no. 5 (November 2009), pp. 605–606.

表 2–4　ハイブリッド平和構築におけるガバナンスの類型

自由主義的 ◀			▶ 非自由主義的
ウェストファリア型	（非公式価値・制度による）影響型	（伝統的諸制度の国家への）包摂型	（非自由主義的諸制度による国家）支配型
自由主義平和構築の理想モデル。 ▼民主主義的統治 ▼市場経済 ▼近代的国民国家	近代自由主義国家制度が存在・機能しつつ，他方でその運用の仕方には伝統的・非自由主義諸制度やアクターが非公式な影響力をもつ。 例：人事，立法における部族バランスへの配慮。	伝統的・非自由主義的諸制度やアクターが公平な国家制度・組織の一部を構成。 自由主義的組織・制度も共存。 例：部族長会議，慣習法の公式な取り込み。	伝統的・非自由主義諸制度やアクターが国家組織を実効支配。 自由主義的組織・制度は機能せず（存在していても形式のみ）。 例：軍閥等による統治機構の支配。

出所）Jarstad and Belloni, "Introducing Hybrid Peace Governance," Figure 1 (p. 2); Roberto Belloni, "Hybrid Peace Governance: Its Emergence and Significance," *Global Governance* 18, no. 1（January–March 2012), pp. 24–27.

ている。とすると、その平和構築が具体的にどのような過程をたどり、どのような紛争後社会のガバナンスを形成していくのかは、自由主義的要素と非自由主義的諸要素との組みあわせの仕方に依存することになる。表2－4は、HPBで想定されるガバナンスについてベローニらが提示した見方をまとめたものである。

この表の左側（ウェストファリア型）が上掲した自由民主主義的国家モデルであり、近代主権国家システム成立の契機になったとされる三十年戦争（一六一八～四八年）後の和平条約にちなんだ名称がつけられている。これが自由主義的要素のみからなる、いわば純粋なLPBモデルのガバナンス形態であるとすると、そこから右側へと進むにつれ非自由主義的要素の度合いが強まっていく。

自由主義と非自由主義の関係について、ベローニらは「影響型」「包摂型」「支配型」という分類を提示したが、重要なのはこれら類型や分類そのもののよりも、こうした類型の把握を可能とするような認識枠組みが提出されている点である。LPB論が平和構築について単一のモデル（＝ウェストファリア型）のみをもつ考え方であるのに対し、HPB論においては自由主義と非自由主義という二つの「軸」が存在し、その両者間のグラデーションのどこかを占めるものとして、実際の平和構築過程が理解されることになる。

このように平和構築を分析する概念として捉えた場合、ＨＰＢ論はＬＰＢ論にはない柔軟性と発見的な意義があると言えるであろう。

どのようなハイブリッドが望ましいのか

ＨＰＢ論は、自由主義的要素とそこから漏れる諸要素が多様なバランスやバリエーションで共存している状態を描写するための分析枠組みを提供している。しかし、この議論は平和構築の実践を単に描写するためだけの理論ではない。それはＬＰＢ同様、平和構築における実践を導くガイドのような役割も有しており、その視点からどのような意義があるのかも考えておく必要がある。

そうした視点でＨＰＢを捉えた場合に気になるのは、自由主義的諸要素と非自由主義的諸要素の望ましい関係について、この枠組みはどのような理解を示しているのか、という点である。表2-4「支配型」のハイブリッド統治を例にしてみるとよい。それは分析上の類型としては考えられるとしても、平和構築において目指すべき方向性のひとつに含まれるであろうか。ＨＰＢの実践がさまざまなバリエーションで考えられるとしても、そこで捉えられるすべての「平和構築」を是認することを直ちに意味するわけではない。とすると、平和構築支援においてどのようなハイブリッド（まで）を追求すべきなのか。

これは、ＨＰＢの実践的意義を考える上で重要な論点である。しかし実はこの点について、議論は必ずしも一致しているわけではないようにみえる。その理由は、非自由主義的な平和構築に何を期待するのか（できるのか）についての評価にかなりのばらつきがあるためである。

まず、論者の間でコンセンサスがあるのは、現地社会特有の価値、制度やアクターは現地社会に根づいたものであるがゆえに、それが自由主義から逸脱する性格をもっていたとしても一定の正当性を有する、という点である。

これは、現地社会はその社会自身の平和構築の主体として自明な正当性を有することに由来する。LPB批判との関連で言えば、同モデルが現地社会にとって異質なものであり、正当性を欠いていることを別の形で言い換えたものでもある。平和構築において近年「ローカル・オーナーシップ」や現地社会に対するアカウンタビリティの強調が広く指摘されているのも、現地社会を平和構築の本来の主体として尊重しようとするこうした考え方が広く支持されているためであろう。[63]

建設的批判のポテンシャル

だが、平和構築主体としての現地社会の尊重というコンセンサスを超えると、評価は分かれてくる。

一方では、非自由主義的な現地の諸要素に、LPBとそれを推進する外部アクターの影響力や圧力に対抗する、あるいはLPBの「失敗」を是正するポテンシャルを見出そうとする議論がある。この立場の代表的な論者であるマギンティ（Roger Mac Ginty）とリッチモンド（Oliver P. Richmond）は、そうした可能性として次のようなハイブリッド平和構築の姿を提示している。[64]

ポジティブなハイブリッドをなす――したがって解放的で社会的に正しい――平和は、既存の力関係における力の流れが生み出すジレンマに対し、その諸関係に周縁的な立場で囚われている人々の視点に立った段階的な解決をもたらすであろう。これはサバルタン〔従属的な社会集団――引用者注、以下同〕にはおなじみの諸問題、すなわち抵抗を用いることによって改革を生んだり、あるいは権力保持者の要求を受け入れたりすることについての諸問題、を含んでいる（中略）。この立ち位置は、外部によって決定された積極的・消極的平和の枠組みの視点とはやや異なる視点を提供する。それはまたアイデンティティ、歴史的・文化的実践、そして正義に関する諸問題にも踏みこむものであり、それらと国際的な諸規範との間の緊張は無視するのではなく、解決していく必要があるという意味を帯びている。

この引用はきわめて抽象的な表現を使っているが、ここで強調されているのは社会の周縁あるいは従属的な状態に置かれている人々（サバルタン）の立場や能力の強化（エンパワーメント）である。

平和構築が実施される社会には階層など固定化した不均衡な権力関係や不平等性が存在し、そこでエリート層をなす人々が平和構築の現地カウンターパートとなる可能性が高い。こうして国際アクターと、それに戦略的利害などから同調する現地エリートとの交渉の下で平和構築が行われると、表面的にはひとつのハイブリッドをなしているようにみえる。[65] だがこのタイプのＨＰＢ（マギンティとリッチモンドはこれをネガティブなハイブリッドと呼ぶ）では当該社会の権力関係が従来のままであり、したがってそれにともなう、紛争の原因ともなる可能性がある不平等性や差別は手つかずのまま残されることになる。[66] この点を克服するためには、現地社会で抑圧されている社会集団を後押しすることで、現地の社会関係をより「公正」なものへと変えていく必要がある。こうした、現地社会とのより深いレベルでの対話にもとづくハイブリッドな平和を実践するためには、「サバルタンな主体によって定義されたところの、共感的・解放的なアプローチ」が必要なのである。[67]

つまり非自由主義的な平和構築の要素に対してここで期待されていることは、自由民主主義的国家モデルの現地への「適用」によってむしろ強化されてしまうかもしれない現地社会の矛盾や不平等を是正し、それらに苦しむ人々を解放する可能性である。[68] こうした深いハイブリッド性の視点からは、ＬＰＢを担う国際アクターだけではなく、それに同調することで既存の権力や利益を守ろうとする現地社会の支配層にも建設的批判を行うことができるようになるのである。

HPBへの懐疑

だが他方、現地社会による非自由主義的な平和構築の要素にこうした可能性を見出そうとする議論には、懐疑的な見方もある。

ビラーベック（Sarah B. K. von Billerbeck）によると、現地社会の伝統や価値を重視した平和活動の方向性に対する批判には、主として①効果への疑問、②ローカリズム・伝統主義の理想化、③自由主義規範に反する活動の国際化、という三つが挙げられるという[69]。

①の批判は、伝統的紛争管理・解決手法の活用の潜在的価値は認めつつも、それをPKO要員などが実践した実績はほとんどなく、したがってそれがLPBにまさる成果を挙げうるのかどうかの検証が不十分であるというものである。

②の批判では、LPBに対する批判を意識するあまり、伝統的アクターによる暴力や政治的・戦略的振る舞いを看過する姿勢につながる可能性が指摘される[70]。また、そもそも紛争が発生し、国際平和活動が必要となってしまったこと自体が伝統的な紛争解決手法の限界を示しており、その意味で伝統的手法の妥当性や効果は疑ってかかる必要があるのではないか、という批判もこの文脈でなされている。

③の批判は、平和維持・構築では自由主義の原則が規範化しているため、伝統的価値や手法を取り入れることになれば、国際要員にその規範から逸脱する行動を強いることになるのではないかと主張する。第一の批判同様、この批判も伝統的紛争管理・解決手法に一定の価値を認めているが、他方でそれを国際要員がどのように行っていくのかについては現実的な検証が必要となるのではないか、とするのである。

これらはいずれもHPBの実践に対する、効果的な批判であるように思われる。前段で紹介したマギンティらの議論も、これらの批判、とりわけ②（理想化）の批判に対する反論という意味合いを含んでいる。すなわち、現地社会のアクター、制度や価値をローカルであるという理由だけで容認するのではなく、その中にある緊張関係や矛盾を露呈させ、それらが解消されるような社会関係の変革を導く可能性が、彼らの提起する「ポジティブなハイブリッド」には含まれていると解釈できるのである。

ＨＰＢの両義性

マギンティらの立論は、ＨＰＢの中にいわば「良いもの」と「悪いもの」があることを示すものであり、そうすることで「望ましい」ハイブリッドのあり方を示そうとしている。だが、このように理解したとしても――あるいは、こうした理解によって、と言った方がより正確かもしれないが――少なくとも二つの問題が残っている。

第一の問題は、「解放」されるべきローカルなアクター・制度・価値とは何であるのかの説明が具体性を欠いていることである。この点は、彼らの立論の仕方にも関係している。[71] ＨＰＢ論は、自由主義と非自由主義の対立、そしてそれらと緩く並行して対置される国際的プレゼンスと現地社会との対立を基本的な構図とし、後者の立場から前者を批判的に検討する、という展開の仕方をとる。「非自由主義（non-liberal）」という形容がすでに示唆するように、この構図において非自由主義的な平和構築の諸要素は、ＬＰＢの諸要素の存在を前提として――すなわち、それらから排除されているものとして――同定される。非自由主義的なるものは、自由主義的なものを基準として認識されるのである。

このようにしてＬＰＢに非自由主義的な平和構築の要素がいわば逆説的に依存している限りにおいて、それら諸要素やそれを含むＨＰＢの輪郭を積極的に定義することは困難なタスクとなる。マギンティらの議論は、一歩踏みこんだ形で「真にローカル化したハイブリッド性[72]」の姿を示そうとしている点は評価できるものの、そうすることにより、かえって抽象度は増してしまっているように思われる。

第二の問題は、周縁・従属的な立場に置かれている人々のエンパワーメントという考え方それ自体の自由主義性である。既存の平和構築から排除されかねない人たちを平和構築の枠組みやプロセスに包摂することが重要であるのは、彼らの人間としての自律性・主体性を尊重し実現を支援する必要があるためである[73]。だが上にみたように、人間の自律的判断能力の重視は自由主義にとって本質をなす思想である。その意味で言えば、周縁的・従属的な人々の平和構築におけるエンパワーメントとは、こうした人々（それがどのような実態であれ）の中に自由主義的な自律性と主体性を確立しようとする動きとして解釈することもできる[74]。既存の平和構築の自由主義性に対する批判から出発しながら、平和構築における自由主義の徹底を訴えているようにも理解できるという意味で、マギンティらの議論は両義的なのである。

ＨＰＢ論は、自由民主主義的国家モデルを前提とした平和構築に対し、そこから外れる、当該社会に特有の平和構築アクター、制度や価値に着目し、それとの対話（交渉）を通じてより多様な平和構築の方向性を提起している。その核をなすハイブリッド性概念は、平和構築において自由主義・非自由主義の組みあわせがもちうる無数のパターンを描写する有効な分析の視点を提供している。他方、ＨＰＢをどのように実践していくのか、どのようなハイブリッド（まで）が望ましいのか、といった問いに答える実践上のガイドとしては、同論は抽象的なままにとどまっているようにみえる。

平和構築という活動のデザイン一般を変えていくには、たとえば自由主義的諸要素と非自由主義的諸要素との間の対話の進め方といった点について、実践例を踏まえた経験的な知見の蓄積が必要であろうと思われる。これは豊潤な可能性を感じさせる問題領域であるが[75]、本章の視点から知りたいのは、ＨＰＢ論がどのような国家へのアプローチを示唆しているのか、である。この点は、レジリエンス論における国家の位置づけという問題と併せて、後ほど考えていきたい。

5　レジリエンス論

概念と考え方

平和構築におけるレジリエンス論は、紛争後社会自身による平和構築の推進能力、とりわけ紛争復興過程でその社会が直面するさまざまな障害や問題を自発的に対処する能力に着目し、そこに国際支援の重点を置くべきとする考え方である。

「レジリエンス（resilience, 強靭性）」という概念はもともと工学などで用いられていた用語である。それが医学や心理学など他分野にも次第に適用されるようになり、近年は気候変動対策、開発援助から災害救援や平和構築においても使われるようになってきた。[76] チャンドラー（David Chandler）によれば、レジリエンスは「危機に対処する社会の内的能力」として理解されており、特に強調されるのは外部支援とは区別された、社会自身による自己組織化と内的対処能力の発展である。[77] すなわち、平和構築のプロセスが不確実性に満ちた複雑なプロセスであることを認めた上で、そうした流動的状況においても自らを組織し対応していく能力を現地社会に見出し、それを支援していこうとするアプローチとして理解することができる。[78]

レジリエンス論の社会認識

先にも示唆したように、この議論が興味深いのは、ＬＰＢ論とＨＰＢ論の双方がともに前提としていた〈自由主義〉対〈非自由主義〉の構図に収まらない議論を展開している点である。チャンドラーの議論を手がかりにしながら、もう少し掘り下げてみていきたい。

上にみたように、レジリエンス論もＨＰＢ論と同様、ＬＰＢ論の普遍主義的かつ一方的なアプローチに対する違和感から出発している。[79] しかし、ＨＰＢ論が自由民主主義的国家モデルから逸脱する価値、アクターや制度を同定し、それらと同モデルとの関係性を問おうとするのに対し、レジリエンス論はＬＰＢ論が想定している国際介入の論理そのものを問題化しようとする。以下、その問題化の手順をたどっていきたい。

国家建設論（破綻国家論、開発ガバナンス論、ＤＰ論）全般についても言えることであるが、国際介入の論理においてしばしば前提とされるのは、①紛争をもたらす「原因」が特定でき、その原因を解消・緩和する方策を導入することで問題解決が期待できる、という基本的な論理と、②それら諸原因は当該社会に内在するため、その社会自身による対処は困難である、とする認識である。[80] この二つが結合することでＬＰＢのような積極的な国際介入が正当化され、介入アクターは自らが分析した原因と対処策に従って——ＬＰＢの場合には、自由民主主義的国家モデルの導入がそれにあたる——介入を行おうとする。

これに対しレジリエンス論が提示するのは、①紛争管理に関する単純な因果関係の特定は困難であり、②紛争管理における外部アクターの優位性は自明ではない、という考え方である。これが前段でみた、国家建設論の認識と対照をなしているのは明らかであろう。

まず、最も根本的な存在論・認識論のレベルで言えば、レジリエンス論において社会は明確な因果関係に貫かれた機械論的なものではなく、むしろさまざまな要因が絡まりあって複雑に作用し、意図しないリスクや帰結をもたらす不確実性に満ちた存在である。そこには相いれない価値の体系も複数存在しているため、その中で物事を進めようとする際の選択も常にあいまいさに満ちたものとなる。[81]

そうした不確実性やあいまいさは、紛争後から平和構築に向かおうとする社会においては当然ながらさらに強くなるであろう。そうであるとすると、外部アクターにとって紛争原因の同定は、前段の国際介入の論理が想定するような確実性をもったものでは必ずしもなくなってくる。また、実施された国際支援がどのような効果をもたらすのかも未知数であり、むしろネガティブなリスクや副作用を新たに生む可能性すらある。[82]

レジリエンス論の社会観において、紛争後社会や平和構築のプロセスはリスクや副作用を常に含むものであり、また外部アクターは平和構築の主導的立場を保証されるような優位性をもっていない。とすると、残されるのは現地社会自身が平和構築にともなうリスクや副作用に対応していく中で学習し、柔軟な適応力を備えた平和構築の主導者となっていく可能性である。[83]

こうした可能性についても、レジリエンス論は主流の国際介入で前提とされてきた論理とは逆の議論を展開する。すなわち、紛争が当該社会の諸関係が生んだ複合的な帰結であるからこそ、その問題の解決はコミュニティ自身による方策に拠るべきとするのである。[84] したがって外部支援の役割は平和構築をそのデザインから実施まで主導するのではなく、むしろ「現地住民による伝統的実践の再発見を促したり、彼らの中にすでに存在している諸能力を「覚醒」させ「働きかける」こと」[85]に向けられることになる。HPB論は自由主義的な国際介入との緊張関係の中で、現地社会に潜在する平和構築の能力や手法を強調していた。これに対しレジリエンス論は、社会の構成において人々の日常的実践を重視する認識論[86]や近現代社会がもつ「リスク社会」[87]としての一般的特徴から、現地社会の自発的な対処能力の重要性を強調するのである。

こうした議論は一見、学術領域にとどまる類のもののように映る。だが二〇一〇年代になると、レジリエンス概念は国連やEUの政策文書でも積極的に使われるようになってきている。[88] たとえば、先にも引用した国連平和活動ハイレベル独立パネルの報告書では、次のような記述がある。[89]

紛争から脱しようとする国々は白紙のページではなく、そこにいる人々も「プロジェクト」ではない。彼らが平和の主な担い手である。しかし、国際的なアプローチはしばしば各国の現実を無視した一般的モデルにもとづいてきた。それは、社会のメカニズムないしインフォーマルな諸制度や相互扶助のネットワークを見落としてきたが、それらこそがコミュニティ・レベル（そこでは女性が重要な役割を果たす）においてサービスを提供し、信頼をもたらすものである。平和を持続させる努力はそうした諸制度およびローカルコミュニティのレジリエンスや和解プロセスといったものを減殺するのではなく、それらに依拠するものでなければならない。

ここでは、レジリエンスが持続的平和に向けて中心的役割を果たすことに対する期待が、ＬＰＢへの批判と併せて言及されている。レジリエンス論はＨＰＢ論に比べても早いペースで、平和活動の主流な語彙になりつつあると言えるであろう。

隘路の克服

レジリエンス論がこのようなものであるとして、この立論がもつ意味合いは何であろうか。平和構築の議論においてレジリエンス論が本格的に登場したのはＨＰＢ論よりも若干遅く、二〇一〇年代に入って以降のことであるが[90]、以下では、ＬＰＢからＨＰＢと追ってきた議論の文脈において、一応の評価と位置づけを与えてみる。まず指摘すべきは、現地コミュニティへの見方に関して、ＨＰＢ論が陥っていた隘路を回避することに成功しているように思える点である。

すでにみたように、ＨＰＢ論は〈自由主義（≒国際社会）〉対〈非自由主義（≒現地社会）〉という構図の中で、後者に抵抗的・解放的な可能性を見出そうとする議論であった。問題は、この立論の仕方では後者が前者の否定（すなわち、自由主義でないもの）という形でしか捉えられない点にあった。この議論がＬＰＢ論への対抗として提示しようとしているものが自由主義から外れた価値・アクター・制度であり、それゆえ同論ではそれらの重要性が強調されているにもかかわらず、その存在は自由主義の基準に逆説的な形で依存しているのである。自由主義自体の多義性や柔軟性（したがって、自由主義とそうでないものとの境界自体が時代や状況によって変動しうる）[91]も勘案すると、HPB論が掲げようとしている非自由主義的な価値・アクター・制度の輪郭はさらにあいまいかつ抽象的なものへと後退してしまう。同論が実践されるべきハイブリッド性について説得力のある答えを提示できていないようにみえるのは、平和構築が抱える問題の本質をいわば文化的対立として捉えるこの存在論・認識論に由来するように思われる。

これに対しレジリエンス論は、当該社会の社会性はそこに住む人々の日常的実践から生成するという見方に立ち、紛争の契機となった背景や原因、またそれらに対する方策もそうした具体的実践の中で模索すべきとの議論を展開する。この議論がHPB論やLPB論と大きく異なるのは、介入する外部アクターの存在が平和構築のプロセスから本質的に取り除かれている点である。これは同時に、平和構築を導く価値の問題は当該社会自身の属性として――つまり、その社会の中から自ら見出せるものとして――のみ理解されることを意味するから、自由主義と非自由主義の対立という構図自体がそもそも存在しないことになる。先に、レジリエンス論が価値に関して不可知論的、「脱」自由主義的であると述べたのは、この意味である。

レジリエンス論の実践性

このようにして、レジリエンス論はHPB論が抱える隘路を解消する意義をもっている。だが、そこに問題はないのだろうか。これまでみてきた平和構築論同様、レジリエンス論もまた実践を意識した言説である。その視点からすると、少なくとも二つの疑問を挙げることができる。

第一に、効果が未知数なことである。コミュニティ重視の平和活動アプローチに対するビラーベックの批判は、レジリエンス論に対しても向けることができる。レジリエンス論もまた、現地社会の学習能力や問題対処能力に期待するのであるが、それによって紛争の再発あるいは持続的平和がもたらされるかどうかはまた別の評価が必要である。そもそも紛争が発生したこと自体が、現地社会のレジリエンスの限界あるいは弱さを示すのではないか、というHPB論に向けられたものと類似した問いは、ここでも投げかけることができるであろう。また、現地社会のレジリエントな対応能力を国際支援により強化するとしても、そうした強化が奏功するのかについては同様に未知数なところがある。(92)

この最後に述べた点とも関連するが、第二に挙げられる疑問は、レジリエンス論が国際活動としての平和構築に対してもつネガティブな意味合いに関するものである。レジリエンス論は、平和構築で優位性をもつのが現地社会自身であることをいわば存在論のレベルで主張し、国際支援の役割は平和構築に取り組む現地社会の学習能力や対処能力を「覚醒」させることにあるとする。しかし、ここで直ちに生じる疑問は、国際支援がどのように現地社会の能力を「覚醒」させるのか、もっと言えばそのような資格が現地社会以外のアクターにあるのか、という問いである。

現地社会の問題はコミュニティ・レベルの複合的な実践に由来し、それゆえその解決や解消もまたその実践の中にある具体的スキルや智慧に依存するのであれば、どのスキルや智慧を覚醒するのかに関する「メタ知識」もまた現地社会のみが有していることになる。レジリエンス論にとって、外部アクターはこの点で何の優位性も有さないため、覚醒させるべき部分を同定する視点をそもそももつことができないのである。また仮に現地社会がそうした部分を国際アクターに伝えてきたとしても、それをどのように理解・判断し、またそれにもとづいて行動したらよいのかに関する視点も、後者は同様に持ちあわせていないことになる。

支援からの撤退論？

注意したいのは、こうした議論は国際社会による支援の必要がそもそもあるのか、という疑念を容易に惹起する点である。平和構築の主導的な役割から国際アクターが深いレベルにおいて排除されている状況は、それらアクターの視点からすれば、支援すべき動機や意義を見出せない状況でもある。平和構築は現地社会自身が行うことが望ましく、それ以外に途はないのであれば、国際社会が担う役割は自ずと限られてくる。やや極端な言い方をすれば、平和構築から国際社会が撤退するための論拠をレジリエンス論は示唆しているようにもみえるのである。

平和構築や平和活動全般の国際的な議論において、支援撤退論はひとつの底流として長く存在してきた。チャンドラーによれば、西側諸国では一九七〇年代以降、平和構築や開発を通じた社会変革の野心はむしろ低下してきたという[93]。

先述のように、ポスト冷戦期の国家建設論は基本的には国際介入を正当化する論理として機能してきたが、実はそこにも国際社会の支援からの撤退を正当化する論理が内在している。たとえば開発ガバナンス論では援助を通じて提供された資源や助言を効率的・効果的に吸収し活用する能力の低さが、破綻国家論では安全保障や治安を維持する能力の欠如が問題化され、それら能力を現地社会自身が獲得することが課題とされた。DP論が前提とする自由民主主義には、現地社会の人々自身による意思決定を促そうとする契機が含まれている。

もちろん、被介入国の政府や社会の問題を「原因」としつつ外部からの介入を正当化する論理は、介入する側にとっては都合のよい論理――なぜなら、それらアクターは自らの活動や政策を、その成果に対する責任を問われることなく実施できるから――ではあった[94]。だが他方で、介入を受ける側の国家・社会の能力やその責任を最重視する国家建設論は、現地社会による自発的な社会運営の正当性とそれへの将来的な期待を含んだものともなっていた。国家再建論の一部をなすＬＰＢ論が、国際介入の論理でありながらも「ローカル・オーナーシップ」を強調してきたことにも、こうした二面性をみてとることができる。そしてそのＬＰＢ論を批判する形で台頭してきたのがＨＰＢ論やレジリエンス論であったが、ＨＰＢ論はＬＰＢ論に対する対抗勢力として、レジリエンス論はそれ自体の本質的な価値において、現地社会による実践をより前面に出す立論になっている。

つまり、レジリエンス論は他の議論のいずれとも異なる特徴をもちながら、ポスト冷戦期に主流をなしてきたこれらの考え方に潜在するひとつの傾向――すなわち、平和活動における現地社会への回帰と、国際社会の役割低下志向――を理論的に洗練された形で顕在化させる役割を果たしているようにみえるのである。

「現地社会」の再定義

もっとも、レジリエンス論がこの方向性をとらない可能性もある。

その可能性は、「現地社会」に含まれるものを現地住民による実践の総体より広く捉え、いわゆる国際アクターの活動も「現地社会」にすでに巻きこまれていると考える姿勢の中に見出される。人々の日常性の中にいわば全てが常にすでに含まれているのであるとすれば、アクターの「現地性」の程度は意味をなさないのである。

こうした議論は、たとえば植民地主義あるいはグローバル化の各国社会への影響などを考えた場合、確かに一定の説得力はあるように思われる。帝国主義やグローバル化が過去や現在において多くのインパクトを残し、それによって世界各地で暮らす人々の生活もすでに大きく変わっていることは否定できない。ここから、「現地社会」を自足的なものではなく、より広範な地域的・国際的な要素とのやりとりに常にさらされ、その中で生成され続けているものと捉えることは無理のない考え方ではある。ローカルなるものは「決してローカルなだけではなく、国家、国際・トランスナショナルな関係やテンプレートの中に浸されている」[95]のである。

ただし、平和構築における現地社会を拡大的にのみ考えてしまうと、レジリエンス論がそもそも強調しようとしていたような、日常を生きる現地住民の適応力や創造性はとたんにぼやけたものになってしまう。他方、こうした理解によって外部アクター――より正確に言えば、従来は「外部」とされていたアクター――の存在や活動根拠は一定程度確保されるものの、彼らの役割や、その役割にともなって問われる責任の範囲も同様にあいまいなものとなる。[96] さらに言えば、全てを「現地社会」に含んで考えたとしても、「外部」支援アクターと「現地」の人々とが実際やりとりする中で経験される軋轢や対立が消え去るわけでもやはりないであろう。そしてその点を認めたところで、われわれは本章で一貫してたどってきた議論の出発点――すなわち、自由民主主義的国家モデルと現地社会の実情との関係のあり方――に再び戻ってきてしまうことになる。

先にもふれたように、レジリエンスは平和構築に限らず、政治やガバナンスに関するさまざまな文脈で論じられるようになっている。[97] だが平和構築に関する限り、レジリエンス論の台頭が示しているのは「国際政策思考における革命」[98]というより、国際支援に対するある種の醒めた現実主義と、行き詰まりの感覚であるようにも思われる。

6　代替モデルにおける国家とガバナンス

ガバメントからガバナンスへ

ここで国家をめぐる議論に立ち戻りたい。第4節ではHPB論、第5節ではレジリエンス論について、それぞれがどのような平和構築モデルを提示しているのかをみてきた。LPB論がポスト冷戦期の国家建設論の系譜を色濃く受け継ぎ、自由民主主義にもとづく主権国家の建設を目指すものだとすれば、それを批判する新たな平和構築論にはLPB的なガバナンス像とは異なるビジョンが示されていたはずである。それは何であろうか。

全体としてまず指摘しておきたい重要な点は、ＨＰＢ論とレジリエンス論はいずれも国家そのものを否定しているわけでは必ずしもない、ということである。

第4節の冒頭で、ＬＰＢとこれら代替モデルとの関係をまず素描した。その際、ＨＰＢ論が「非」自由主義、レジリエンス論が「脱」自由主義として特徴づけられると述べた。これらの表現も示唆しているように、両論が批判の矛先を主に向けているのはＬＢＰの自由主義性という部分に対してであり、国家という枠組みそのものではない。言い換えると、代替モデルが提起しようとしてきたのは、近代国家という概念・制度というよりは、意思決定のあり方やその実施プロセスの変革なのである。

ここに、国家とそうした意思決定・実施のプロセス・仕組みとを分けて考える必要が出てくる。実際、国際関係論には、前者と分析的に区別された後者を示す用語として「ガバナンス」がある。本書の中でもガバナンス（*governance*）という言葉をここまで特段の説明もなく使ってきたが、この概念は政府＝ガバメント（*government*）とイコールではない。政府が人民、領土と併せて主権国家の不可欠な一部を構成するとすれば、ガバナンスは主権国家の活動に限定されない形で行われる統治現象のことを指す。

「グローバル・ガバナンス」はその好例である。この名を冠した学術誌の創刊号に掲載された論考で、フィンケルスタイン（Lawrence S. Finkelstein）は次のようにグローバル・ガバナンスを定義している[99]。

> グローバル・ガバナンスは、国境を超える諸関係を主権的権威をともなうことなく治めることである。グローバル・ガバナンスは諸政府が国内で行う事柄を国際場裏で行う。

グローバル・ガバナンスは、グローバルなレベルで統一的な（世界）政府がない、すなわちアナーキカルな状態において発生する統治現象を捉えようとする概念である。その反面、フィンケルスタインの定義の特に後半は、諸国家内の統治は当該主権国家の政府に集約されていることが前提とされているように理解できる。だが本章のここからの議論で考えることになるのは、諸国家内の統治行為が必ずしも国家だけに限られない状態がありうるのではないか、という問題意識である。ガバナンスは、そうした状態を捉える概念として有用である。

ＨＰＢと統治のハイブリッド／多重性

ガバナンス概念をこのように理解したところで、その視点からＨＰＢとレジリエンスの議論に目を向けてみたい。まずＨＰＢである。

ＨＰＢが示唆するのはハイブリッド・ガバナンスである。前掲表2-4において整理して示したのはハイブリッドな平和構築のグラデーションであるが、これは同時にＨＰＢ論において考えられるガバナンスのグラデーションでもある。そうした視点から前掲表2-4を改めて眺めると、ＨＰＢ論が国家や政府による統治を実は広く受け入れている、ということがわかる。たとえば、非自由主義的な諸要素がその国のガバナンスを主導する「支配型」をみてみたい。それら非自由主義的アクターが非自由主義的な価値に従ってガバナンスを支配するのは国家機構（政府）を掌握することによってであり、それに代わる何らかの仕組みがここで想定されているわけではない。

言い換えると、ＨＰＢが提示するガバナンスは自由主義の視点からすればハイブリッドではあるものの、主権国家との関係においては変化がないということになる。しかし本当にそうであろうか。

ＨＰＢにはＬＰＢからは排除されるようなアクター・制度・価値が含まれ、それらとＬＰＢを担うアクターなどとの交渉の中からガバナンスのあり方が練り上げられていくとされる。排除される要素は「伝統的」制度やリーダー、価値といったものであった（前掲表2-3）。それらは自由主義的なガバナンスとは相いれないがゆえに排除されたのであるが、実はそれだけではない。宗教的な権威や酋長などを想定してみてもわかるように、こうしたアクターや制度は近代以前の社会においてガバナンスを主導してきた存在でもあった。だが主権国家が近代において成立する過程の中で、そうした制度や価値観はその従来の役割を奪われていった。言うまでもないが、そのプロセスを推進したのは主権国家の政府である。その意味で、主権国家の成立は伝統的なガバナンスの諸要素の駆逐に重要な役割を果たし、LPBを通じた自由主義的諸要素の導入を円滑にする役割を果たしてきたと言えるであろう。

したがって、HPB論が非自由主義的な諸要素をガバナンスの中に（再）導入すると言うとき、同時に主権国家と政府による統治以外のガバナンス要素の復活にも途を開いている。しかしすでに述べたように、HPBによるガバナンスは主権国家を主な枠組みとしている。では、ここで含意される「伝統的」ガバナンスの諸要素はどこに復活しているのだろうか。これら諸要素と、主権国家としての対外的独立の維持や権威・実力の集約を担う政府機構との関係はどう考えたらよいのだろうか。

このように考えを進める中で気づくのは、両者の関係がガバナンスの多重性と呼びうるものとして整理できるのではないか、ということである。[100] 再び前掲表2‒4を見て考えてみたい。「影響型」「包摂型」がよく示しているのは、主権国家政府以外のガバナンス要素が必ずしも政府により正式に認められることなく存在し、しかもそれが国家による意思決定を実質的に主導しているような事態である。自由主義との関係では「伝統的」と形容されるアクター・制度・価値は、ここでは非公式（インフォーマル）なものとして役割を認識されている。もちろんその非公式性の程度はさまざまなものがあり、「支配型」になるとほぼ公式なものにすらなる。

つまり、HPBによるガバナンスがハイブリッドであるのは、公式の権威（政府）の背後に非公式の権威が二重あるいはそれ以上に存在し、それら相互のやりとりの中で実際のガバナンスが進行するためである。こうした多重的ガバナンスの方向性を示唆しているという意味でも、HPB論には発見的意義があると言えるであろう。

レジリエンスと統治の不可知性・複雑性

では、レジリエンス論はどのようなガバナンスのイメージを示唆するであろうか。この点、レジリエンス論はHPBに比べ必ずしも明確な像を示していない。なぜなら、それを示すこと自体がレジリエンス論の趣旨に反するからである。

上にみたように、レジリエンス論は紛争後社会が国家建設論のような単純な因果関係で捉えられない複雑性を呈していることに立脚した議論である。したがってそうした因果関係を梃子とする外部からの介入は逆効果を生む可能性が高い一方、紛争後社会の複雑性を最も深く理解する現地住民こそが紛争後の再建と復興を牽引できる立場にあるとする。そこから、当該社会の学習と適応能力が強調され、国際支援を通じた働きかけは限定されるのであった。

ここでイメージされるのは、その社会固有の状況を長年にわたって生き延び、その経緯や環境に適したガバナンスの仕組みを有してきた社会の姿である。紛争の発生は大きな変化をこの社会にもたらすが、そうした変化をともなう状況でどのように社会を運営していくのかを決めるのも、やはりその社会自身である。その上、レジリエンス論に従えば、外部の支援アクターは、当該社会のガバナンス（すなわち今後どのように紛争の再発を防止し、社会を運営したいのか）についても特段の知的優位性をもっていない。すでに述べたように、国際アクターが現地能力を「覚醒」させられるだけのメタ知識をもちえないのであれば、どのようなガバナンスを進めていくべきなのかについて、「外部」が現地に先んじて指摘することも、そのデザインを示すこともできないであろう。

つまりレジリエンス論は、紛争後社会のガバナンスについても不可知的なのである。そしてこの点において、同論のある種のラディカルさが明らかになる。

まず、主権国家の国内制度と国際体系を否定していないが、肯定しているわけでもない。現代の国際関係においいて主権国家は依然として力強く存在しているため、紛争後社会が復興を目指す上で、主権国家の制度をある程度取り入れるケースは結果としては多いかもしれない。

しかし、近現代に定着してきた（ようにみえる）国家主権のような制度が、それだけで今後の存続を保証されているわけではないこともまた確かである。当該社会が主権国家に依拠しないガバナンスの仕組みを（再）構築する可能性もここでは十分に考えられるであろう。それは「伝統的」な制度・価値・アクターによるガバナンスの復活という形をとるのかもしれないし、状況に応じた学習の結果として編み出された全く新しい形態のガバナンスなのかもしれない。

ここで最後にふれた可能性はあいまいなものではあるが、HPBの議論では捕捉しにくいニュアンスがある。HPB論はその立論の出自から、〈主権国家モデル〉対〈「伝統的」制度・アクター〉という構図でガバナンスのオプションを考えようとする。この場合、自由民主主義モデルへの逆説的な（すなわち、批判を通じた）依存を通じて主権国家モデルは明確に残っていた。これに対し、レジリエンス論の出発点はあくまで自律的に考える現地社会であり、同社会が編み出していくガバナンスもHPB的な構図やグラデーションには収まらないのである。

同じことを、主権という概念に着目して言い換えてみたい。近代国家の仕組みにおいては主権を行使する存在が政府に集約されており、それゆえ国家は「主権」国家として理解されていた。レジリエンス論が含意するガバナンス像では、政府以外にも主権的な権威を有するアクターが重複的に存在する状態を、HPB的な対立構図にとらわれることなく——いわば白紙的に——考える余地が生まれてくる。国家とガバナンスを切り離して考えることは、同時に主権と国家を切り離して考えることでもある。[101] 当該社会の中でさまざまなアクターによって行使される「主権」が交錯する複雑なガバナンスの過程が、ここには含意されている。

こう考えていくと、レジリエンス論が示唆するガバナンスの像は、少なくとも潜在的にはかなり開放的なものであることがわかるであろう。

7　PKOにおける国家とガバナンス

本章ではPKOにおける国家を考えてきた。まずポスト冷戦期におけるLBPの主流化を、その背景にある国家建設論の系譜に位置づけ、その中で前提とされてきた国家モデル（自由民主主義的主権国家）を素描した。第4節以降ではLPBに対する近年の批判とそれに代わる代替的な平和構築モデルを整理し、そこで示唆されている統治のイメージを摘出した。代替モデルはLPBの自由主義性だけではなく、その主権国家性に対する批判も同時に含意している。それゆえ主権国家における政府（ガバメント）が担ってきたような機能を一般的に表現する概念が必要になる。本章ではその文脈でガバナンス概念を導入し、HPB論やレジリエンス論が国家や政府の役割を必ずしも全否定するわけではない一方で、それ以外の主体にもガバナンスを開放すること、そしてHPB論に比してレジリエンス論のほうがその開放性の度合いは高いことも示唆した。

ここからのさらなる考察点として、二つを挙げておきたい。

第一に、今後の平和維持・構築が代替モデルの示唆するような多重あるいは複雑なガバナンスを志向するとして、それがPKOという営みとの関係でどのような意味をもつのか、という問いである。この問いを考える際のひとつの手がかりは、PKOの国家間協力としての性格にある。本章でも一番最初に指摘したように、PKOはもともと国家間協力の取り組みのひとつであり、PKO参加国政府からの資源提供にかなりの部分を依存している。PKOは主権国家が中心的な権威をなす国際システムを前提としているのである。そして、だとすると、この前提と本章の最後で示唆したガバナンスの多重性や複雑性とは明らかに相いれないところがある。国家間協力であるPKOが国家以外によるガバナンスを許容する方向に変わっていくことは、自己矛盾ですらあるように映るのである。

もっとも、この二つの関係をこのように硬直的な対立関係として考える必要は必ずしもないのかもしれない。そう考える理由は、前章で詳しく議論してきた現代PKOを支える多元的な協力の姿である。そこでみたように、PKOは主権国家以外のさまざまなアクターの参画によって成り立つ活動へと実は進化している(同様のことは平和構築にも言える)。平和維持・構築はすでに主権国家の枠組みを超えた営みになっているのである。とすると、そうした支援に従事するアクターが支援対象となる社会のガバナンスの複合性(以下では、ガバナンスの多重性・複雑性をあわせてこのように呼ぶ)を認めることは、それほど無理のあることではないのかもしれない。

第1章でみた平和維持・構築における協力の多元性と、本章でたどりついた紛争後社会のガバナンスの複合性とは、ともにひとつの趨勢を暗示している。すなわちそれは、ある地域・国であれ、国際規模の協力的な営みであれ、さまざまな目的や資源を有する権威的行為主体がそこに存在し、相互に複雑に関係しながら活動を牽引している、というものである。こうした流れがPKOの実施形態だけではなくそのあり方においても見出されるようになっていること自体、国際関係全体の趨勢を示唆しているように思われる。

第二に、複合的なガバナンスは何のためのものなのか、という問いがある。LPBモデルが批判され、それに代わる、複合的ガバナンスを含む代替モデルが示唆されるようになった重要な理由は、前者から期待された平和や安定性が実現していないという点にある。改めて言うならば、平和維持や平和構築といった活動が目指すのは、紛争を経験した社会に平和をもたらすことである。

しかし、LPB論を含む現代国家建設論が、期待されたような平和の効果をもたらせなかったのであれば、それを批判・解体した上で進める支援は平和をもたらせるのだろうか。現代国家建設論で前提とされている「平和」と、代替モデルで含意される「平和」は同じ事態ないし状態を指すのか。鍵は言うまでもなく、「平和」とは何か、という幾度も繰り返されてきた問いを改めて考えることにある。章を改めて検討を続けたい。

第3章　平和

——なにが和解をもたらすのか

「協力」が平和維持という営みを下支えし、「国家」がその枠組みを形作る役割を果たしてきたとすれば、「平和」はＰＫＯをいわば上から方向づけ導く本質的な役割をもつ。具体的にどのような任務を担い、またそれがどのような結果を生み出すことがあっても、ＰＫＯが紛争を経験したばかりの社会に「平和」をもたらすべく行われる国際支援の取り組みであることに変わりはない。ＰＫＯが平和を維持する活動である以上、それは当然のことであろう。

本書でもここまで平和という概念を頻繁に使ってきた。しかし、それが何を意味ないし意図しているのかについては十分な注意を払ってこなかった。そこで本章ではこれまでの議論を踏まえつつ、ＰＫＯにおける平和の意味を考えていく。

1　ＰＫＯ研究における「平和」

「平和」を考えることの難しさ

まず考察の出発点として述べたいのは、平和維持における「平和」を考えようとする場合に直面する、独特の難しさである。それには少なくとも二つの要素がある。ＰＫＯと平和概念との距離の近さ、そして平和概念自体の多義性である。

第一に、PKOが「平和」を目指すことは当たり前のことであるため、そこでの平和の意味をことさら意識しなくても一定の議論ができてしまう、という点がある。

本書のここまでの議論からも示唆されるように、平和維持や平和構築をめぐる議論のほとんどは紛争後社会に対する国際支援の進め方やデザイン、すなわち方法ないし手段に関するものである。実際に紛争を経験し、さまざまなニーズを抱える社会が存在する以上、それらニーズにどう応えるか（支援すべきか）という問題意識が支配的になるのは当然のことではある。

しかしその反面、そうした支援がともかくも目指す「平和」については、その先に見える「何か」として想念される以上に意識されることは少ないように思われる。自らが良いと考える支援を行うことができれば、平和は（どのような意味ないし程度のものであれ）結果する、と考えられていることが多いのである。そしておそらく、自らの活動に自信をもっていればいるほど、そうした傾向は強くなるであろう。

これを端的に示すのが、現代国家建設論やその系譜にある自由主義平和構築（LPB、第2章）論である。それが平和維持・構築の主流であった一九九〇年代から二〇〇〇年代、国家概念はさまざまな形で取り上げられたのに対し、そうした実践や政策の目的であるはずの平和概念が意識的な検討の対象となることはほとんどなかった。これには、平和は自由民主主義的な国家の建設（再建）が進められたその先に見えるものであり、国際支援としてはそれに資する制度や価値の導入、そして関連アクターへの能力構築をひとまずは行っていればよい、という姿勢があったように思われる。「平和」はそうした支援や復興の取り組みの中にその種がまかれており、それが復興の進展を通じて結実することについて、あまり迷いはなかったのである。

しかし第2章でみてきたように、冷戦後三〇年以上を経て、そうした迷いが生まれている状態にある。それまで主流であった支援の方法・手段が問題や限界を露呈しているのであれば、支援が目指すものは何か、という目的をめぐる問いは相対的により重要なものとなる。そしてこの問いこそが、「平和とは何か」という問いである。

平和の多義性

ところで、この問いが平和維持・構築研究の文脈であまり取り上げられてこなかったとすると（取り上げているものについては本章でも可能な限り参照していく）、平和概念の理解は平和学や紛争解決学といった他の研究の流れに求めなければならない。[1] しかし（これが二点目の難しさであるが）、それら分野における平和概念の議論からすぐに看取されるのは、「平和」には複数の概念化の方向性がある、という事実である。[2] 平和概念について現在に至るまで主要な参照枠組みを提供し続けているのが、ガルトゥング（Johan Galtung）の積極的平和・消極的平和という概念であるが、その解釈をめぐっては議論がある上に、これとは異なる平和概念の提示もなされつつある。[3] またこの関連で言えば、平和概念は基本的にさまざまな集団や社会に共通して適用できるものとして提示されているが、こうした普遍的概念化に対する批判も近年は提示されるようになっている。

そうした議論の一端も、本章の目的に資する範囲で導入していくことになるが、ここで以上のようなやや外形的な指摘をしたのは、平和概念自体が実は多義的であるため、既存の知見を平和維持の領域に単純に持ちこめば、そこでの平和の意味を同定できるわけではない、ということが言いたかったためである。ではどうしたらよいのだろうか。

2　平和へのアプローチ

平和維持という文脈

本章で採ってみたいのは、これとは逆のアプローチである。

まず改めて確認したいのは、われわれが考えたいのはあくまで平和維持における平和である、という点である。「平和」は国家間関係からさまざまな規模の集団内関係、家族、そして個人間まで、さまざまな社会の次元において見出しうる状態のひとつであるが、本書が考えようとするのはあくまで平和維持やそれと関連の深い平和構築などの活動における「平和」の意味である。他章で協力と国家を検討したのと同様に、本章でも平和維持という活動の中で意図されてきた目的としての平和の意味を摘出することを試みる。

要するに平和維持という領域自体を一種の補助線として使うことで、考察の対象となる「平和」の領野を限定し、明確にしたいわけであるが、ではどのような限定ができるだろうか。本書のここまでの議論からは、次の三つの文脈的要素が示唆される。①国内紛争、②紛争後の社会に対する支援、そして③既存の国境内での再建がそれである。それぞれ簡単に振り返っておく。

三つの文脈的要素——国内紛争後の復興プロセスにおける平和

第一の要素は、現代のＰＫＯが国内紛争（内戦）への対応を求められることが多かった点からなる。この紛争形態が現代ＰＫＯの主な対象であったことは、近年の平和維持や平和構築が典型的に国家再建（建設）の形をとっていた点からも容易に理解できる。それらの支援が国家再建を実質的な目的としていたということは、再建支援が必要な状態に当該国家が置かれていたことを意味する。そしてその状態をもたらしたのはほとんどの場合、分断された国内社会の中で武装化した勢力が登場し、軍事衝突を繰り返すような内戦の発生であった。

第二の要素は紛争に対してPKOが関与していくタイミングに関するものであり、PKOミッションの多くが紛争後の社会に対する支援の一部として活動してきたという事実にもとづいている。武力紛争は一方の軍事的勝利に終わる場合（たとえば湾岸戦争、イラク戦争など）もあるが、PKOがかかわってきた紛争はそうした形ではなく、紛争当事者同士の合意の積み重ねにより終結することが多い。第1章で述べたが、典型的に結ばれるものとしては停戦合意や和平合意といったものがある。PKOがかかわる紛争がこうした「合意によって終わる戦争」であることには、PKOの設置自体が合意内容の一部をなしたり、その合意締結において、国連や地域機構が主導的役割を果たしたりすることが多いという経緯が関係している。PKOミッションはそれら合意の監視や履行支援を現地において行う重要な役割を担う。PKOにとって紛争後の状況が活動の前提となりやすいのは、以上からも首肯されるであろう。

第三の要素は、PKOがその一部をなす国際支援のほとんどが、すでに確立したものとして存在してきた国境と領域を前提とし、その枠内で行われる、という点である。これを支える規範は Uti Possidetis（現状承認などと訳される）と呼ばれる。この原則は、二〇世紀の脱植民地化における国境画定を導く規範として広く実践され、さまざまな国際条約や国際司法裁判所の判断などにおいてもたびたび確認されてきた。紛争管理の観点からみてこの原則が重要なのは、①国境画定問題に由来する紛争の発生（再発）を防止することに加え、②国境の変更が必要であっても、武力ではなくあくまで相互の合意によるべきという考え方を強化すること、にある[4]。

最初の二つの要素によって同定された文脈は一言で言えば「内戦後の状況」であり、したがってその後の復興が同じ国内で行われることは一見自明のようにも思える。しかし内戦はその社会にある諸集団の間に深刻な分断が生まれ、武力衝突に至った状態である以上、内戦を経験した国民が同じ国家の枠を共有して生き続けたいと考えるかどうかは自明ではない。だがUti Possidetis原則からすれば、そうした内戦後の復興は内戦前の国境を維持したまま、その国家の領域内で進めていくことが望ましい、ということになるのである。

いくつかの留保

三つの文脈によって同定された現代ＰＫＯの主な活動領域を要約すると、「国内紛争（内戦）後の復興・再建が紛争前と同じ国境内で行われる状況」となる。ＰＫＯにおける「平和」は、そうした状況を主な文脈として志向される。そこで意味されている平和の意味を考察することが次のステップになる。

ただし、こうして同定された文脈は、具体的に考えはじめるためのおぜん立てにすぎない、ということはここで明確にしておく必要がある。実際、経験的に言えば、今述べたばかりの文脈的要素それぞれについて、例外は容易に思いつく。三つの文脈的要素とその留保の関係は、図3-1のような関係にある。

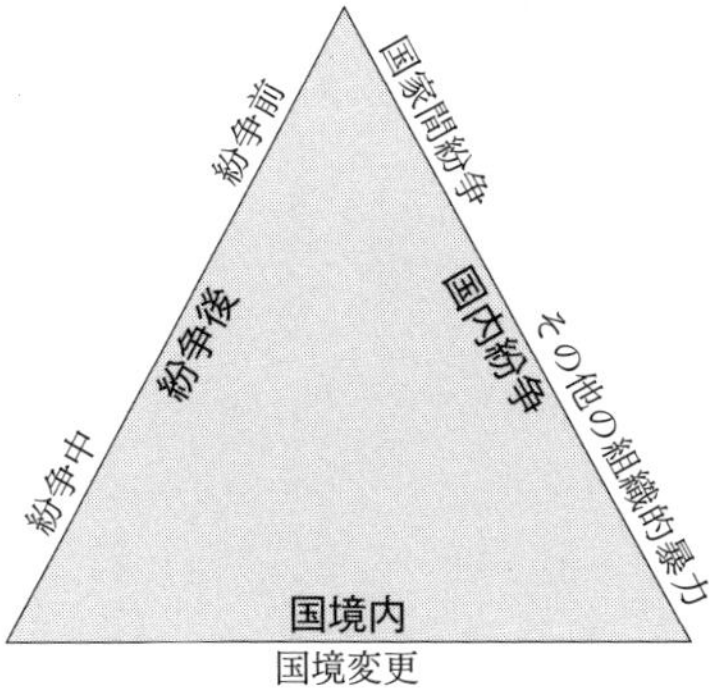

図 3–1　現代 PKO と平和

まず紛争形態（第一の要素）について言えば、ＰＫＯは常に国内紛争（内戦）のみを対象としてきたわけではない。冷戦期に国連の下で設置された多くのＰＫＯミッションは国家間紛争をその活動の主な前提としてきたし、いくつかのミッションは二〇二〇年代に入っても活動を続けている。また国連エチオピア・エリトリア・ミッション（ＵＮＭＥＥ、二〇〇〇～〇八年）のように、比較的最近でも国家間の紛争管理のために活動するミッションがあった。したがって歴史的に言えば、ＰＫＯが対象とする紛争の形態に変化があったことは明らかである。また現代ＰＫＯが関係する紛争の中には、たとえばテロ集団や武装した犯罪組織が関与するケースも含まれている。こうしたケースは国家間紛争や国内紛争とも異なるもののその現実の一部をなしており、場合によってはそれらの組織的暴力主体への対処支援をＰＫＯミッションが担うことがある。(5)

紛争後の支援（第二の要素）については、少なくとも二つの留保を指摘できる。第一の留保は、紛争「後」という区切り自体のもつあいまいさに関するものである。ＰＫＯミッションがかかわる紛争の多くが合意によって終わる、と上述したが、それは紛争当事者がそれらの合意内容を誠実に履行できた場合に限られる。そうした合意が履行されない、あるいは合意内容の履行をめぐって政治的対立が再燃する事態は実際にしばしば起きている。たとえば和平合意に国政選挙の実施が含まれている場合、その実施自体が残存する政治的対立を煽る結果となり、暴力的なデモなどに至ることがある。また長期化した紛争では停戦合意が結ばれるものの短期間あるいは一部の地域でしか持続しないというケースもあり、この場合には戦力の立て直しに向けた時間稼ぎの意図が疑われることにもなる。(6)そして最悪の場合には、本格的な内戦が再発することすらある。停戦合意（一九九九年）を受けてＰＫＯミッションが派遣され、その後地域レベルの和平合意（二〇〇二年）が結ばれたものの東部を中心に武装衝突が繰り返されてきたコンゴ民主共和国や、独立（二〇一一年）後の支援を目的としてＰＫＯミッションが派遣されながらも新たな内戦に突入した南スーダンなど、こうしたケースは近年でもみられる。このように考えていくと、紛争「後」の境界は実際にはかなりの程度あいまいであることがわかる。そしてこうした場合、ＰＫＯミッションは紛争の後ではなくその最中に活動することになるのである。

紛争後の支援に対する第一の留保は主に紛争後と紛争中の区別のあいまいさに関するものであるが、第二の留保として挙げたいのは、ＰＫＯの派遣が、武力紛争がいまだに起きていない状況において行われる場合もあった、という事実である。この点において最も有名なのが、旧ユーゴスラビア連邦地域で連続して発生した紛争が北マケドニア共和国に波及することを防止すべく展開した国連予防展開軍（UNPREDEP, 一九九五〜九九年）であり、知られているものとしてはこれが唯一の事例である。ただし、似たようなアイデアは他の紛争でもしばしば提唱されてきた。たとえば二〇一五年、大統領の任期延長に端を発する政治危機が深刻化したブルンジに対し、ＡＵは要員五〇〇〇人規模のアフリカ予防保護ミッション（MAPROBU）の派遣を検討している。現地政府の反対やＡＵ主要国側の足並みの乱れなどもあって結局実現しなかったが[7]、紛争や政治的緊張が武力紛争に転じる前に国際部隊が展開するという考え方は、具体的な選択肢としてここでも存在していた。

最後に第三の文脈について言えば、ＰＫＯミッションの中には国境の変更を支援する目的で起動したものもあったことが想起される。たとえば東ティモールは二〇〇二年にインドネシアから独立したが、その過程で複数のＰＫＯミッションが派遣され、独立に至る住民投票の開催から移行期の暫定統治、さらには独立後の治安維持や平和構築までを含むさまざまな支援が実施された。南スーダンでは二〇〇五年包括和平合意の支援を主目的として国連ミッションが組織されたが、そのプロセスの中で行われた住民投票の結果、南部の独立が決定した。ここでも、国連は独立後の国際支援として後継ミッションを展開し、包括的な支援を行っている。先ほどUti Possidetis原則の二番目の意義として、武力行使ではなく合意による国境変更を促す点を指摘したが、これら二つの事例における国境の変更はいずれも合意によるものである。その意味では、ＰＫＯは同原則のこの側面にも対応していると言えるであろう[8]。

これらの留保はいずれも重要なものであり念頭に置いておくべきであるが、ここからの議論では焦点を明確にするため、前段で説明した現代ＰＫＯの主な活動文脈（前掲図3-1における三角形の内部）を想定して平和概念を考えていくことにしたい。

3 現代ＰＫＯにおける平和

バリエーションの検討

さて、ＰＫＯが紛争後社会に対する既存国家・領域の枠を前提とした国際支援の重要な一部として行われる場合、そこで志向される「平和」は何を意味するのだろうか。

紛争を経験したばかりの社会が既存国家・領域の枠内で紛争状態からの移行を目指し、ＰＫＯはその移行を支援する役割を果たす。こうした文脈における「平和」を最も一般的ないし形式的な仕方で述べれば、紛争後社会の移行で目指される何らかの積極的な価値を有する状態である、とさしあたりは言うことができる。

では、それはどんな状態なのか。ヘグルンド（Kristine Höglund）とソーデルベリ・コーヴァックス（Mimmi Söderberg Kovacs）は、ここで主な文脈としたものに類した状況における「平和」を考察しているため、出発点としたい。両氏によると、そうした状況における「平和」は、①民主化、②合意実施、③紛争変革のいずれかを意味するものとして主に議論されてきたという[9]。

まずこれらのうち、①は平和が民主化によって促進されると考えるＬＰＢの平和観である。②は平和を停戦合意や和平合意により到来するものと捉え、したがってそれら合意が成功裏に実行される程度により「平和度」が測られることになる。だが、こうしたアプローチで前提とされる平和の意味は実質に乏しいところがある。この章の冒頭でも述べたように、これら二つの平和概念に共通しているのは、平和を民主化（①）あるいは諸合意（②）が実施された先にあるものとして理解する姿勢である。言い換えると、平和はここではそれ自体で実質をもつものとして理解されているわけではない。さらに言えば、民主化が現地社会との軋轢を生んだり、合意内容がさまざまな矛盾や齟齬を露呈したりすることになれば、[10]その先にあるはずの平和はさらにかすんだものとなってしまうであろう。

社会関係としての「平和」、紛争変革、和解

これに対してそうした実質を示唆するように思われるのが、紛争変革（conflict transformation）としての平和である。この視点からは、平和は「変革のプロセスに強い力点を置きつつ、諸個人や諸集団の関係が破壊的なものから建設的なものへと持続可能な形で変化すること」で達成されるものと説明される。[11]ここでポイントとなるのは関係（relationship）という言葉であり、それが対立的なものから協力的・建設的なものへと変わることが平和の実質をなす。[12]

紛争変革の概念を精緻化したことで知られるレデラック（John Paul Lederach）によれば、紛争は四つの領域（個人の認識と態度、社会関係とコミュニケーション、社会制度と構造、集団の行動文化）のそれぞれにおいて起きる変化をともなっている。それらの変化を理解することができれば、その把握をもとに当該社会を平和的な方向へとさらに変化させていくことが可能となる。紛争変革はかくして「個人・関係・構造・文化の諸次元における変化の中から紛争がいかに生まれ進展し、〔また転じて〕さらなる変化をそれらの次元に生み出すのかを描くための包括的なレンズを表している。そしてそれはまた、非暴力的な措置を通じてそれらの諸次元に平和的変化を促す創造的対応を繰り出すためのレンズでもある」。[13]単に変化ではなく変革という言葉を用いていることには、こうしたポジティブな方向への変化という意味合いがこめられていると言ってよいであろう。

紛争変革として平和を捉える見方が興味深いのは、そこでの平和が当該社会そのもののあり方として理解されている点である。レデラックが繰り返し強調する言葉を用いれば、その社会が――潜在的には個人・集団における認

識・態度から諸制度を含む構造、さらには行動規範などの文化までを含めた形で――和解した状態が平和である、ということになる。

二つの平和概念からみた「和解」

このように紛争変革の概念を理解したとして、われわれはそれを具体的にどう考えたらよいのだろうか。どの程度、またどのような変革を経れば社会は「和解」しており、そして「平和」であると言えるのか。そもそも和解(reconciliation)とは何を意味するのか。

この問いを考えていく上で重要なガイドとなるのは、平和学において初期に導入された積極的平和(positive peace)と消極的平和(negative peace)という区別である。[14] この区別は平和概念をめぐる議論を現在に至るまで形作っている本質的な区別であると言ってよいが、ここでも有益な方向性を示唆しているように思われる。

広く知られているように、消極的平和とは武力紛争(戦争)の不在、積極的平和は消極的平和に「正義、平等、開発といった何らかの価値ある諸特徴が加えられたもの[15]」として理解されている。上の引用にも如実に表れているのであるが、この区別に関して最も特徴的なのは、積極的平和の概念としての幅広さとでも言うべきものである。ややネガティブな言い方をすれば、あいまいさ、ないし論争性と言ってもよい。

実際、消極的平和が何を意味するのかについては広いコンセンサスがある一方、積極的平和に関してはそうした共通理解がなく、議論が繰り返されてきた。ここではそうした議論の経緯を振り返る余裕はないが[16]、本書の目的から重要なのは、この特徴が両概念に内在する論理の違いに由来する点である。消極的平和の場合、当該戦力の動きや休戦協定といった可視的なベンチマークによる確認が一定程度は可能であるのに対し、積極的平和はその上に、人間にとって有益な意味をもつが必ずしも可視的ではないいくつかの諸属性を加えたものとして考えられている。

そうした属性に何が含まれるのかが論者によって異なることは容易に想像でき、それゆえこの概念は論争的だったのである。

二つの平和概念にみられるこの関係は、紛争後社会が志向する「和解」「平和」の射程を考える際にも示唆的である。実際、レデラックが紛争後社会の「和解」を強調するようになったのも、紛争後社会に対する国際支援が武力紛争の終焉（すなわち消極的平和）に重きを置きすぎていることへの批判からであった。典型的な国家間紛争の場合、それを行う国家は軍事的・政治的に組織されており、それゆえ国際対応の主流もそうした諸国家間の関係を交渉・管理する伝統的外交の延長線上で考えられていた。しかしここで考えようとしている内戦後の社会状況は組織化や統合とはほど遠い状況にあり、そうした社会内の集団や個人相互の関係と認識をいかに復旧するのかがまずもっての課題となる[17]。そう考えると、積極的平和の諸要素の定着をどこよりも必要としているのは、内戦後の社会であることがわかる。

武力紛争が起きていない状態を見届けることで満足せず、それ以上の積極的な属性をもつ社会状態が持続することまでを目指す必要が――とりわけ内戦後の社会においては――あると考えるのであれば、そこで目指される和解状態のイメージも一様ではなくなってくる。「和解としての平和」に幅のようなものがあるとすれば、二つの平和概念がその両極をなす形で考えることができるのである。

和解の類型

このようにイメージしていくと、紛争後社会における「和解としての平和」はある種のグラデーションを帯びたものとして立ち現れる。とりわけ、積極的平和がいくつかのポジティブな属性の追加からなっており、それらを包摂していくようにして和解を理解すれば、和解のグラデーションもそれに呼応してより細かい綾を示すものとなっ

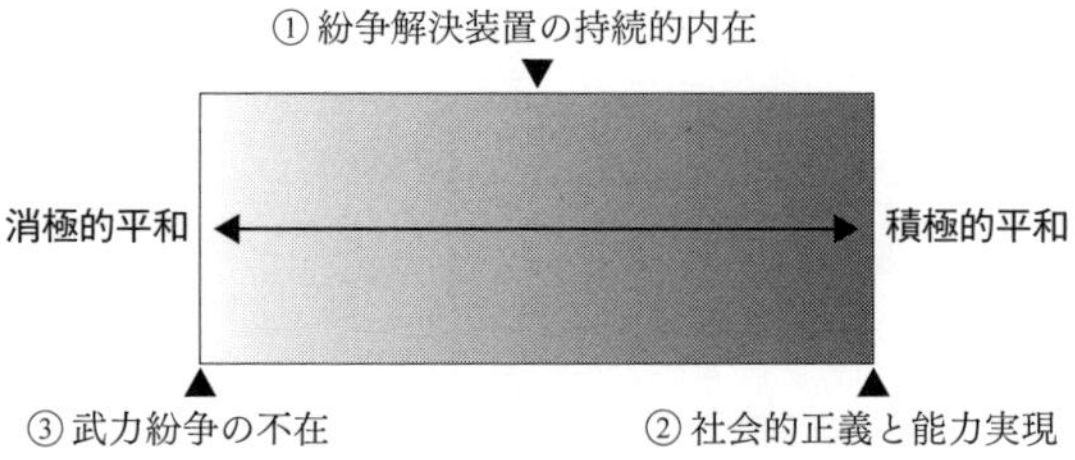

図 3–2　和解の力点とグラデーション

ていく[18]。

しかし本章で捉えたいのはそうしたグラデーションそのものというより、その中にある質的な違いである。和解をなすものがいくつかの属性からなり、論者により力点の置き方が違うのだとすれば、力点の主軸を取り出すことで「和解」概念のかたちのようなものを取り出すことは可能であるように思われる（図3−2）。

以下では、そうした和解の類型として三つを挙げる。①紛争解決装置の持続的内在、②社会的正義と能力実現、③武力紛争の不在がこれである。少し議論を先取りする形で述べれば、この三つのうち、①と②は現代ＰＫＯの文脈を踏まえ、消極的平和に最も近い概念化である③の不十分さを批判する形で登場してきたアプローチである。とはいえ本章の最後でみていくように、実は③もまた新たな意味合いを帯びて現代ＰＫＯの中に残存しているところがある。次節から①〜③の概念化を順番に取り上げる中で、こうした機微を捉えていきたい。

4　紛争解決装置の持続的内在

「平和インフラ」としての紛争解決装置

まず、紛争解決装置との関係から和解としての平和を理解するアプローチを取り上げる。図3−2にあるように、このアプローチは消極的平和と積極的平和という両極のいわば中間に位置し、それゆえ両極に寄った他の二つの和解概念の要素も豊かに含んでいるところがある。そこで、まずこのアプローチに着目し、そこから両極方面に視野を移していく形で他の二つの和解概念へと話を進めていくことにする。

この見方における平和をまず端的に言えば、当該社会における問題（紛争）を、武力による脅迫に拠らずに解決するような仕組みが、その社会で持続的に内在していることを意味する。このように記すと一見仕組み（装置）の有無の問題だけであるかのようだが、ここで重要なのはそれが内在していることである。内在していて初めて、紛争解決を自分たちの手で続けていくことができる。

ところで、当該社会内のそうした装置が持続的に内在できるためには、同装置に対する社会の側の信頼も持続的に存在している必要がある。そうした装置を導入し促進するのも、導入された装置に対して問題の解決を委ねるのも、同じ社会のメンバーなのである。紛争解決装置の持続的内在は社会内の相互信頼に支えられている。そして（相互）信頼は本質的に人々の認識の問題である。とすると、議論は紛争後社会における認識の変革をめぐるものへと及ばざるをえない。

レデラックの議論がここでも示唆的である。レデラックにとって紛争は単なる利害の対立ではなく、認識レベルにおける重大な変化をともなうプロセスである。先述したように、そうした認識変化は個人レベルの認識・態度だけではなく、諸個人間のコミュニケーションを司る規範や文化、あるいは制度に反映され、またそれらによって個人の態度が方向づけられもする。とりわけ紛争を経験した場合に認識を支配するのは相互恐怖であり、したがってその克服が和解と平和にむけた中心的な課題となる[19]。

こうした出発点からすると、社会に内在することが望ましい紛争解決の仕組みは社会全体をカバーするものとなる。レデラックによれば、紛争後社会の平和構築は関与するアクターのレベル、時間軸、そして問題の性質について重層的（統合的）なものであるべきである。アクターのレベルは従来的な政治リーダーシップだけでなく、社会集団の長やいわゆるトラック一・五を含む中間レベル、さらに草の根のアクターまでを含む。時間軸と問題については、紛争の直接的原因と思われる問題だけではなく、それを「問題」として生み出す社会制度、構造や文化的背景に対する長期的な対処や変革までも含んでいる。[20]

つまり、紛争解決装置は平和的な社会の特徴をなす枢要のインフラないしシステムであり、それを通じて持続的かつ自足的な和解のモメンタムが生まれてくるのである。[21] ガルトゥングの有名な比喩を使って敷衍すれば、ここでいう社会インフラと平和の関係は、免疫システムと健康との関係に類似したものである。ウィルスなどの侵入に対して免疫システムが抗体を生成するのと同じように、紛争解決のためのインフラ装置は社会内の緊張や対立への対応策を生む貯留庫として機能するのである。[22]

ミッドレベルの重要性

紛争解決装置という「インフラ」が内在することで和解が社会に持続し、平和がもたらされるとして、ではそのインフラはどのようなものなのか。

前段で述べたように、そうしたインフラは社会全体にわたって存在すべきものではある。しかし紛争後の平和構築において特に鍵を握るものとしてレデラックが強調するのは、ミッドレベルの紛争解決である。[23] 上にもふれたように、レデラックは紛争解決装置や社会認識のレベルを三つ（トップレベル、ミッドレベル、草の根レベル）に分けているが、中間層からの社会認識の変革が重要だと考えられているのである。

ミッドレベルの紛争解決を担うのは当該社会の各部門（教育、農業、ビジネスなど）で重きをなしている人材、社会内のネットワークを支えている組織（教育機関、宗教団体、支援団体など）のリーダー、部族などのアイデンティティ集団の長、そして国際的にも尊敬を集めるような人材（ノーベル賞受賞者、著名な作家など）が含まれる。これらの人々をレデラックが重視するのは、①彼らがその上（トップレベル）にも下（草の根レベル）にもアクセスできるような位置にいること、②日々の活動を通じて地域で影響力を発揮しながらも（トップレベルに比して）目立ちにくいため、自由なイニシアティブがとりやすいこと、そして③長期的に形成され、したがって紛争の対立軸をまたいだコネクションをもっていることが背景にあるという[24]。彼らが社会内の分裂を架橋し、将来に向けて共有された社会像の形成と支持集めを主導することで、持続的な和解が社会全体に波及する[25]。こうしたコネクションをレデラックに従って「蜘蛛の巣の網」のようなものとしてイメージすると、その網作りに最も貢献しうるのが彼らなのである[26]。

以上からも明らかであろうが、平和と和解のためのインフラとしてここで意味されているのは、ミッドレベルにいる人々自身のスキル、能力、文化やコネクションといったものである。これらは具体的な生活の中で発揮され、その意味でリアルなものであるが、司法手続きなどフォーマルな枠組みにあるようなわかりやすい可視性を有しているわけではない。こうしたいわば「ソフト」な能力・資源が平和インフラであるとすると、外部からの支援の重心もソフトなもの、具体的にはミッドレベルの紛争解決人材に対するワークショップや訓練などを通じた知見の提供が主なものとなる[27]。オトゥセール（Séverine Autesserre）も近年の論考の中で、外部支援がよりよく提供できるものとして四つ――①活動資金、②他の実践事例からのアイデア、③トップレベルへのコネクション、④一定の保護・安全――を挙げているが、重点はやはり前三者に置かれている（④では護衛や軍事介入ではなく、国際要員の現地プレゼンスによる抑止効果が重視されている）[28]。これも、ここでみてきた志向に沿った国際支援のあり方を示唆するものとして理解できるであろう。

「紛争解決装置」の系譜

平和を持続的和解に向けたミッドレベルの認識と実践から条件づけるこの見方は、紛争研究や平和学の分野でひとつの系譜をなしている。たとえばバンクス（Michael Banks）は、一九八〇年代後半に発表した論考の中で「紛争管理としての平和」を提唱し、次のように述べている。[29]

平和の理論は、普通の人々のニーズや価値観が出発点でなければならないと認めることにもとづいている。彼らが物理的生存と精神的自己実現のために何を必要としているのか、どのような所有物を手にしたいと願っているのか、どんな活動を楽しむのか、どのような集団に属し、どんな関係を大事に思っているのか。これらのものが人々にアイデンティティを与える。これらがあれば一定の満足を得て生活するであろうし、欠ければ争うようになっていく。（中略）それらニーズや価値のすべてあるいはいずれかの具体的内容をはっきりとさせる必要があるときには、関係する人々自身がその定義づけを行わなくてはならない。なぜなら、参加すること自体が普遍的に認められている人間のニーズのひとつだからである。

バンクスがここで強調しているのは、「普通の人々」が彼ら自身のニーズや価値観を定義することである。そして「参加」を強調する引用最後のくだりからは、そのプロセスが個人レベルで完結せず、ある程度の規模の社会集団を通して行われることも示唆されている。諸個人が日常を生きる上でのニーズや価値といった認識的諸要素を社会レベルで共有できるようにするためには、諸価値やニーズをめぐるずれや対立を緩和し調整することが必要になる。バンクス自身はこの点について明確に述べているわけではないが、こうした調整作業と、レデラックがミッドレベルのリーダーシップに期待する機能とはかなり重なりあうように思われる。

それから三〇年後、ベラミーはバンクスの議論を引きながら、平和が暴力に拠らない紛争管理のプロセスであり、そのプロセスの背後には「正当な市民秩序（legitimate civic order）」の存在があることを指摘している。[30] 市民が社会内の問題や相互の関係を非暴力的かつ持続的に自ら管理できるようになる、そのプロセスが平和であり、またそこに内在し動いている管理能力の総体が、平和のためのインフラなのである。

紛争解決装置の持続的内在として和解と平和を理解する姿勢が重視するのは、その能力を日々の生活の中で発揮することで平和インフラを生成・維持させているミッドレベルの市民である。ただし誤解のないように付言しておきたいが、レデラックらはそうした市民リーダーがいれば紛争管理が完結するとまで言っているわけではない。レデラックの立論におけるミッドレベルはあくまでトップレベルと草の根レベルの存在を前提としているし、ベラミーの言う正当な市民秩序は、それが政治的に組織された社会集団を含意している限りにおいて、国家の存在や機能との親和性を強く示唆する。[31] これらの論客がそれでもミッドレベルの重要性を強調したのは、それがユニークな役割やインフラとしての豊かな能力を有しているにもかかわらず、トップレベル（国家）や草の根レベルに比べて相対的に目立ちにくいからであろう。ミッドレベルで日々紛争解決に従事している現地リーダーたちが力強く牽引することによって、社会全体の平和インフラがより高い効果を生むことができる。ミッドレベルの重視には、この期待がある。

5　社会的正義と能力実現

不正義の是正から和解へ

第一の和解概念は、紛争解決のためのインフラの持続的内在を和解と平和の条件と考え、とりわけそのインフラの中核をなす社会中間層のリーダーシップやスキルに期待する。これに対してもうひとつの和解概念は、当該社会における「正義」の実現が、深い意味での和解の実現であると考える点に特徴がある。

第一の和解概念との違いは次のように考えることができる。みてきたように、第一の和解概念は紛争解決に資する現地社会のネットワーク・インフラや、それを担う人々のスキル・能力を重視していた。そうした人々の働きを通じて社会内の問題解決が促されるとともに、将来に向けた社会像の認識共有が模索されるのである。だが、こうして実現した社会状態が「正しい」ものであるかどうかは、少なくとも一義的にはあまり問題とされない。あくまでここで重要なのは、和解がそのためのインフラを介して持続し、自律的に作用することである。その上、インフラをなすのが現地社会のメンバー自身であるならば、そこで受け入れられていること自体が一定の正当性をもたらすとも言える。その意味では、第一の和解概念の背後には、現地社会に対する基本的な信頼があると言えるであろう。

これに対して第二の和解概念がまず指摘するのは、現地社会にもさまざまなアクターが多様な目的をもって活動し、そこに複雑な力関係がうごめいているという事実である。したがって、第一の和解概念に従い、和解プロセスを現地のネットワークに委ねると、結果として当該社会に以前から存在していた不正義、たとえばある社会集団に対する差別や偏見などを残存させることになるかもしれない。そうした不正義は、武力紛争につながるリスクとして必ずしも高いものばかりではない。とすると、紛争解決に資する和解のためのインフラの俎上に載せられないまま放置される可能性も考えられる。果たしてそれでよいのだろうか。紛争の(再発)防止・解決に直接関係するものでなくとも、社会にはびこるさまざまな差別、偏見や抑圧を正してこそ、本当の意味での和解なのではないか。そう考えるのがこの和解概念の基本的姿勢である。

構造的暴力へのまなざし

前段で述べた概説には、このアプローチを特徴づける二つのポイントがある。社会構造に由来する制度的な暴力への関心と、人間の能力解放に向けた条件の重視である。広く知られているように、この二つはともに、ガルトゥング平和学の鍵概念である構造的暴力の重要な側面をなしている。平和学においてガルトゥングが一般的な暴力理解を狭いものであると批判し、それを拡張した際、議論上の梃子としたのが社会構造に根差す暴力の存在であった[32]。この点を少し掘り下げていきたい。ガルトゥングによれば、暴力は次のようにして定義される[33]。

ある人にたいして影響力が行使された結果、彼が現実に肉体的、精神的に実現しえたものが、彼のもつ潜在的実現可能性を下まわった場合、そこには暴力が存在する。

この定義においてまず指摘したいのは、暴力を人から人に対する影響力の一形態として捉えていることである。ガルトゥングはそこから暴力について、それを行使する主体と行使される客体の関係として分析していくが、その分析から導かれたのが〈個人的／直接的暴力〉対〈構造的／間接的暴力〉という区別であった。

暴力が論じられる場合、個人から個人に対し可視的に振るわれるもの（すなわち前者）のみを取り上げる傾向が主流であることを批判したガルトゥングは、暴力にはそれを振るっている主体、場合によっては客体すらも自覚していない類の間接的なものがあると主張する。そうした暴力は社会制度に構造づけられており、それによって所得、教育、医療といったさまざまな資源へのアクセスが不平等に配分されている[34]。こうした抑圧的構造と個人的／直接的暴力との関係は複雑であり（後者が前者により正当化される側面もあれば、逆にその行使が抑えられるところもある）、どちらか一方に他方を還元することはできない[35]。したがって暴力を根本的に理解するためには、構造的暴力の作用についても認識し、対処を考えていく必要がある。

第一の和解概念との関係で言えば、そこで提唱されている相互信頼に支えられた重層的な紛争解決装置という考え方自体、明らかに社会の構造や制度を注視する姿勢を示している。その意味では、第一の和解概念もすでに「構造的」ではあった。だが、そこではミッドレベルの人材に対する能力構築支援とそれを通じた紛争解決ネットワークの生成が、いわば実践的かつ前向きに目指されていた。このため、武力紛争の終結段階で存在していたであろう——また、終結後にも何らかの形で継続しているかもしれない——相互恐怖が支配的な社会関係の様態については、焦点があてられていなかったところがある。

これに対して構造的暴力概念が考察の俎上に載せているのは、むしろそうした相互恐怖により再生産され、かつ相互恐怖を再生産するような社会関係の方である。この概念には、社会に存在する制度化された抑圧や偏見が日常的に再生産されているのではないかという問題意識、そしてそれらを除去したり矯正したりすることも構造性ゆえに簡単ではないという見立てがあるように思われる。

ではどうしたらよいのか、という問いがここからは当然生まれてくる。だがその問いに移る前に、第二の和解概念のもうひとつのポイントを取り上げたい。

潜在的能力の解放

先ほど、暴力には直接的なものだけではなく間接的・構造的なものもあることに言及した。では、そもそもなぜ暴力は望ましくないのだろうか。この問いに、上にみたガルトゥングの引用のもうひとつの側面が端的に答えている。暴力は個人の能力実現を阻むから、というのがその答えである。

ガルトゥングの概念化で特徴的なのは、暴力の所在を個人の潜在能力とその実現との差——「可能性と現実とのあいだの、つまり実現可能であったものと現実に生じた結果とのあいだのギャップを生じさせた原因」[36]――として認識している点である。個人により直接的・物理的に振るわれる暴力が、傷害や殺害によってそうした差を生むことは明らかであろう。しかし社会に根づいた階層的社会関係や差別などもまた、その中で個人が置かれた社会的立場が異なることで能力実現に大きな差を生み出す。直接的・個人的だけではなく間接的・構造的暴力まで視野に入れる必要があるのは、まさにこの理由によるのである。

したがって、平和とはここでは構造的暴力の不在として理解される――ガルトゥング自身、積極的平和（「拡張された平和概念」）をそのように定義している[37]。これが、消極的平和（アクターによる直接的・物理的暴力の不在）と大きく異なることは容易に想像できる。上述のように、構造的暴力が暴力的であるのは、人間の潜在能力の実現を阻む一種の軛《くびき》として作用するためである。換言すれば、当該社会の構造的暴力が取り除かれた状態とは、各人がその能力を実現できる条件に置かれている状態であることになる。

このことが意味するのは、おそらく二つある。ひとつは、以上の検討から、第二の和解概念にわざわざ「社会的」という形容詞が付けられている理由が理解できる点である。すなわち同概念が目指す正義が「社会的」であるのは、各人の潜在能力の実現を準備し促すような社会構造の変革が必要だからである。

もうひとつは、こうして実現・伸長が期待される各人の能力には、構造的暴力を復活ないし再生産させる類のものは含まれていない、という点である。構造的暴力が取り除かれた結果、それまで抑圧された人々が抑圧する側に回る、といった事態は当然ながら望ましいものではない。言い換えると、構造的暴力の除去により解放される能力には、各人の活動を相互に調整し、適切なコンセンサスを形成するためのコミュニケーション能力が必須のものとして含まれていることになる。リッチモンドが「解放としての平和」の目的として「差異を認識するような、相互調整と社会的正義のための言説枠組みの創出」を挙げているのも[38]、こうしたコミュニケーションの作用が和解の持続に枢要であるためであろう。社会変革とともに新たな構造的暴力に与さない資質とコミュニケーション能力を備えた個人が出てくるようになれば、変革された平和的構造が持続的なものとなることも期待できる。その意味で、社会構造の変革と個人の資質の変革は対になって構想されていると言える。

なぜ「草の根」なのか

権力と資源が平等に社会内に配分され[39]、各人は相互に対話と調整を行いながらその能力を実現させていく。社会的正義による和解と平和は、こうしたイメージで理解することができる。

では、この意味での平和はどのようにして実現されるのだろうか。第一の和解概念の場合、重視されるのはミッドレベルの指導層であった。社会全体を「蜘蛛の巣」のように覆う紛争解決のネットワークを梃子として持続的和解、すなわち平和を考える場合、その巣の中核をなすのが社会の中間指導層であり、そうしたミッドレベルの存在と機能そのものが紛争解決に向けた「平和インフラ」なのであった。これに対し第二の和解概念で重視されるのは、さらに個人に近いレベルの社会関係、すなわち草の根（grassroots）ないし日常（everyday）レベルの取り組みになると考えられる[40]。その理由としてこれまでの議論から示唆されるのは、（相互に関係するが）次の二点である。

第一の理由は、個人の資質がこの和解概念では重視されていることである[41]。社会的正義の平和論において暴力が批判されるのは個人の能力実現の視点からであり、暴力から解放されその能力が実現する条件を得た個人は、暴力の再生産に与さないことが期待されている。個人の解放から能力実現に至るプロセスはその意味で資質の変革をともなっており、またそれによってのみ社会は持続的な平和構造に方向づけられうるのであった。こうした個人主義的なアプローチからすれば、個人に近い社会関係が最重視されるのは当然のことであろう。

第二の理由は、社会的正義としての平和を追求するアプローチには、社会の構造的要素全般への懐疑的な姿勢があることである。アクター間のやりとりが常に一定の力関係を含んでいるのだとすると、その社会の構造をなすようになった制度や枠組みにも、たとえば階層や区別のような形で力関係が反映されやすい。先にも述べたように、社会構造に根深く内在する問題は、第一の和解概念が提唱する紛争解決装置の視野には（紛争の直接的な原因ではないという理由で）入ってこないかもしれない。さらに言えば、そうした装置自体が階層や差別などを知らず知らずのうちに再生産してしまっているかもしれないのである。[42]

とはいえ、ここでただちに追記しておきたいが、このアプローチは人間が社会生活を送る上で一定の構造を必要とすることを全て否定しているわけではない。重要なのは、社会構造にそうした問題性があることを認め、たえざる改善や変革を行う用意があることであり、そのためにも社会構造とその中で暮らす人々との「距離」は近い方がよいのである。国家や地域のようなレベルになると、個人との距離も遠くなり、構造の抽象性・一般性も増すため、より硬直的なものと感じられる。そのレベルではなく、人々の日常生活の中から生まれてくる感覚や問題意識との絶えざる交通があり、その交通によって変化していくことができるようなある種の「柔らかさ」をもった構造が、ここではイメージされていると言ってよいであろう。

草の根からの平和戦略

社会的正義としての和解から平和を考えるアプローチにおいては、個人にとって（文字通り）身近な社会関係が最重視される。ここでは、草の根レベルの社会関係から持続的な和解と平和を実現し、他所でも同様の取り組みを刺激していくような進め方が示唆される。

ここでは、それがどのような進め方を具体的に意味するのかをもう少し捕捉してみたい。これに関連した示唆的な論考は近年いくつか出てきているが[43]、ここでは日常平和指標（ＥＰＩ）による平和構築戦略を取り上げる。

EPIはマギンティやファーチョウ（Pamina Firchow）らによって二〇一〇年代から提唱されてきた指標である。[44] EPIは実際の平和構築支援の評価やフィードバックに使われることを意図した上で提唱されており、きわめて実践的であるが[45]、新たな指標を通じて促進していきたいある種の平和概念が前提されてもいる。その意味で、EPIは平和の概念と実際の支援とをつなぐ指標であると言えよう。

では、EPIを用いた平和構築はどのようなものなのだろうか。集約して言えば、その特徴は①コミュニティ参加、②コミュニケーション、③既存の指標に対する建設的批判ないし修正として把握できる。

まず最も根本的な特徴である①は、コミュニティ自身による平和度指標の形成の重視を意味している。持続的な平和に向けた優先順位やニーズを最も理解しているのは現地コミュニティである。したがって、コミュニティが自身にとっての「平和」を定めることによってのみ、その地域での平和構築の目的を明確にすることができる。また、コミュニティからのニーズがこうして明確になれば、外部からの支援もそれに沿った、よりかみ合ったものになるであろう。EPIはこうして、「コミュニティの日常的な希望やニーズに直接相関する」指標として考えられている。[46]

②のコミュニケーションには、ドナー間のものと、現地社会との関係におけるものとの二つがあるが、EPIの視点から重要なのはやはり後者である。[47] 平和構築には、国家や地方政府のエリートを支援の現地カウンターパートとしながら、国際標準の（したがって画一的な）指標に鑑みて進められるイメージがいまだに強く存在している。この傾向は国際指標における計量性の重視——数値化できる指標を優先する一方、それになじまない平和構築の要素は除外されやすい——によってもさらに強められていく。[48] そもそも、こうしたトップダウンの進め方の前提にあるのは、国家や地域レベルで平和構築が進めばそれ以下のコミュニティにも裨益（トリクルダウン）するであろうという期待であるが[49]、実際には平和構築のニーズや優先順位は同じ国内・地域内ですら（また同じコミュニティでも

時期によって）著しく異なっている。[50] そしてこの結果、コミュニティないし身近なレベルからは乖離した平和構築が進められてしまうことになる。[51] こうした乖離の由来が指標作りにおける現地コミュニティの不在にあるとすれば、それを埋めるための方策は現地コミュニティとのコミュニケーションを通じた指標作りにあることになる。

ただし（これが③の特徴であるが）、ＥＰＩは既存の指標からＥＰＩで生成された指標への全面的変更を主張しているわけではない。[52] コミュニティ以上の規模においても平和構築は当然ながら進められるであろうし、そのための指標はコミュニティ・レベルのそれとは異なった、より一般的なものとなるかもしれない。また、地方や国家レベルであれば地方政府や中央政府が主導することも多くなると同時に、これらを支援の主要な受け皿としているドナーの指標や戦略がより色濃く反映されるであろう。こうした、よりマクロなレベルでの指標や戦略から取り残されてきたのが「身近な」レベルからの指標であったが、ＥＰＩの視点からすれば、それこそが平和構築のリアルな効果を測る上で最も重要な指標である。

ここから、ＥＰＩとマクロレベルの指標との「補完性」や「両立性」が主張されるのであるが、そのニュアンスは既存（マクロレベル）の指標をＥＰＩが単純に補うというよりは、前者に対して後者が建設的な修正や批判を加える、というほうが近いように思われる。[53] 先にみた概念を使って言えば、現地コミュニティからずれた指標やそれに依拠した支援はそれ自体が「構造的暴力」なのであり、それゆえＥＰＩを通じた批判や修正は有効なのである。

ＥＰＩはマクロな従来型指標にとって代わるのでも、それらを単純に補完するものでもない。それを担う支援アクターとの緊張感ある対話を生み出すことによって、現地コミュニティの実生活とよりよくつながった支援ニーズを見出そうとしているのである。

魅力と難しさ

本節では社会的正義としての和解と平和について考えてきた。この理解においては、平和はそれを希求する現地コミュニティ自身を通じてのみ具体的な形をとり、したがって時期や状況によって変動する「多次元的、文脈依存的でダイナミック」[54]なものである。草の根と日常性からの平和を掲げるこのアプローチの背景にあるのは、構造化した社会関係が個人の能力実現に対してもつネガティブな影響への警戒感である。そうした影響は社会的不満を生む可能性があるものの、武力紛争の発生に結果するとは限らない。だが、深い意味での和解と平和が達成されるためには、こうした顕在化しにくい抑圧や排除が生まれにくい社会への変革（社会的正義の追求）こそが模索されねばならない。そして、そうした変革――社会の、そして人間の変革――に向けた鍵を握っているのがコミュニケーションの重要性であり、それは平和構築の進め方についてもあてはまるものであった。

すでに何度か指摘したように、この和解概念にユニークなのは、平和を紛争の発生（再発）リスクとの関係に必ずしも限定せず捉えていることである。紛争管理の視点から言えば、発生した（しうる）紛争の防止はいわば自明の目的であるが、それは裏を返せば紛争に直結しない類の社会的緊張や対立関係が視野に入りにくいことをも意味する。だがここでは、そうした諸問題の背景にある社会関係の構造的歪みや差別の是正にまで踏みこみ、正しい、すなわち平和的な社会と人間のあり方が構想されている。紛争変革を超える、そうした社会変革のビジョンが含まれているのである。こうしたラディカルとも言える和解概念が、ガルトゥング平和学から現代のＥＰＩに至る議論の長い系譜を形作ってきたことは、その考え方としての魅力と説得力を力強く物語っているように思われる[55]。

他方、こうした魅力や可能性は、同時に難しさも示唆している。その難しさを端的に言えば、社会的正義の追求が草の根で止まってしまうのではないか、という懸念である。先に、この和解概念からは、草の根レベルの社会関係から持続的な和解と平和を実現し、他所でも同様の取り組みを刺激していくような進め方が導かれると述べたが、これがどの程度、どのように可能なのかが問題となるのである。少し整理して考えてみたい。

第一の課題として、こうしたアプローチは当該コミュニティにおいてどの程度奏功するのだろうか。これは基本的には経験的な問いであり、実践例から得られる示唆や教訓を広く共有することには重要な意味があるが[56]、本節の議論との関係で言えば次の一般的な指摘をすることができる。上述の通り、この和解概念は社会関係を複雑な力関係として捉え、支配的となった諸制度の暴力性に対して強い警戒感を示す。草の根からの平和戦略はこの構造に抗するものとしてイメージされるわけであるが、これは翻って言うと、こうした抵抗や建設的批判が奏功せず、既存の暴力的構造が支配し続ける場合も十分に考えられるということでもある[57]。上にみてきたように、このアプローチは人間の潜在能力の解放に向けた広範な社会変革を掲げている。当該社会の支配的構造とそれを支える勢力からすれば、こうした変革性は既存秩序への「反逆」なり「脅威」として捉えられるであろうし、そこからのコミュニケーションの試みに対しては耳を傾けるのではなく抑えこもうとする姿勢が優越することが実際には多いのかもしれない。マギンティがある論考で、こうした試みを「言うは易く行うは難し」としているのも無理はないように思われる[58]。

第二に、草の根レベルでの社会的正義をともなう和解が促されたとして、それをどのように当該コミュニティを超えて波及させていくのかという課題もある。この課題で再び問われているのは、本節でもたびたびふれてきた補完性、すなわちローカルな和解と地域・国家レベルでの和解との間の橋渡しをどのようにするかという問題である。そうした橋渡しが行われて初めて、ローカルな実践が広がりをもつことになる。もちろん、これもまた経験的な問題であり、今後さまざまな知見が共有されてくる可能性はあるが[59]、ファーチョウはＥＰＩにおいても、まさにこの点を今後の課題として挙げている。ＥＰＩを通じて収集された新たな指標をローカルな政策決定者、市民社会団体、さらには県・州や中央省庁がどのように活用していくのか。そして、そのために現地コミュニティ自身はどのように働きかけていったらよいのか――こうした「いまだ試されていない」問いの数々にどう答えていくのかが、ＥＰＩのような指標が「純学術的なものか、それとも政策的な意味合いをもつのかを理解する上で非常に重要」になってくるのである。[60]

もっとも、こうした諸課題を過大に強調するのも考察のバランスを欠いているであろう。前者の課題は社会的正義からのアプローチに否定的なシナリオがありうること、後者はそれが実践上は未知数であることを示唆したにすぎないからである。むしろ、こうした課題が具体的に提出され、それを克服しようとする経験的知見も生み出されつつあることは、このアプローチの系譜が長い時間をかけながら実践に編みこまれてきたことを物語るように思われる。

ところで、ここまでの議論でひとつ明らかになったことがある。それは、以上のアプローチは二つとも、それぞれが目指す和解によって平和が完結するとは必ずしも認識していない、という点である。紛争解決装置の持続的内在はミッドレベルのネットワークを、社会的正義の追求はコミュニティ自身による草の根レベルの取り組みを重視する。どちらの立論においても従来的なトップレベルでの取り組みは批判の対象として取り上げられるものの、最終的にはそれとの補完性を目指すべきことが主張される。実際、ローカルレベルの平和構築を研究する学者の間には、「トップダウンとボトムアップの組み合わせのみが持続的平和を造ることができるというコンセンサスがある」（オトゥセール）。[61]ここに、もうひとつのアプローチがこれまで行われ、また今後も行われていく余地が認められる。最後にそれをみていくことにしたい。

6　武力紛争の不在

うなところがある。

三つの特徴――消極性、現状維持性、国際性

第一の和解概念が紛争解決のための重層的な人的インフラの内在と機能、第二がコミュニティにおける社会的正義の追求を平和に向けた主な経路としているのに対し、ここで取り上げる第三の和解概念は武力紛争の不在をもって平和の条件とする。和解や平和を議論する際、武力紛争が起きていない状態をまずもってイメージする傾向はいまだに強くみられるものであるし、ここまで論じてきた二つの和解概念も、その傾向に対抗すべく登場してきたようなところがある。

この和解概念の特徴は、より大きな三つの概念との関係から捉えることができる。

第一は、この和解概念が消極的平和に限りなく近いものとして和解を捉えていることである（前掲図3-2）。したがって、和解の射程としては第一、第二に比して狭いことになる。武力紛争の不在をもって和解・平和を理解する視点から目に入ってくるのは、反政府武装組織や国軍のような組織的暴力を行使するアクター間の関係であり、それらによる武力行使を控えさせるための取り組み（停戦や武装解除など）が重視される。こうした取り組みは、国際的仲介に拠りながら同アクターの政治指導層間で決定されるのが典型的なパターンである。このため、他の和解概念のように、武力衝突に至らない類の社会的緊張や抑圧も、またそれらを社会内（ミッドレベル、草の根レベル）において対処しようとする営みも視野には入ってこない。リッチモンドは消極的平和を「明らかな暴力のない基本的、最低限の秩序」と表現しているが[62]、それが「基本的、最低限」と言われる所以はこうした側面にある。

この和解概念のもうひとつの概括的な特徴はその現状維持性である。右に引いたリッチモンドの定義に再び着目

すると、明らかな組織的暴力のない状態が、平和（和解）だけではなく「秩序」とも等値のものとされていることに気づく。つまり、明らかな暴力が起きていない限りにおいて、既存の秩序を維持することが平和（和解）であるとの認識がここには含意されている。ハワード（Michael Howard）によると、人類はその歴史を通じ、平和を「維持しなければならないと考える人々と、達成しなければならないと考える人々」とに分かれてきた、という。[63]「達成すべき平和」は現状存在しない要素の実現を含む限りにおいて現状変革的であり、第二の和解概念（社会的正義からのアプローチ）に代表されるものであるとすると、武力紛争の不在としての和解は「維持すべき平和」の系譜に位置づけることができるであろう。

三つ目の特徴は、国家間（「国際」）の平和、[64]さらに言えば主権国家の存在および機能との強いつながりである。このことは先にみた二つの特徴においても実は含意されているのであるが、もう少しその意味合いを摘出してみたい。

まず指摘したいのは、武力紛争の不在状態維持を主眼とする考え方は、内戦を経験した国の社会関係よりも、戦争のリスクを踏まえた国家間関係の維持を構想する方により適している、という点である。第2章でも述べたように、近代主権国家は組織的暴力の独占をひとつの重要なメルクマールとし、歴史的にもそれを目指す形で諸国家が組織されてきた。正当な物理的暴力を政府に集約することによって国内の秩序と治安を確立し、同時に対外的脅威に対する効果的な防衛が整備されるのである。近現代主権国家システムのこうした成り立ちから言えば、武力紛争は国内ではなく国家間で起きる類の現象なのであり、実際そうした形で起きる武力紛争――国家間の武力紛争としての「戦争」――は内戦をはじめとする他の暴力形態とは区別され、より中心的な扱いを受けてきた。もちろん、このように述べることは、近代主権国家の確立や武力紛争の形態が、経験的には実に多様であることを否定するものではない（それは、この章が国内紛争を重要な文脈として扱っていることからも明らかであろう）。ただここで指摘したいのは、武力紛争が不在であれば和解や平和が成立していると考える方向性には、国家と武力紛争の関係を今も規律しているこうした考え方との高い親和性がある、ということである。

これに加え、消極的平和という概念が登場してきたそもそもの地政的文脈にも注意したい。この概念がガルトゥングらによって提唱された一九六〇年代は、東西冷戦がさまざまなレベルで激化しつつも、米ソ両国による影響圏の確立や特異な核抑止状態（「相互確証破壊」）に特徴づけられる一応の安定性が認識される時代でもあった。ガルトゥングがあえて「構造的暴力」の克服としての積極的平和を強調したのは、東西陣営によるこの緊迫した「消極的平和」が国際的な関心を独占してしまい、先進国と途上国との経済格差や貧困といった南北問題が政策・学術論議の俎上に載せられにくいという状況を変えるためであった[65]。このことは転じて言えば、積極的平和の（文字通り）ネガである消極的平和概念が、大国間の武力紛争の不在としての冷戦のイメージを強く反映していたことを意味する。

国際（国家間）の平和とのつながりが強い、というのは、この概念が国家の存在および機能を重要な前提としているということでもある。その意味では、武力紛争の不在としての和解には、国家中心主義的な方向性が含まれているとも言えるのである。

伝統型ＰＫＯと「国際」の平和

武力紛争の不在としての平和（和解）という概念が論じられるとき、惹起されるのは維持されるべき（主要）国家間の消極的平和というイメージである。このように理解してみると、この概念の主眼は紛争が起きた当該国内の状況ではなく、むしろ他国との関係や国際秩序への影響の方に向けられていることがわかる。ここが、他の二つの和解概念と根本的に違うところである。

ところで、実はこれこそが伝統的なＰＫＯの本質的な役割であった、ということはここで再確認しておいてよいであろう。第1章でも紹介したように、伝統的なＰＫＯの機能は停戦合意による武力紛争の凍結状態を維持することであるが（前掲表1-1参照）、ここで想定されている停戦合意は国家間紛争の文脈において結ばれるものであり、合意を結ぶのは紛争当事国の諸政府である。伝統型ＰＫＯが国家間の平和維持に注力していたことはここからも明らかである。さらに言えば、この形態のＰＫＯが確立したのが冷戦期であることも注意される。前項でふれたように、超大国間の「消極的平和」が国際の平和と安全への関心の大部分を占めていた時代、その役割を如実に反映していた活動のひとつが、伝統型ＰＫＯだったのである[66]。

では、武力紛争の不在としての和解概念は、現代のＰＫＯにおいてどの程度有効な概念なのだろうか。ここまで明らかにしてきたように、この概念がその歴史的・地政的背景ゆえに国家間紛争によりよく馴染むものであるとすると、現代のＰＫＯが主対象としてきた（そして本章でも主な文脈としている）国内紛争にはあまり有益な視点ではないようにもみえる。実際この概念を国内紛争に適用しようとすると、同紛争を国家間紛争とのアナロジーにおいて――すなわち政治的・軍事的に組織され、ある程度領域支配が可能なアクター間の戦略関係からなるものとして――理解するように促されるのである。これは典型的なトップダウンの紛争管理のアプローチであるが、まさにそうであるがゆえにその限界や問題が繰り返し指摘されてきた。本章でみてきたミッドレベルあるいは草の根レベルからの和解概念が出発点としてきたのも、こうした批判であった。またＰＫＯに即して言えば、国内紛争が主対象となるにつれて多機能・平和構築的なＰＫＯが主形態となっていったことには、国家間紛争を対象とする伝統型ＰＫＯでは不十分との認識があったためであろう。

安定化作戦の位相

では、武力紛争の不在としての和解概念は、現代のPKOをめぐる議論では批判の対象として取り上げられる以外に意味はないのか。実は、この問いの視点から興味深いものとして映るのが、いくつかのPKOミッションが「安定化（stabilization）」作戦として特徴づけられるようになった、という近年の傾向である。議論を先取りして言えば、この和解概念は安定化といういわば「新たな装い」を得ることで国内紛争管理や多機能・平和構築型PKOに入りこみ、結果としてPKOのあり方に強い影響力をもつようになったと評価できるのである。以下ではまず安定化作戦の特徴や背景を把握し、次にそれがPKOに嵌入してきたことの意味について考えていく。

(1)安定化作戦と現代国家建設論

さて、安定化とはどのような作戦なのだろうか。国連PKOの文脈では二〇〇〇年代以降にみられるようになった「安定化」概念の登場を包括的にレビューした論考を入口として確認してみたい。そこで、カラン（David Curran）とホルトム（Paul Holtom）は、安定化を次のような要素からなるものとして特徴づけている[67]。

「破綻国家」における国家の権威の再建に焦点をあてた文民・軍事アプローチの組みあわせであり、これには「正当な」国家権威の提供、制度構築、主要な国家サービスの提供が含まれる。支援のために軍事力が使用されるが、それは対反乱作戦に近く、国家による暴力の独占に異を唱える非国家主体を主対象としている。

この安定化の定義は、第2章の前半でみた現代国家建設論を想起させる。それは「破綻国家」や「文民・軍事アプローチ」といったキーワードへの言及からもうかがい知れるが、最も本質的なポイントは、「安定化」が国家権威の確立と拡張、すなわち国家建設とほぼ同義として理解されている点にある。主権国家が確立し、それを司る政府が治安をはじめとした公共サービスを持続的に提供できるという状態こそ、社会にとって望ましい「安定性」である、という認識がここにはある。第2章でも論じたように、だからこそ国家破綻は深刻な問題をなすのであろうし、そうした社会への支援に際しては軍事・治安だけではなく行政・財政などの文民分野も重要になってくる。また、安定化（作戦）という言葉が頻出するようになったのは二〇〇〇年代になってからであること（後述）も、現代国家建設論との同時代性を示唆する。安定化作戦は、現代国家建設論、とりわけその一部である破綻国家論にかなり寄り添った実践であると言ってよい。

しかし、上述の定義をもう少し仔細にみていくと、関連しあう三つの点で現代国家建設論とは異なるニュアンスがあることにも気づく。

第一は、民主主義的統治との関連性が強調されていないことである。[68] 現代国家建設論は「民主主義による平和」（DP）論を重要な系譜のひとつとし、建設されるべき国家は民主主義国家であった（第2章）。しかしカランらの定義では国家権威が「正当」（"legitimate"）であることが求められているのみであり、その正当性が何によってもたらされるかについては説明されていない。やや深読みして言えば、この言葉がカッコ付きで用いられていることには、ある政治原則や手続きに則った国家の確立を追求する原則論よりは、情勢に鑑み、ある程度の許容範囲をもって現地の政体を認めようとする現実的判断を優先する姿勢があるように思われる。[69]

もうひとつ現代国家建設論とずれているところは、軍事の役割が文民のそれよりも明らかに優越したものとして想定されている点である。開発ガバナンス論やDP論も背景としている現代国家建設論がガバナンスの改革・導入に重心を置いているのに対して、安定化作戦では国家権威の確立・拡張を軍事力を用いてでも進めていくという含みがある。軍事力の積極的な使用を想定するのは現地における武装抵抗の可能性をリアルに想定しているためであり、それゆえ安定化作戦は「対反乱作戦に近い」ものとなる。語弊を恐れずに言えば、国家権威の確立・拡張は、安定化作戦の文脈ではその強制に近いニュアンスを含んでいる。

第三に、これらの違いは取り組みの時間軸の違いでもある。紛争後の社会に新たなガバナンスを導入することは長期的な能力構築や相互理解を必要とする取り組みであるのに対し、軍事力を使ってでも国家権威を半ば強制的に導入する必要があるのは、安定化達成のための時間が限られているからであろう[70]。まず、速やかに国家権威を確立させることで治安を安定させるべき、との判断が優先されているのである。最初に挙げた民主主義的統治の導入が強調されていないことも、この点に通じていると言える。

(2) 対テロ活動との関連性

安定化作戦は、国家権威の確立・拡張を目的として、軍事力を積極的に用いた作戦である。その限りで現代国家建設論に明らかに多くを負っている実践であるが、アプローチの軍事性と時間軸の短さにおいてはまた異なってもいる。

では、安定化作戦はなぜ国家建設論とも異なるこうした特徴を有しているのだろうか。この問いを考える鍵は、二〇〇〇年代以降の対テロ活動の活性化と拡大にある。

「安定化作戦」が名称として本格的に使われるようになった最初の例はNATO安定化部隊（SFOR、ボスニア、一九九六〜二〇〇四年）であるが、二〇〇一年の米国同時多発テロ事件を受けた対テロ活動はその後の「安定化」概念の理解にも強い影響を与えるようになった。もちろん、対テロ活動には金融制裁や渡航禁止などさまざまな手段が含まれるが、同事件後に大規模に行われたのはテロ組織を支援しているとみなされた政権に対する軍事作戦であった。アフガニスタンでは二〇〇一年、イラクでは二〇〇三年に行われたそれらの活動により、両国に当時存在した政権は崩壊した。だが、「テロ支援国家」の政府を軍事的に取り除くだけで国際テロのリスクがなくなるわけではもちろんない。このため、軍事介入した欧米諸国は当初の軍事活動終了後も部隊を展開し、新政府に対する支援を行った。

両国におけるこうした活動自体の変遷や意義については盛んに議論されてきたが、[71] それを取り上げることはここでの趣旨ではない。本節の目的から重要なのは、当初の軍事作戦後、両国において欧米諸国の部隊が従事した活動が「安定化作戦」として理解されるようになった、という全体の経緯である。[72] 軍事主導でありながら文民分野の要素も導入し、現地政府の能力（特に治安能力）を優先的に強化していくアプローチは、両国における経験を反映しつつ、それら諸国の組織やドクトリンにも反映されていった。[73]

再び国家建設論を引き合いに出すと、同論が平和維持・構築論の内実をなすようになったのは二〇〇〇年代ではあるものの、この立論自体の起源は一九九〇年代以前の議論や概念にあり、また安全保障だけではなく開発分野の議論にも根差していた。これに対し安定化作戦は時期（二〇〇一年以降）においても、また分野（対テロ）の面でもかなり限定された文脈を背景としている。もちろん、対テロのための軍事活動後と内戦後とでは状況が異なる点も多いが、新たな政府が設立され、その政府に対する国際支援が期待されているという点では類似している。

対テロ軍事活動後のアフガニスタン・イラクに対する関与のあり方を模索していた欧米諸国は、その当時すでに、一定の政策的コンセンサスがあった国家建設論に依拠しつつも、自らの優先順位（対テロ活動）を反映させる形で新たな作戦のあり方を国際的にアピールするようになった。[74] 安定化作戦がなぜこの時期に、このような特徴を帯びたものとして登場してきたのかは、ここから理解できるように思われる。

(3) 平和維持・構築への嵌入

ここまでであれば、安定化作戦はイラク・アフガニスタンでの欧米諸国による活動に限定されていた。それら（特にアフガニスタンでのNATOの活動）は国際的に大きなインパクトを残してはいるものの、平和維持・構築のあり方全体に影響を与えるとまでは言えないであろう。

ところが実際には、二〇〇四年に設置された国連ハイチ安定化ミッション（MINUSTAH, ～二〇一七年）を嚆矢として、「安定化」の言葉が入った国連PKOミッションは国連コンゴ民主共和国安定化ミッション（MONUSCO, 二〇一〇〜二四年）、国連マリ多元統合安定化ミッション（MINUSMA, 二〇一三〜二三年）、国連中央アフリカ共和国多元統合安定化ミッション（MINUSCA, 二〇一四年〜）を数えるに至っている。しばしば指摘されるように、国連安保理はこのように「安定化」の言葉を冠した理由や狙いについて説明していない。その上、いずれも多機能なこれらミッションに与えられた任務は文字通り多様であるため、「安定化」ミッションであることによって何が任務上加わったのかを特定することは事実上不可能である。[75] この点は、MINUSTAH設置から四年後（二〇〇八年）に発表された国連のPKOドクトリンでも同じである。文書中、「安定化」は紛争後社会に対する国際支援の第一段階（「平和の定着」「長期的な復興と開発」がこれに続く）を示すものとして用いられているが、やはり積極的な説明はない。ただし、「安定化」が多機能PKOの機能とほぼ重なるものとして図示されていることは注意されてよいであろう。[76]

このように国連PKOのマンデートやドクトリンだけをみる限り、それらに対する「安定化」概念の嵌入は——いくつかのミッションの多機能性を説明するものという以外には——理解しがたい現象ではある。しかし、視点を上述した安定化作戦全体の特徴や背景に広げて捉え直すと、実はかなりの程度の一貫性が観察できる。

まず、四つのミッションはいずれも国家権威の拡張を主目的とした、軍事的に強靭な対応を可能とするミッションである。展開している国はいずれも長年にわたって内戦に見舞われ、反政府武装勢力、武装化したギャングや自警団などが跋扈している。この状況に対し、これらのミッションは国軍・国家警察を強化し、作戦上も支援することで現地の治安を安定化させようとするアプローチをとっている。これは軍事力・警察力強化に重心を置いた国家建設と言ってよい。同時に、この目的設定はミッションが現地政府寄りであるとの認識を生むため、PKOの原則（とりわけ不偏性）との関係が問題となってきた。[77]

また、アフリカのミッションのいくつかは対テロの性格も帯びている。この傾向が最も顕著なのはマリであり、大サハラのイスラム国（IS-GS）やイスラム・ムスリムの支援団（JNIM）などは同国を拠点として活動してきた。サヘル地域の対テロ掃討を主目的としてG5サヘル合同軍が地域諸国により設置されたが、MINUSMAも同軍に対する兵站・運用支援を行ってきた[78]。コンゴ民主共和国でも民主同盟軍（ADF）など[79]、「イスラム国」への忠誠を公言している組織の活動が知られている。中央アフリカ共和国では、スーダンやウガンダといった周辺諸国の武装勢力メンバーとみられる兵士が戦闘に参加しているとしばしば指摘されてきた[80]。安定化作戦としてのPKOが政府の権威拡張を目的とし、対反乱作戦に近い活動をしているとして、その反乱にテロ組織が含まれるとすれば、対反乱作戦は対テロ活動にスライドすることになる。対反乱と対テロとの間の敷居は低いと言ってよいであろう。

(4)安定化作戦における和解と平和

ここで確認のため、再び第三の和解概念を想起したい。二〇〇〇年代以降、安定化作戦の性格を帯びたPKOは、この和解概念について挙げた三つの特徴（消極性・現状維持性・国際性）を具備していることがわかる。

まず、そこでは現状維持にもとづく消極的平和が最優先されている[81]。「現状」とは政府の権威が国内に遍く行き渡ることであり、それが成功裏に進み秩序が確立することが「平和」なのである。先にも記したように、この秩序理解は国内紛争を国際紛争とのアナロジーにおいて理解するため、卓越した権威をもつ（と想定される）政府と、武装化した政治アクターとの関係が主要な関心事となる。その上、ここでの「秩序」とはまずもって回復された治安であり、それを目的とした現地政府による軍事活動への支援がPKOミッションにはとりわけ期待されている。第一および第二の和解概念にあったようなボトムアップ、すなわちミッドレベルないし草の根レベルからの和解は、こうした実践の中ではほぼイメージされない。

また、安定化ミッションとしてのＰＫＯには独特の「国際平和性」とでも言うべきものがみてとれる。先に、伝統型ＰＫＯにおいては、特に主要国家間の消極的平和を維持することが本質的な目的であった点を確認した。これに対し安定化ミッションの場合、国家間の平和を直接維持するのとは異なる経路で、その活動の国際平和性が意義づけられている。その経路とは、破綻（脆弱）国家を経由した国際テロの脅威である。国内紛争によって国家機能の脆弱化や不全が生じ、その結果同国が国際テロやその現地分派による活動の温床となれば、周辺諸国や国際社会全体への脅威となってしまう。現代国家建設論においてすでに破綻（脆弱）国家論は中核を占めていたが、二〇〇一年以降の国際テロの拡散は、同論を梃子とした内戦の国際化――あるいは国際平和の国内化と言ってもよい――をさらに一歩進める効果をもった[82]。安定化作戦としてのＰＫＯにおける「安定性」は一義的には展開対象国の安定性であるが、国際的な安定性のことでもあるのである。

内戦後の社会を対象としてきた多機能ＰＫＯは、伝統型ＰＫＯのように直接的な国際平和維持機能を担ってきたわけではない。しかし国内紛争が国際テロをはじめとするトランスナショナルな脅威をもたらしかねないと認めることによって、そうした脅威の顕現を食い止めるための活動がＰＫＯにも期待されるようになった。「安定化」という新たな装いの下にあるのは、国内紛争の意義、そしてそれを管理するＰＫＯの役割の変化なのである。

7　ＰＫＯを導くさまざまな「平和」

本章では、ＰＫＯにおける平和を考察した。まず現代ＰＫＯの文脈である国内紛争後の再建過程に即して考察の射程を限定し（前掲図3-1）、その文脈における平和の実質的な意味が、紛争変革を通じた和解にあることを指摘した。ここから、本章後半では和解概念の解明へと進み、その三類型（①紛争解決装置の持続的内在、②社会的正義と能力実現、③武力紛争の不在。以上、前掲図3−2）それぞれの特徴や系譜、また課題や限界についても論じていった（表3−1）。

表3-1　和解／紛争変革の類型の整理

類　型	重点・優先ポイント	主な担い手
③武力紛争の不在	戦略関係の管理	国家レベル
①紛争解決装置の持続的内在	社会認識変化，相互信頼	ミッドレベル
②社会的正義と能力実現	構造と資質の変革	草の根レベル

本章を閉じるにあたって、二点述べておきたい。

本章では議論の整理のため、国内紛争を経験した社会における平和（和解）から考察していった。しかし安定化作戦を論じていく中で見出されたのは、国内紛争そのものがある種の「国際平和性」を帯びるようになったことであった。冒頭で自ら課した限定（前掲図3−1）から図らずも飛び出ることになったわけであるが、このことは転じて言えば、この留保を作っていた国内／国際という区別の敷居が低下し、あまり意味をなさなくなっていることを示唆している。この点はまた、前章の最後に言及した、国家・非国家主体が開放的に複合してガバナンスを行う趨勢とも符合しているように思われる。

第二に、本章で見てきた実質的平和（和解）の三類型は、前章でみたＬＰＢ論および代替モデル（ハイブリッド平和構築［ＨＰＢ］論、レジリエンス論）で想定されている平和のイメージを理解する上でも意義がある。もっとも、前章の平和構築三論と本章の和解三類型はきれいな対応を示しているわけではない。ＬＰＢ論を含む現代国家建設論では武力紛争の不在（上記③）に加えて紛争解決装置の持続的内在（①）も（制度や規範作りを通じて）意識されている。ＨＰＢ論やレジリエンス論はより本格的に①に取り組んでいると言えるが、現地社会のイニシアティブを最重視するレジリエンス論は社会的正義と能力実現としての平和（②）により親和的であるように思われる。他方、③の近年における表れである安定化作戦は、現代国家建設論の一部をなす破綻国家論とのつながりが強い。このようにして眺めると、いずれの実質的な平和（和解）像も生き続けており、それらが入り乱れながら実践や議論を導いていることがわかる。[83]

本章の議論で際立っていたのは、「協力」「国家」と同様、平和維持・構築における「平和」の概念もまたきわめて多義的なことである。そのことは平和概念自体が豊かな知的系譜をもつことを物語っているが、本書の視点から強調したいのは、平和維持・構築がそうした多義性を受け止め、実践として具現化するような柔軟さをもっている、ということである。これまで各章において、平和維持という実践／思想の多義性を探求してきたが、ではそれによって見えてきたものは何であろうか。終章で考えたい。

終章　平和維持思想と国際政治

――変化、継続、架橋から

本書の関心は、ＰＫＯという実践を思想として捉えることであった。ここで言う思想とは実践との絶えざる交通において動き、それを原則レベルで紡ぐものである。したがってそれは現実（実践）との対峙においてイメージされるような「理想」ではなく、実践の中ですでに深くひしめき、それにかかわるアクターを動かしている概念や理解のことを指す。やはりこれも序章で述べたことであるが、平和維持はフォーマルな定義になじまない柔軟性を特徴としている。そしてそうであるからこそ、上述した意味での思想を深く理解することが、ＰＫＯという実践の本質を理解する上で重要となってくる。これが本書のスタンスである。

終章にあたる本章では、このスタンスにもとづき、これまでにたどってきた議論を振り返る。各章における議論の流れを整理した最初の節に続いてまず捉えるのは、そこでテーマとした各思想の変化と継続性である。すなわちここで考えてみたいのは、「協力」「国家」「平和」に即して捉えたＰＫＯ思想の変化がどのような傾向を示しているのか、そしてそうした変化の中にどのような継続性が見出されるのか、である。後者の問いはＰＫＯの思潮において変わらない部分は何か、ということなのであるが、それを考えてみることは、ＰＫＯという思想＝実践の本質を捉えることへとつながるように思われる。

最後の節では、本書で考察してきたこと全体を踏まえて、今後に向けた展望を示唆する。展望する際の視点を提供するのは、序章で述べた三つの架橋（実践と思想の架橋、思想間の架橋、PKOと国際政治全体との架橋）である。本書で議論したこと――あるいは正確に言うと、本書のようなアプローチでPKOを議論できたこと――がPKOを考えていく上でどのような可能性をもたらすのか。架橋とは文字通り橋を架けることである。本書ではPKOにおける「協力」「国家」「平和」に即して架橋を試みたが、他にも架橋すべきものがあるかもしれない。それらの点を最後に考えてみたい。

1 平和維持における諸思想・実践

本書で取り上げたのは、PKOにおける「協力」「国家」「平和」という思想であった。「協力」は平和維持を現実に実践可能とするための動機づけ、「国家」はその実践が行われる際のモデル・枠組み、そして「平和」はその実践が達成すべき目的をそれぞれ提供している。これら諸思想は平和維持を重要な仕方で形成し、その実践を導いている。同時に、PKOの実践は平和維持・構築のあり方にも影響を与え、さらにはそれを通じて諸思想の理解にも反響している。

協力の要素に焦点をあてた第1章で見出したのは、PKO協力の重層性と複雑性とでも言うべき特徴であった。PKOは要員・装備・財源を提供する国、活動を組織する国際・地域組織、活動を受け入れるホスト国（政府および社会）、さらにはPKOミッションと並行して当該国への支援を行うさまざまな国際アクターが協力することで可能となり、その協力の程度と範囲によって実質的な活動域が生み出される（前掲図1-1・1-2）。とはいえ、同じ「協力」といっても、協力を志向する動機はこれらのアクターごとにかなり異なっている。第1章ではこのことをアクターの便益計算（合理主義）およびアイデンティティ形成における国際規範の受容（構成主義）から捉えていった。そうした計算あるいは自己認識の出発点となる利益やアイデンティティのイメージ自体が実に多様かつ流動的で、しかもそれらが各アクター特有の形で複合している。PKO協力に赴かせる動機が多様であれば、必ずしもアクター間の利益や自己認識は整合的ではないであろうし、時に矛盾や対立をともなうかもしれない。だが他方で、近年におけるPKO協力がより多くのアクターを含む多角的なものとなっていることは、利益の調整やアイデンティティ・イメージの共有を促す下地の広がりを示唆しているようにも思われる。

協力はPKOという現象を可能にする関係アクターの振る舞いに関する思考の総体であるのに対し、第2章、第3章のテーマである国家と平和は、PKOという活動の内実を形作る思想である。PKOにおける国家について考察した第2章でまず捉えたのは、PKOのあり方をめぐる議論が、近代主権国家を概念的な主軸として構想・実施されてきた社会運営のあり方に関する（再）検討の性格も帯びているという事態であった。この章ではまず、主権国家システムがPKO実施における主導的モデルとしてそのあり方を規定してきたこと、そしてその傾向がポスト冷戦期にさらに強まってきたことを、現代国家建設論を引き合いに出しつつ指摘した。現代国家建設論は複数の関連概念や思想（破綻国家論、開発ガバナンス論、「民主主義による平和」［DP］論）とつながりをもち、今も強い影響力を発揮している立論であり、同時期に平和維持・構築分野で主流化した自由主義平和構築（LPB）論もこの系譜に位置づけることができる。しかし近年、LPBモデルに対しては経験的・理論的な批判が向けられるようになっており、それに代替しようとする支援のあり方が提起されてきた（ハイブリッド平和構築［HPB］論、レジリエンス論）。これらの議論は、LPB論が近代国家の建設ないし導入を紛争後社会の再建に向けた処方箋として提示している点に批判の矛先を向けており、主権国家モデルに限定されない多重的な（HPB論）、あるいは同モデルを前提としない複雑な（レジリエンス論）社会運営や紛争管理の方向性を示唆している。これら代替モデルにも批判や論争は存在するものの、全体として言えば、主権国家を否定しないながらも、それを結論ともしない、柔軟で複合的な紛争後社会のガバナンスが模索されていることがみてとれる。

どのような社会運営や紛争管理であれ、目指すのはその社会の「平和」である。第2章の議論はその意味でPKOの進め方（戦略と言ってもよいかもしれない）をめぐるものであったが、平和を考察した第3章では、その進め方が何を目指すのかに関する議論を追うことになった。この章ではまず、PKOの主な文脈である国内紛争後の再建過程に照らして平和概念の検討を始め（前掲図3-1）、平和が紛争変革ないし和解として実質的に理解されていることを見出した。ただし紛争変革・和解が何を意味するのかについては、少なくとも三つのバージョンがあり（①紛争解決装置の持続的内在、②社会的正義と能力実現、③武力紛争の不在）、推進する担い手や重点が異なっている（前掲表3-1）。また、三つの和解＝平和概念の担い手については、それぞれに対応した実践例（①―レデラックの提言、②―EPI、③―安定化作戦）もみていったが、特に安定化作戦としてのPKOについては、伝統型PKOとは異なる仕方で消極的平和（③）を現代の平和維持・構築に改めて持ちこむ意味合いがある。このようにしてみると、本章で捉えた三つの平和（和解）概念はいずれも、PKOの具体的な実践に異なるニュアンスを与えながら生き続けていることが理解できる。

2 平和維持思想の変化と継続性

趨勢と傾向

以上が各章でたどってきた考察の流れである。このように振り返ってみると、協力や国家はもちろん、明示的な考察の対象となることが相対的に少なかった平和概念においても、その内容はかなり変化してきていることがわかる。ではそれらの変化はＰＫＯの思想についてどのような趨勢を示しているのであろうか。

端的に言えば、それは多様なアクターの重層的かつ柔軟な関与にもとづく、複合的な紛争後社会ガバナンスへの志向であるように思われる。紛争後社会のガバナンスがＰＫＯや平和構築のあり方をめぐる議論を通じて変化してきたことは第2章でみてきた通りであるが、紛争後ガバナンスの複合化・柔軟化志向は、「協力」と「平和」をめぐる変化とも軌を一にしている。まずＰＫＯに関与するアクターが国家主体から非国家主体へと拡大していること自体、紛争後社会のガバナンスが複合化したことにともなう支援ニーズの多様化に呼応していると理解できる。また重層的な紛争後社会のガバナンスで模索される平和のイメージがそれぞれの層（レベル）により異なってくるのであれば、異なる平和のイメージが作用していることも首肯できるであろう。

もちろん変化というからには、変化する前の姿やそこからの変化の過程があったことが前提となる。ここで再び想起したいのは、冷戦後ＰＫＯの主流が、国家間紛争後の停戦監視や兵力引き離しなどを中心としたいわゆる伝統型から、国内・地域紛争後の和平合意履行支援を主眼とした多機能型に変わってきた、という説明である。これはミッション形態に着目したやや外形的な説明であるが、本書の視点からみると、そうした外形の変化は同時に大きな思想上の変化をもともなっている。ここまでの議論を踏まえてその変化を要約的に述べれば、次のようなものになるであろう。

現代のＰＫＯは、まず①武力紛争の除去や低減を通じた国際（国家間）安全保障を向上させるものから、②一国内における紛争解決装置の導入ないし再確立を目指すものへと変化していった。そして、そうした装置として主権国家を再建ないし建設するというアプローチが当初は重視されたものの、③次第に広範なアクターをも包含した枠組みで、社会自体による自己変革や組織化（レジリエンス、社会的正義）が強調されるようになった。前段で述べた複合的（多重・複雑）なガバナンスへの志向は、こうした変遷を経てＰＫＯ思想が至ったひとつの到達点であると言える。

さらなる変化の兆し

ただし、こう述べて直ちに付言しなくてはならないのは、このように理解したＰＫＯ思想の到達点は、必ずしも終着点ではないということである。

それを端的に示すのは、第3章の最後で論じた安定化作戦の登場である。そこでも論じたように、同作戦は④国家建設への回帰を（②のように国内の紛争解決としてではなく）国際安全保障への貢献として再強調しようとするものである。したがってそれを踏まえて考えれば、紛争後社会のガバナンスや平和をめぐる実践と議論が複合性志向（③）に収束したとは言い切れないところがある。主権国家の権威を拡張するのか、複合的なガバナンスの自発的な構築を促すのか。どちらに舵を切るかにより「平和」の意味も変わってくる――より正確に言えば、何を「平和」とするかによって必要とされるアプローチ・枠組みも変わってくるのである。

また、第1章で述べた、ＰＫＯの理念性についてもここで想起したい。そこで指摘したのは、ＰＫＯが国際活動として一定の型（パターン）をもち、それが理念的性質を帯びていること、そしてそうした理念性を与えているのが国家主権、人権・人道主義、民族自決（主権平等）、法の支配、紛争の平和的解決、集団安全保障といった国際規範群であるということであった。ＰＫＯ自体がこうした一種の国際規範となり、国際アクターはそれを自らのアイデンティティとして受容することでＰＫＯに協力する。だが、ガバナンスの複合性を強調する議論が志向するのは、これらの諸規範には入らないような幅広い諸価値の許容と包摂である。したがって、そうした志向が強まっていくことになれば、ＰＫＯが持っている理念性はまとまりを欠き、またそれを梃子としてＰＫＯに協力しようとする動機の内容も——レジリエンス論においてみられたように——散漫なものになっていく。第1章の最後で、ＰＫＯ協力の広がり（多角化）は、関連アクターの側における協力動機の増加を意味していると述べた。だが、そのようにして示唆される動機の増加が、理念性を介した動機内容の分散をともなっているのであれば、諸動機の齟齬や対立も生まれやすくなり、結果としてＰＫＯ協力の強度にも悪影響を与えることになるのかもしれない。その限りで言えば、思想上の変化は実践上の帰結をやはりともなっているように思われる。

平和維持は何であり続けるのか

ＰＫＯの思想はこのように変化し、そしてさらに変化していく可能性をも有している。思想（そして実践）の変化はＰＫＯに常在する特徴である。

それではその思想に継続する部分、変わらない部分はないのだろうか。

一見逆説的な言い方になるが、思想のそうした部分というのは、その諸変化をたどることによってのみ見通すことができるのではないだろうか。それは、変化する部分を同定することで変化しない部分が確認できる、というだけの意味ではない。そもそも、われわれが何かについて変化を認識するとき、それは変化しないものの認識を前提としている。そうでなければ、その変化は変化として表象されないはずである。

変化しないものは変化の外にあるのではなく、むしろその中心にある。したがってＰＫＯ思想で継続する部分は、その変化を捉え直すことで内側から浮かび上がってくる。では、それは何であろうか。

ここで念のために述べておくと、この節で捉えたＰＫＯ思想の現在地は、そうした継続的部分そのものではない。ＰＫＯ思想に継続した部分があるとすれば、現在の姿にそれも含まれているはずである。だがすでに指摘したように、それは現在の姿ないし趨勢にすぎず、ＰＫＯの思想や実践がそこにとどまっているわけではない。継続性を捉えるためにはそうした変化の一断面ではなく、変化のプロセス全体に目を凝らす必要がある。

ここまで議論してきた範囲で同定できる、PKO思想の変わらない部分は、それが「協力」に依拠し、「平和」を目的とする「紛争後ガバナンス」のための思想＝実践である、という点にある。二つ説明しておきたい。

第一に、「協力」「平和」「紛争後ガバナンス」それぞれが何を示すのかについてはかなりの振幅を含んでおり、しかもその振幅が収斂する気配がないことである。「協力」「平和」「紛争後ガバナンス」それぞれが多様なイメージやアクターを包摂することは各章でみてきた通りであり、それらは相互に補完したり対立したりしながら動態をなしている。そして、そのいずれもが「協力」「平和」「紛争後ガバナンス」でもある。前段で述べたPKO思想の継続的部分は表現として一見形式的なものであるが、同時にそうした動態的実質を含むものとして理解すべきである。

第二に注意したいのは、ここには国家が明示的には含まれていない点である。第2章でも述べたように、PKOは主権国家を主な枠組みとして諸国家が長らく行ってきた活動である。その点からすれば、PKO思想の継続的部分を表現する記述に国家が明示されないことは、PKO思想の現在に至るまでの変化がもたらした最も重要な帰結であると言える。ただし言うまでもないが、これは主権国家の思想と関与がPKOから抜けることを意味するわけではない。そのことは、多くのPKOが、軍事要員や警察要員の展開を――国家のみが安定的に供給できるリソースを――必要としていることや、レジリエンス論やHPB論といった国家再建アプローチに最も批判的な議論ですら、紛争後ガバナンスにおける国家の役割を一定程度認めていることからも明らかであろう。

したがってここで言いたいのは、PKO思想が主権国家と訣別したということではなく、その思想の焦点が国家そのものから、国家を含みつつより広いガバナンスの（再）確立に移ったということである。そうした再確立の進め方として、ミッドレベルや草の根レベルの社会関係を重視するものもあれば、安定化作戦に含意されるように、国家を再生産する性格の強いアプローチもある程度繰り返されるかもしれない。しかしＰＫＯは実践上も思想上も、国家による国家のためだけのプロジェクトではすでになくなっている。アクターとしてもモデルとしても、主権国家は紛争後ガバナンスの重要な、しかしあくまで一部なのである。

「国家」がＰＫＯ思想において中核からわずかに後景へと退き、それによって「協力」「平和」「紛争後ガバナンス」いずれにも多様な可能性が含まれるようになってきた。その時々の議論や実践によりニュアンスは異なるものの、この状態とそれに由来する構図が容易に変わることはないように思われる。

3　可能性と展望――三つの架橋から

序章にて、本書は三つの意味で架橋的であることを意図していると述べた。ここまで議論してきたことを踏まえ、それぞれにおいてどのような展望がありうるのか、本書の最後に考えてみることにしたい。

実践と思想の相互作用

第一の架橋は実践と思想の架橋に関連している。本書はＰＫＯという実践に内在する思想的基層を掘り下げ、そこに動いている両者の緊密な交通の一端を捉えようとしてきた。この意味の架橋に関しては、少なくとも二つの展開が示唆される。

ひとつは、ある国際活動を「実践される思想」として捉え直す本書のアプローチにどの程度汎用可能性があるのか、という問いである。本書でこのアプローチをとったのは、ＰＫＯがその実践のあり方について議論が繰り返され、そしてその議論が実践にも絶えず反映されてきた類の活動領域だからである。ＰＫＯはその意味で「思想性」の高い実践であると言えるが、このように考察できるのはＰＫＯだけではないかもしれない。たとえば、人道活動はいくつかの原則に依拠した国際的な実践であるという意味で、このアプローチを適用しやすいと言える。(1)他方、考究上さらに興味深いのは、ＰＫＯや人道活動のように思想性が目立つわけではない活動の中にある思想的基層をどこまで掘り下げることができるか、というチャレンジであろう。国際場裏のさまざまな活動をそのようにして掘り下げることができれば、多様な基層の連なりのようなものを描くことができるのかもしれない。

もうひとつの展開は、ＰＫＯ思想＝実践の現在として同定したものが今後どうなっていくのかである。繰り返し指摘したように、柔軟かつ複合的な紛争後ガバナンスとして同定したその姿は終着点ではない——より正確に言えば、終着点はそもそも存在しないのである。今後それがどのように変化していくのかは、ＰＫＯの実践と思想を引き続き注意深く観察していくことでしか捕捉できないであろう。この点はまた、次に述べる二つの架橋ともつながっている。

実践と思想の多様性

第二の架橋は、ＰＫＯを支える諸思想間の架橋である。ＰＫＯの実践を導く諸思想は相互に影響しながら複合する束をなしている。本書ではこの視点から、「協力」「国家」「平和」がそれぞれどのようにＰＫＯを思想的に支えているのかを分析するだけでなく、それらがどのように絡みあっているのかも明らかにしようとした。

これについてさらなる架橋が可能であるとすれば、本書で取り上げることができなかったＰＫＯの諸思想を取り上げることによってであろう。本書ではＰＫＯの中核をなすと思われる諸思想として三つのみを取り上げた。本書の議論そのものによっても示唆されるように、これらの諸思想はそれ自体で非常に豊かな系譜とバリエーションをもち、そのことがＰＫＯの思想にも力強い運動を与えている。

だが、ＰＫＯという思想の束の構成要素はこれら三つ以外にも存在するのではないだろうか。その点で容易に思いつくのは、文民保護などの任務をＰＫＯマンデートに含める上で大きな背景になっている「人権」の思想である。[2]また「ジェンダー」や「環境」をめぐる思想も、前者は紛争解決における女性の役割の強化などとして、後者はＰＫＯミッションの環境負荷に対する考慮などとして、ＰＫＯのあり方に影響を与えつつある。[3]そのように考えると、実践される思想の束としてのＰＫＯは、本書で描いた以上に幅広い裾野をすでに示しつつあるのかもしれない。そしてその束が多くの諸思想からなっているのであれば、それがなす相互作用もより複雑なものとなるであろう。

国際政治の変化と平和維持

第三の架橋は、国際政治との架橋である。ＰＫＯの思想を国際政治全体の思潮のつながりにおいて捉えるのがこの視点であるが、そこから浮かび上がるのは、ＰＫＯ思想の現在の姿が国際政治的に何を意味するのか、という問いである。すなわち、柔軟かつ複合的な紛争後ガバナンスへの志向として読み取ったその趨勢が、国際政治の実践を導く思想全体の変化をどの程度示唆するのか、ということである。

前節で述べたこととも関係するが、これは結局のところ、主権国家に国際政治上の重要性をどの程度認めるのかという、すぐれて一般的な問いに直接・間接にふれるものである。第2章で目にしたのは紛争後社会の再建の仕方をめぐる議論の変化であるが、それは近代主権国家システムの維持を国際社会全体のガバナンスにおいて引き続き中心に据えるのか、それとも他のアクターや原則を許容する方向性に変えていくのか（そしてその場合、どの程度まで修正するのか）という論点の重要な一部として理解することができるのである。

これに関して、本書の議論から言えることは限定的である。一方で、主権国家システムを維持しつつも、それ以上・以下のアクターや取り組みを織りこんだ複合的ガバナンスの重要性は概して高まってきたと言える。第1章で取り上げた国際機構、地域機構やNGOなどは、紛争後社会に対する支援に限定されない、さまざまな国際活動に従事するようにもなっている。ある地域・国であれ、国際規模の協力的な営みであれ、さまざまな目的や資源を有する「主権的」アクターがそこに存在し、相互に複雑に関係しながら活動を牽引している、という姿がそこにはある。また、紛争後社会は当然ながら国際社会の一部である。それに対する支援が複合的なガバナンスを許容し促すものとなり、当該社会もそれを刺激としながら自発的な社会再建をするようになれば、国際社会の姿自体も少しずつ変わってくるようにも考えられる。

他方、こうした方向への国際的変化は必ずしも決定的ではない。まず、安定化作戦の活用に示唆されるように、主権国家を中心とした形に国内秩序を立て直し、同時に国際秩序の安定化を果たそうとする方向性はいまだに強く残っている。何度も述べたように、主権国家の主権性とガバナンスの複合状態とは相いれないところがあるため、前者を重視する志向からの押し戻しは今後も想定される。

ここから先、複合的なガバナンスと国家主権システムとの関係をより一般的に考えていくには、他の活動領域に即しても同様の考察を進めていく必要がもちろんあるであろう。PKOの検討を通じて本書で見出した思想と実践の運動は、具体的な形でその考察を進めるためのひとつの入口を提供してくれているように思われるのである。

あとがき

研究者に聞いてもあまり意味のある答えが返ってこないと思う質問のひとつに、「あなたはなぜその分野を研究しているのですか」というものがある。もちろんその質問を受ければ、どの研究者もそれなりの答えを返すであろう。自分の経歴や人生、あるいは研究分野そのもののポテンシャルなどと関連させるそれらの答えは嘘ではないし、質問した者にとっても示唆に富むところがあるかもしれない。

私がその質問に意味がないと思うのは、「それなりの答え」とは違うレベルで、答えが決まっているからであり、しかもその答えが説明に（理解にも）困る類の答えだからである。

その答えとは、それが「面白い」からである。

だがなぜその分野がその研究者にとって面白いのか、と問われると、多くの研究者は内心困るのではないだろうか。彼らにとってその面白さは趣向的な好みという以上の、その人にとってそれを研究することが必然と思わせるような「何か」であり、それゆえその研究にキャリアと人生をかけて取り組むのである。

私とＰＫＯという研究テーマとの関係は、まさにこうしたものである。平和維持を考えることは私にとって「面白い」ことである。なぜかはよくわからない。実際、本書はこれまでＰＫＯに関して考えてきたことをある程度集大成するつもりで書きはじめたのであるが、書き進めていく中で新たな可能性も見出すようにもなった。それは終章の議論に反映されているが、ＰＫＯを考えることは自分にとっていまだに「面白い」ことなのだろうと改めて思った。

もっとも、自分にとって面白いテーマが、社会的に有意義であるとは限らない。二〇一七年五月、国連南スーダン共和国ミッション（ＵＮＭＩＳＳ）に参加していた自衛隊の部隊を撤収して以降、日本はＰＫＯに部隊派遣をしていない（要員の派遣などは継続している）。そしてそれに呼応するように、日本国内でのＰＫＯに対する関心も低下しているようにみえる。その度合いは、もしかしたら国際的な関心低下の度合いよりも大きいのかもしれない。もちろん、関心の程度と社会的な意義はイコールではないであろう。だが、ＰＫＯに対する日本の姿勢を立ち止まって考える時期にあるとは言えるように思われる。

本書の議論は、この状況に対する直接的な応答なり提案なりをする類のものではない。それはＰＫＯを「思想」として読み解くアプローチから明らかであろう。しかし、このアプローチをとることによってのみ示唆できる問いの立て方があると思う。その問いとはすなわち、平和維持に対するアクターの思想的姿勢とでも言うべきものである。ＰＫＯが本書でみてきたような意味で「思想的」なのであれば、それに関与するアクターには、それら諸思想をどのように考えるのか、どう評価するのかが常にすでに問われている。

そしてこの点、日本も例外ではない。日本社会がＰＫＯや関連活動へのかかわりを立ち止まって考える状況にあるとすれば、こうした迂遠なようでいて根本的な問いを議論するタイミングなのかもしれない。本書の考察がそのための下地となれば幸いである。

本書を書きはじめたのは二〇一八年の春であった。その前年に二冊目となる単著（*Evolving Patterns of Peacekeeping: International Cooperation at Work*, Lynne Rienner, 2017）を公刊した。最初の単著も英語であったため、次は日本語で著書を出そうと考えた。ちょうど年度が始まったところを区切りとして構想のスケッチにとりかかったのが四月ごろであったと思う。

それから、本書の刊行までにいろいろなことがあった。父が他界し、静岡県立大学で教えはじめ、別の著書を発表した（『国際平和協力』創元社、二〇二二年）。書きはじめたのは本書の方が早いのであるが、結果的に本書は私にとって日本語で発表する二冊目の単著になった。

とはいえ、本書は刊行できる目途があって書いたものではない。書きはじめてかなりの期間、実際に刊行することはなぜかあまり考えず、ただ時間をみつけてはコツコツと書き続けていた。それがこのような形で刊行できることになったのは、第三五回名古屋大学出版会学術図書刊行助成を非常に幸運にも受けることができたためであり、名古屋大学出版会には感謝の念しかない。特に本書を担当していただいた三木信吾さん、井原陸朗さんからは細部に至るまで建設的かつ冷静な助言をいただいた。また査読者からも有益な意見をいただいたこと、ここに感謝とともに記しておきたい。

本書の内容の一部は、二〇二三年八月末に行われた保護責任論（R２P）研究会で発表し、有益なフィードバックを得ることができた。声をかけてくださった中村長史先生、コメンテーターをしてくださった五十嵐元道先生をはじめとする参加者の皆さんに感謝したい。先にも書いたように、本書の議論は私がＰＫＯについてそれなりに長い期間考えてきたことが反映されているが、そうした思考は多くの人々との対話からも多大な影響を受けている。もちろん、ＰＫＯに関係する実務・政策担当者、さまざまな分野の研究者とのやりとりは常に大きな刺激であったが、政策・学術コミュニティ以外の方々とのふとした会話が着想のきっかけになることもあったように思う。ここで一人ひとり氏名を挙げられるわけではないが、このように記すことでお礼としたい。

母についてもここで記しておきたい。学者は読書が仕事の一部であるが、私が読書するようになったのは本好きな母が持っていた小説のいくつかが目に留まったからである。小学生だった私はそれらを拾い読みするようになり、読書の世界を知るようになった。人が成長する契機は子供のころの、そうした出会いなのだろうと思う。

最後に、妻と娘にふれたい。先にいろいろなことがあったと述べたが、そのひとつひとつをともに過ごしてきた家族であり、またいろいろな刺激やヒントを（研究や教育上のものも含め）常に与えてくれるありがたい存在でもある。本書の考察がともかくもここまでたどりつくことができたのはこの二人のおかげである。

二〇二四年一二月

山下　光

《著者略歴》

山《やま》下《した》　光《ひかる》

2003年　ウェールズ大学（現アベリストウィス大学）国際政治学部博士課程修了
防衛省防衛研究所理論研究部政治・法制研究室長などを経て，
現　在　静岡県立大学国際関係学部教授，博士（国際政治学）
著　書　*Humanitarian Space and International Politics: The Creation of Safe Areas*（Ashgate / Routledge, 2004）
Evolving Patterns of Peacekeeping: International Cooperation at Work（Lynne Rienner, 2017）
『シリーズ戦争学入門　国際平和協力』（創元社，2022年）

PKOの思想
―その実践を紡ぎだすもの―

2025年2月10日　初版第1刷発行

定価はカバーに
表示しています

著　者　山　下　　光
発行者　西　澤　泰　彦

発行所　一般財団法人　名古屋大学出版会
〒464-0814　名古屋市千種区不老町1 名古屋大学構内
電話(052)781-5027 / FAX(052)781-0697

Printed in Japan
印刷・製本　亜細亜印刷㈱
ISBN978-4-8158-1179-2
乱丁・落丁はお取替えいたします。

索　引

＊語句ではなく，意味でとったものもある。

ア　行

カ　行

サ　行

タ　行

ナ　行

ハ　行

マ　行

ヤ・ラ行

ワ　行

略語一覧

ADF	Allied Democratic Forces	民主同盟軍（コンゴ民主共和国／ウガンダ）
AFISMA	African-led International Support Mission to Mali	アフリカ主導国際マリ支援ミッション
AMIB	African Mission in Burundi	アフリカ・ブルンジ・ミッション
ASEAN	Association of Southeast Asian Nations	東南アジア諸国連合
ASF	African Standby Force	アフリカ待機軍
AU	African Union	アフリカ連合
CEMAC	Central African Economic and Monetary Community	中部アフリカ経済通貨共同体
CEN-SAD	Community of Sahel-Saharan States	サヘル・サハラ諸国国家共同体
CEN-SAD PF	CEN-SAD Peacekeeping Force	CEN-SAD 平和維持軍（中央アフリカ共和国）
CFSP	EU Common Foreign and Security Policy	EU 共通外交・安全保障政策
CIS	Commonwealth of Independent States	独立国家共同体
CMCoord	UN Civil-Military Coordination	民軍調整（国連）
CMI	Crisis Management Initiative	危機管理イニシアティブ
CSTO	Collective Security Treaty Organisation	集団安全保障条約機構
DAC	OECD Development Assistance Committee	OECD 開発援助委員会
DDR	disarmament, demobilization, reintegration	武装解除・動員解除・社会復帰
DFS	UN Department of Field Support	国連フィールド支援局
DOS	UN Department of Operational Support	国連活動支援局
DP	democratic peace	民主主義による平和
DPA	UN Department of Political Affairs	国連政務局
DPKO	UN Department of Peacekeeping Operations	国連平和維持活動局
DPO	UN Department of Peace Operations	国連平和活動局
DPPA	UN Department of Political and Peacebuilding Affairs	国連政治・平和構築局
ECCAS / CEEAC	Economic Community of Central African States	中部アフリカ諸国経済共同体

ECOWAS	Economic Community of West African States	西アフリカ諸国経済共同体
EEAS	European External Action Service	欧州対外行動庁
EPI	Everyday Peace Indicator	日常平和指標
EU	European Union	欧州連合
EUFOR RCA	EU Force in the Central African Republic	中央アフリカ共和国 EU 部隊
EUFOR RDC	EU Force in the Democratic Republic of the Congo	コンゴ民主共和国 EU 部隊
EUBG	EU Battlegroup	EU 戦闘群
FAO	Food and Agriculture Organization	国連食糧農業機関
FOMUC	CEMAC Multinational Force	CEMAC 多国籍軍（中央アフリカ共和国）
HPB	hybrid peacebuilding	ハイブリッド平和構築
ICRC	International Committee of the Red Cross	赤十字国際委員会
IFES	International Foundation for Electoral Systems	国際選挙システム財団
INTERFET	International Force for East Timor	東ティモール国際軍
IPI	International Peace Institute	国際平和研究所
ISAF	International Security Assistance Force	国際治安支援部隊（アフガニスタン）
ISF	International Stabilisation Force	国際安定化部隊（東ティモール）
IS-GS	Islamic State in the Greater Sahara	大サハラのイスラム国
JICA	Japan International Cooperation Agency	国際協力機構（日本）
JNIM	Jama'a Nusrat ul-Islam wa al-Muslimin	イスラム・ムスリムの支援団
KFOR	NATO Kosovo Force	NATO 国際安全保障部隊（コソボ）
LPB	liberal peacebuilding	自由主義平和構築
MAPROBU	African Mission for Prevention and Protection in Burundi	アフリカ予防保護ミッション（ブルンジ）
MFO	Multinational Force & Observers	多国籍部隊・監視団（エジプト）
MICOPAX	ECCAS/CEEAC Mission for the Consolidation of Peace in the Central African Republic	ECCAS 中央アフリカ共和国平和定着ミッション
MIF	Multinational Interim Force	多国籍暫定軍（ハイチ）
MINUSCA	UN Multidimensional Integrated Stabilization Mission in the Central African Republic	国連中央アフリカ共和国多元統合安定化ミッション
MINUSMA	UN Multidimensional Integrated Stabilization Mission in Mali	国連マリ多元統合安定化ミッション
MINUSTAH	UN Stabilization Mission in Haiti	国連ハイチ安定化ミッション
MISCA	AU-led International Support Mission to the Central African Republic	アフリカ主導中央アフリカ共和国国際支援ミッション

MONUC	UN Organization Mission in the Democratic Republic of the Congo	国連コンゴ民主共和国ミッション
MONUSCO	UN Organization Stabilization Mission in the Democratic Republic of the Congo	国連コンゴ民主共和国安定化ミッション
NATO	North Atlantic Treaty Organization	北大西洋条約機構
NGO	non-governmental organization	非政府組織
OAS	Organization of American States	米州機構
OAU	Organization of African Unity	アフリカ統一機構
OCHA	UN Office for the Coordination of Humanitarian Affairs	国連人道問題調整局
OECD	Organisation for Economic Co-operation and Development	経済協力開発機構
ONUB	UN Operation in Burundi	国連ブルンジ活動
ONUC	UN Operation in the Congo	国連コンゴ活動
OSCE	Organization for Security and Co-operation in Europe	欧州安全保障協力機構
PCC	police contributing country	警察要員提供国
PKO	peacekeeping operation	平和維持活動
PoC	protection of civilians	文民保護
PRT	Provincial Reconstruction Team	地域復興チーム（アフガニスタン）
PSC	AU Peace and Security Council	AU 平和・安全保障理事会
QIP	Quick Impact Project	クイック・インパクト・プロジェクト
RC	Resident Coordinator	常駐調整官（国連）
RPF	Rwandan Patriotic Front	ルワンダ愛国戦線
SAPSD	South African Protection Support Detachment	南アフリカ防護支援分遣隊(ブルンジ)
SFOR	NATO Stabilisation Force	NATO 安定化部隊（ボスニア）
SSR	security sector reform	治安部門改革
TCC	troop contributing country	軍事要員提供国
TfP	Training for Peace	平和のための訓練
UN	United Nations	国際連合
UNAMID	AU/UN Hybrid Operation in Darfur	ダルフール国連・AU 合同ミッション
UNAMSIL	UN Mission in Sierra Leone	国連シエラレオネ・ミッション
UNDP	UN Development Programme	国連開発計画
UNEF	UN Emergency Force	国連緊急軍
UNHCHR	UN High Commissioner for Human Rights	国連人権高等弁務官事務所
UNHCR	UN High Commissioner for Refugees	国連難民高等弁務官事務所
UNICEF	UN Children's Fund	国連児童基金
UNIFIL	United Nations Interim Force in Lebanon	国連レバノン暫定隊
UNIIMOG	UN Iran-Iraq Military Observer Group	国連イラン・イラク軍事監視団

UNITAF	United Task Force	統合タスクフォース（ソマリア）
UNMEE	United Nations Mission in Ethiopia and Eritrea	国連エチオピア・エリトリア・ミッション
UNMIH	UN Mission in Haiti	国連ハイチミッション
UNMIK	UN Interim Administration Mission in Kosovo	国連コソボ暫定行政ミッション
UNMISS	UN Mission in the Republic of South Sudan	国連南スーダン共和国ミッション
UNMIT	UN Integrated Mission in Timor-Leste	国連東ティモール統合ミッション
UNMOGIP	UN Military Observer Group in India and Pakistan	国連インド・パキスタン軍事監視団
UNOCI	UN Operation in Côte d'Ivoire	国連コートジボアール活動
UNOSOM	UN Operation in Somalia	国連ソマリア・ミッション
UNPREDEP	UN Preventive Deployment Force	国連予防展開軍（北マケドニア）
UNPROFOR	UN Protection Force	国連保護軍（ボスニア）
UNTAC	UN Transitional Authority in Cambodia	国連カンボジア暫定統治機構
UNTAET	UN Transitional Administration in East Timor	国連東ティモール暫定行政機構
UNTSO	UN Truce Supervision Organization	国連休戦監視機構

参考文献

外国語文献

African Union. The Constitutive Act of the African Union (AU Constitutive Act). 11 July 2000.

——. The Protocol Relating to the Establishment of the Peace and Security Council of the African Union (PSC Protocol). 9 July 2002.

Ahmed, Salman, Paul Keating, and Ugo Solinas. "Shaping the Future of UN Peace Operations: Is There a Doctrine in the House?" *Cambridge Review of International Affairs* 20, no.1 (March 2007), pp. 11–28.

Albrecht, Peter and Louise Wiuff Moe. "The Simultaneity of Authority in Hybrid Orders." *Peacebuilding* 3, no. 1 (2015), pp. 1–16.

Assemblée Nationale (France). *Srebrenica: Rapport sur un Massacre*. N. 3413, 22 Novembre 2002.

Autesserre, Séverine. *The Frontlines of Peace: An Insider's Guide to Changing the World*. Oxford: Oxford University Press, 2021.

——. "International Peacebuilding and Local Success: Assumptions and Effectiveness." *International Studies Review* 19, iss. 1 (March 2017), pp. 114–132.

——. *The Trouble with the Congo: Local Violence and the Failure of International Peacebuilding*. Cambridge: Cambridge University Press, 2010.

Avezov, Xenia, Jaïr van der Lijn, and Timo Smit. "African Directions: Towards an Equitable Partnership in Peace Operations." Stockholm Institute for International Peace, February 2017.

Axelrod, Robert. *The Evolution of Cooperation*, rev. ed. New York: Basic Books, 1984.

Axelrod, Robert and Robert O. Keohane. "Achieving Cooperation Under Anarchy: Strategies and Institutions." In *Cooperation Under Anarchy*, ed. Kenneth A. Oye, pp. 226–254. Princeton: Princeton University Press, 1986.

Ayers, Alison J. "An Illusion of the Epoch: Critiquing the Ideology of 'Failed States'." *International Politics* 49, no. 5 (September 2012), pp. 568–590.

Banks, Michael. "Four Conceptions of Peace." In *Conflict Management and Problem Solving: Interpersonal to International Applications*, ed. Dennis J. D. Sandole and Ingrid Sandole-Staroste, pp. 259–274. New York: New York University Press, 1987.

Barnett, Michael. *Empire of Humanity: A History of Humanitarianism*. Ithaca: Cornell University Press, 2011.

Beck, Ulrich. *Risk Society: Towards a New Modernity*. London: Sage, 1992.

——. *World at Risk*. Cambridge: Polity, 2008.

Bellamy, Alex J. *World Peace: (And How We Can Achieve It)*. Oxford: Oxford University Press, 2019.

Belloni, Roberto. "Hybrid Peace Governance: Its Emergence and Significance." *Global Governance* 18, no. 1 (January–March 2012), pp. 21–38.

Bleiker, Roland. “Conclusion — Everyday Struggles for a Hybrid Peace.” In *Hybrid Forms of Peace: From Everyday Agency to Post-Liberalism*, ed. Oliver P. Richmond and Audra Mitchell, pp. 293–309. New York: Palgrave Macmillan, 2012.

Boege, Volker, Anne Brown, Kevin Clements, and Anna Nolan. “Building Peace and Political Community in Hybrid Political Orders.” *International Peacekeeping* 16, no. 5（November 2009）, pp. 599–615.

Bourbeau, Philippe. *On Resilience: Genealogy, Logics and World Politics*. Cambridge: Cambridge University Press, 2018.

——. “Resilience and International Politics: Premises, Debates, Agenda.” *International Studies Review* 17, no. 3（September 2015）, pp. 374–395.

Bowen, James. “Peacekeeping with Chinese Characteristics?” *IPI Global Observatory*, International Peace Institute, 20 October 2016. 〈https://theglobalobservatory.org/2016/10/china-peacekeeping-dpko-south-sudan-mali/〉, accessed 14 August 2018.

Brown, Katrina. *Resilience, Development, and Global Change*. London and New York: Routledge, 2016.

Bush, George H. W. “Address Before the 45th Session of the United Nations General Assembly in New York, New York.” 1 October 1990. 〈https://www.presidency.ucsb.edu/documents/address-before-the-45th-session-the-united-nations-general-assembly-new-york-new-york〉, accessed 6 June 2023.

Campbell, Susanna, David Chandler, and Meera Sabaratnam. “Introduction: The Politics of Liberal Peace.” In *A Liberal Peace? The Problems and Practices of Peacebuilding*, ed. Campbell, Chandler, and Sabaratnam, pp. 1–9. London and New York: Zed Books, 2011.

——, eds. *A Liberal Peace? The Problems and Practices of Peacebuilding*. London and New York: Zed Books, 2011.

Center on International Cooperation（New York University）. *Annual Review of Global Peace Operations 2012*. Boulder: Lynne Rienner, 2012.

Chandler, David. “The Liberal Peace: Statebuilding, Democracy and Local Ownership.” In *Rethinking the Liberal Peace: External Models and Local Alternatives*, ed. Shahrbanou Tadjbakhsh, pp. 77–88. London and New York: Routledge, 2011.

——. *Peacebuilding: The Twenty Years' Crisis, 1997–2017*. Cham: Palgrave Macmillan, 2017.

——. *Resilience: The Governance of Complexity*. London and New York: Routledge, 2014.

——. “Resilience and the ‘Everyday’ : Beyond the Paradox of ‘Liberal Peace’.” *Review of International Studies* 41, no. 1（January 2015）, pp. 27–48.

——. “Rethinking the Conflict-Poverty Nexus: From Securitising Intervention to Resilience.” *Stability: International Journal of Security & Development* 4, no. 1（2015）, pp. 1–14.

——. “The Uncritical Critique of ‘Liberal Peace’.” In *A Liberal Peace? The Problems and Practices of Peacebuilding*, ed. Susanna Campbell, David Chandler, and Meera Sabaratnam, pp. 174–190. London and New York: Zed Books, 2011.

Chivvis, Christopher S. “Back to the Brink in Bosnia?” *Survival* 52, no. 1（February–March 2010）, pp. 97–110.

Clausen, Maria-Louise and Peter Albrecht. “Interventions since the Cold War: From Statebuilding to Stabilization.” *International Affairs* 97, no. 4（July 2021）, pp. 1203–1220.

Cortright, David. *Peace: A History of Movements and Ideas*. Oxford: Oxford University Press, 2008.

Cronin, Bruce. *Community Under Anarchy: Transnational Identity and the Evolution of Cooperation*. New York: Columbia University Press, 1999.

Crowder, George. *Theories of Multiculturalism: An Introduction*. Cambridge and Malden: Polity, 2013.

Curran, David and Paul Holtom. "Resonating, Rejecting, Reinterpreting: Mapping the Stabilization Discourse in the United Nations Security Council, 2000–2014." *Stability: International Journal of Security & Development* 4, no. 1 (October 2015), pp. 1–18.

Curran, David and Charles T. Hunt. "Stabilization at the Expense of Peacebuilding in UN Peacekeeping Operations: More Than Just a Phase?" *Global Governance* 26, no. 1 (April 2020), pp. 46–68.

Dabhade, Manish S. "India's Pursuit of United Nations Security Council Reforms." *ORF Occasional Paper* 131. Observer Research Foundation, December 2017.

Daniel, Donald C. F., Patricia Taft, and Sharon Wiharta, eds. *Peace Operations: Trends, Progress, and Prospects*. Washington, D.C.: Georgetown University Press, 2008.

Daniel, Donald C. F., Paul D. Williams, and Adam Smith. "Deploying Combined Teams: Lessons Learned from Operational Partnerships in UN Peacekeeping." International Peace Institute, August 2015.

Davenport, Christian, Erik Melander, and Patrick M. Regan. *The Peace Continuum: What It Is and How to Study It*. Oxford: Oxford University Press, 2018.

Debrix, François. *Re-envisioning Peacekeeping: The United Nations and the Mobilization of Ideology*. Minneapolis: University of Minnesota Press, 1999.

de Coning, Cedric. "The Future of UN Peace Operations: Principled Adaptation through Phases of Contraction, Moderation, and Renewal." *Contemporary Security Policy* 42, no. 2 (2021), pp. 211–224.

——. "How Not to Do UN Peacekeeping." *IPI Global Observatory*, International Peace Institute, 17 May 2023.

de Coning, Cedric and Mateja Peter, eds. *United Nations Peace Operations in a Changing Global Order*. Cham: Palgrave, 2019.

Diehl, Paul F. and Daniel Druckman. "Multiple Peacekeeping Missions: Analysing Interdependence." *International Peacekeeping* 25, no. 1 (February 2018), pp. 28–51.

Dodge, Toby. "Afghanistan and the Failure of Liberal Peacebuilding." *Survival* 63, no. 5 (October–November 2021), pp. 47–58.

Doyle, Michael. "Liberalism and World Politics." *American Political Science Review* 80, no. 4 (December 1986), pp. 1151–1169.

Duffield, Mark. *Global Governance and the New Wars: The Merging of Development and Security*. London and New York: Zed Books, 2001.

Engel, Ulf and João Gomes Porto, eds. *Africa's New Peace and Security Architecture: Promoting Norms, Institutionalizing Solutions*. Farnham: Ashgate, 2010.

European Commission and European Union High Representative for Foreign Affairs and Security Policy. A Strategic Approach to Resilience in the EU's External Action. EU Doc. JOIN (2017)

21 final, 7 June 2017.

European Union. Consolidated Version of the Treaty of European Union. EU Doc. O.J. 2016/C 202/01, 7 June 2016.

European Union High Representative for Foreign Affairs and Security Policy. Shared Vision, Common Action: A Stronger Europe: A Global Strategy for the European Union's Foreign and Security Policy. June 2016.

Finkelstein, Lawrence S. "What is Global Governance?" *Global Governance* 1, no. 3 (September–December 1995), pp. 367–372.

Finnemore, Martha and Kathryn Sikkink. "International Norm Dynamics and Political Change." *International Organization* 52, no. 4 (Autumn 1998), pp. 887–917.

Firchow, Pamina. *Reclaiming Everyday Peace: Local Voices in Measurement and Evaluation after War*. Cambridge: Cambridge University Press, 2018.

Fischer, Martina. "Civil Society in Conflict Transformation: Strengths and Limitations." Berghof Foundation, 1 January 2011. 〈https://berghof-foundation.org/library/civil-society-and-conflict-transformation-strength-and-limitations〉, accessed 5 November 2021.

Fischer, Martina and Beatrix Schmelzle. "Introduction." In *Building Peace in the Absence of States: Challenging the Discourse on State Failure*, ed. Martina Fischer and Beatrix Schmelzle, pp. 5–14. Berlin: Berghof Research Center, 2009.

Franke, Benedikt. *Security Cooperation in Africa: A Reappraisal*. Boulder: First Forum Press, 2009.

Galtung, Johan. "Three Approaches to Peace: Peacekeeping, Peacemaking, and Peacebuilding." In *Essays in Peace Research*, vol. 2, pp. 282–304. Copenhagen: Christian Ejlers, 1976.

——. "Violence, Peace, and Peace Research." *Journal of Peace Research* 6, no. 3 (1969), pp. 167–191.

Gelot, Linnéa. *Legitimacy, Peace Operations and Global-Regional Security: The African Union-United Nations Partnership in Darfur*. Abingdon: Routledge, 2012.

Gest, Justin, Carolyn Armstrong, Elizabeth Carolan, Elliott Fox, Vanessa Holzer, Tim McLellan, Audrey Cherryl Mogan, and Meher Talib. "Tracking the Process of International Norm Emergence: A Comparative Analysis of Six Agendas and Emerging Migrants' Rights." *Global Governance* 19, no. 2 (August 2013), pp. 153–185.

Ghani, Ashraf and Clare Lockhart. *Fixing Failed States: A Framework for Rebuilding a Fractured World*. Oxford: Oxford University Press, 2008.

Gheciu, Alexandra. "Divided Partners: The Challenges of NATO-NGO Cooperation in Peacebuilding Operations." *Global Governance* 17, no. 1 (January–March 2011), pp. 95–113.

Gleditsch, Nils Petter, Jonas Nordkvelle, and Håvard Strand. "Peace Research — Just the Study of War?" *Journal of Peace Research* 51, no. 2 (2014), pp. 145–158.

Goertz, Gary, Paul F. Diehl, and Alexandru Balas. *The Puzzle of Peace: The Evolution of Peace in the International System*. Oxford: Oxford University Press, 2016.

Goldstein, Joshua S. "Chicken Dilemmas: Crossing the Road to Cooperation." In *International Cooperation: The Extents and Limits of Multilateralism*, ed. I. William Zartman and Saadia Touval, pp. 135–160. Cambridge: Cambridge University Press, 2010.

Gorur, Aditi. "Defining the Boundaries of UN Stabilization Missions." The Stimson Center, December 2016.

Hatto, Ronald. “UN Command and Control Capabilities: Lessons from UNIFIL’s Strategic Military Cell.” *International Peacekeeping* 16, no. 2 (April 2009), pp. 186–198.

Heathershaw, John. “Unpacking the Liberal Peace: The Dividing and Merging of Peacebuilding Discourses.” *Millennium: Journal of International Studies* 36, no. 3 (2008), pp. 597–621.

Helman, Gerald B. and Steven R. Ratner. “Saving Failed States.” *Foreign Policy* 89 (Winter 1992–1993), pp. 3–20.

Hernes, Helga. “Nordic Perspectives on African Capacity-Building.” In *Resolute Partners: Building Peacekeeping Capacity in Southern Africa*, ed. Mark Malan, n.p. Institute for Security Studies Monograph 21, February 1998.

Höglund, Kristine. “Managing Violent Crises: Swedish Peacekeeping and the 2004 Ethnic Violence in Kosovo.” *International Peacekeeping* 14, no. 3 (July 2007), pp. 403–417.

Höglund, Kristine and Camilla Orjuela. “Hybrid Peace Governance and Illiberal Peacebuilding in Sri Lanka.” *Global Governance* 18, no. 1 (January–March 2012), pp. 89–104.

Höglund, Kristine and Mimmi Söderberg Kovacs. “Beyond the Absence of War: The Diversity of Peace in Post-Settlement Societies.” *Review of International Studies* 36, no. 2 (April 2010), pp. 367–390.

Honig, Jan W. and Norbert Both. *Srebrenica: Record of a War Crime*. London: Penguin Books, 1996.

Howard, Michael. *The Invention of Peace*. New Haven: Yale University Press, 2000.

Howorth, Jolyon. *Security and Defence Policy in the European Union*. New York: Palgrave Macmillan, 2007 / 2014.

International Commission on Intervention and State Sovereignty. *The Responsibility to Protect*. Ottawa: International Development Research Centre, 2001.

International Crisis Group. “The African Union and the Burundi Crisis: Ambition versus Reality.” *Africa Briefing* 122, 28 September 2016.

International Monetary Fund. “25 Years of Transition: Post-Communist Europe and the IMF.” *Regional Economic Issues Special Report*, 14 October 2014.

Ishizuka, Katsumi. *Ireland and International Peacekeeping Operations 1960–2000: A Study of Irish Motivation*. London and New York: Frank Cass, 2004.

Jackson, Robert H. *Quasi-States: Sovereignty, International Relations, and the Third World*. Cambridge: Cambridge University Press, 1990.

Jakobsen, Peter Viggo. *Nordic Approaches to Peace Operations: A New Model in the Making?* London and New York: Routledge, 2006.

Jarstad, Anna, Niklas Eklund, Patrik Johansson, Elisabeth Olivius, Abrak Saati, Dzenan Sahovic, Veronica, Strandh, Johanna Söderström, Malin E. Wimelius, and Malin Åkebo. “Three Approaches to Peace: A Framework for Describing and Exploring Varieties of Peace.” *Umeå Working Papers in Peace and Conflict Studies* 12. Umeå University, 2019.

Jarstad, Anna K. and Roberto Belloni. “Introducing Hybrid Peace Governance: Impact and Prospects of Liberal Peacebuilding.” *Global Governance* 18, no. 1 (January–March 2012), pp. 1–6.

Jarstad, Anna K. and Louise Olsson. “Hybrid Peace Ownership in Afghanistan: International Perspectives of Who Owns What and When.” *Global Governance* 18, no. 1 (January–March 2012), pp. 105–119.

Johnstone, Ian. "Managing Consent in Contemporary Peacekeeping Operations." *International Peacekeeping* 18, no. 2 (April 2011), pp. 168–182.

Juncos, Ana E. "Resilience in Peacebuilding: Contesting Uncertainty, Ambiguity, and Complexity." *Contemporary Security Policy* 39, no. 4 (2018), pp. 559–574.

Kaplan, Robert D. "The Coming Anarchy." *Atlantic Monthly* 273, no. 2 (February 1994), pp. 44–76.

Klare, Michael. "The Rise and Fall of the 'Rogue Doctrine' : The Pentagon's Quest for a Post-Cold War Military Strategy." *Middle East Report* 208 (Autumn 1998), pp. 12–15.

Krasner, Stephen D. *Sovereignty: Organized Hypocrisy*. Princeton: Princeton University Press, 1999.

Kratochwil, Friedrich V. *Rules, Norms, and Decisions: On the Conditions of Practical and Legal Reasoning in International Relations and Domestic Affairs*. Cambridge: Cambridge University Press, 1989.

Krause, Keith. "Hybrid Violence: Locating the Use of Force in Postconflict Settings." *Global Governance* 18, no. 1 (January–March 2012), pp. 39–56.

Kreft, Anne-Kathrin. "The Gender Mainstreaming Gap: Security Council Resolution 1325 and UN Peacekeeping Mandates." *International Peacekeeping* 24, no. 1 (February 2017), pp. 132–158.

Lederach, John Paul. *Building Peace: Sustainable Reconciliation in Divided Societies*. Washington, D.C.: U.S. Institute of Peace Press, 1997.

——. *The Little Book of Conflict Transformation*. Intercourse, PA: Good Books, 2003.

——. *The Moral Imagination: The Art and Soul of Building Peace*. Oxford: Oxford University Press, 2005.

Lederach, John Paul, Reina Neufeldt, and Hal Culbertson. *Reflective Peacebuilding: A Planning, Monitoring, and Learning Toolkit*. Mindanao, Philippines: Joan B. Kroc Institute for International Peace Studies and Catholic Relief Services, 2007.

Locke, John. *Two Treaties of Government*. Originally published in 1689. 〈https://www.yorku.ca/comninel/courses/3025pdf/Locke.pdf〉, accessed 13 July 2023.

Londey, Peter. *Other People's Wars: A History of Australian Peacekeeping*. Sydney: Allen & Unwin, 2004.

Luck, Edward C. *UN Security Council: Practice and Promise*. London and New York: Routledge, 2006.

Luttwak, Edward N. "Give War a Chance." *Foreign Affairs* 78, no. 4 (July/August 1999), pp. 36–44.

Mac Ginty, Roger. "Conflict Disruption: Reassessing the Peaceandconflict System." *Journal of Intervention and Statebuilding* 16, no. 1 (January 2022), pp. 40–58.

——. *Everyday Peace: How So-called Ordinary People Can Disrupt Violent Conflict*. Oxford: Oxford University Press, 2021.

——. "Hybrid Governance: The Case of Georgia." *Global Governance* 19, no. 3 (July–September 2013), pp. 443–461.

——. "Indicators +: A Proposal for Everyday Peace Indicators." *Evaluation and Program Planning* 36, no. 1 (February 2013), pp. 56–63.

——. "Indigenous Peace-Making Versus the Liberal Peace." *Cooperation and Conflict* 43, no. 2 (June 2008), pp. 139–163.

——. *International Peacebuilding and Local Resistance: Hybrid Forms of Peace*. New York: Palgrave Macmillan, 2011.

Mac Ginty, Roger and Pamina Firchow. "Measuring Peace: Comparability, Commensurability, and

Complementarity Using Bottom-Up Indicators." *International Studies Review* 19, iss. 1 (March 2017), pp. 6–27.

——. "Top-Down and Bottom-Up Narratives of Peace and Conflict." *Politics* 36, no. 3 (August 2016), pp. 308–323.

Mac Ginty, Roger and Oliver Richmond. "The Fallacy of Constructing Hybrid Political Orders: A Reappraisal of the Hybrid Turn in Peacebuilding." *International Peacekeeping* 23, vol. 2 (April 2016), pp. 219–239.

MacQueen, Norrie. *Peacekeeping and the International System*. London: Routledge, 2006.

Mays, Terry M. *Africa's First Peacekeeping Operation: The OAU in Chad, 1981–1982*. Westport: Praeger, 2002.

——. *Historical Dictionary of Multinational Peacekeeping*, 4th ed. Lanham: Rowman and Littlefield, 2021.

Mazarr, Michael J. and Ashley L. Rhodes. *Testing the Value of the Postwar International Order*. Santa Monica: RAND, 2018.

McCullough, Colin. "Pearson and Canada's Peacekeeping Legacy." *Policy Options*, 6 November 2017.

McDonald, Kara C. and Stewart M. Patrick. "UN Security Council Enlargement and U.S. Interests." *Council Special Report* 59. Council on Foreign Relations, December 2010.

McMahon, Patrice C. *The NGO Game: Post-Conflict Peacebuilding in the Balkans and Beyond*. Ithaca: Cornell University Press, 2017.

Menkhaus, Ken. "Making Sense of Resilience in Peacebuilding Contexts: Approaches, Applications, Implications." *Geneva Peacebuilding Platform Paper* 6, 2013.

Mickler, David. "UNAMID: A Hybrid Solution to a Human Security Problem in Darfur?" *Conflict, Security & Development* 13, no. 5 (November 2013), pp. 487–511.

Mielke, Katja, Max Mutschler, and Esther Meininghaus. "For a Dynamic Approach to Stabilization." *International Peacekeeping* 27, no. 5 (November 2020), pp. 810–835.

Miles, Alex. *US Foreign Policy and the Rogue State Doctrine*. London: Routledge, 2013.

Milliken, Jennifer. "Resilience: From Metaphor to an Action Plan for Use in the Peacebuilding Field." *Geneva Peacebuilding Platform Paper* 7, 2013.

Milton-Edwards, Beverly. "The 'Warriors Break' : Hamas and the Limits of Ceasefire Beyond Tactical Pause." *International Peacekeeping* 24, no. 2 (April 2017), pp. 212–235.

Nadarajah, Suthaharan and David Rampton. "The Limits of Hybridity and the Crisis of Liberal Peace." *Review of International Studies* 41, no. 1 (January 2015), pp. 49–71.

Netherlands Institute for War Documentation. *Srebrenica: Reconstruction, Background, Consequences and Analyses of the Fall of a "Safe" Area*. 10 April 2002. 〈https://www.niod.nl/en/srebrenica-report〉, accessed 15 February 2019.

Newman, Edward, Roland Paris, and Oliver P. Richmond. "Introduction." In *New Perspectives on Liberal Peacebuilding*, ed. Newman, Paris and Richmond, pp. 3–25. Tokyo: United Nations University Press, 2009.

——, eds. *New Perspectives on Liberal Peacebuilding*. Tokyo: United Nations University Press, 2009.

North, Douglass C. *Institutions, Institutional Change and Economic Performance*. Cambridge: Cam-

bridge University Press, 1990.
Nye, Joseph S. Jr. *The Future of Power*. New York: Public Affairs, 2011.
——. *Understanding International Conflicts: An Introduction to Theory and History*, 6th ed. New York: Longman, 2007.
Organisation for Economic Co-operation and Development. Accra Agenda for Action, 4 September 2008.
——. Paris Declaration on Aid Effectiveness, 2 March 2005.
Paris, Roland. *At War's End: Building Peace after Civil Conflict*. Cambridge: Cambridge University Press, 2004.
——. “Critiques of Liberal Peace.” In *A Liberal Peace? The Problems and Practices of Peacebuilding*, ed. Susanna Campbell, David Chandler, and Meera Sabaratnam, pp. 31–51. London and New York: Zed Books, 2011.
——. “Saving Liberal Peacebuilding.” *Review of International Studies* 36, no. 2 (April 2010), pp. 337–365.
Pouligny, Béatrice. *Peace Operations Seen from Below: UN Missions and Local People*. Bloomfield: Kumarian Press, 2006.
Powles, Anna, Negar Partow, and Nick Nelson, eds. *United Nations Peacekeeping Challenge: The Importance of the Integrated Approach*. Burlington: Ashgate, 2015.
Ramos da Cruz, Antonio Coelho. “The Situation in Timor-Leste.” 22 February 2012. 〈https://www.un.int/angola/fr/statements_speeches/situation-timor-leste〉, accessed 1 April 2022.
Rathbun, Brian C. *Trust in International Cooperation: International Security Institutions, Domestic Politics and American Multilateralism*. Cambridge: Cambridge University Press, 2012.
Richmond, Oliver P. “Becoming Liberal, Unbecoming Liberalism: Liberal-Local Hybridity via the Everyday as a Response to the Paradoxes of Liberal Peacebuilding.” *Journal of Intervention and Statebuilding* 3, no. 3 (November 2009), pp. 324–344.
——. “The Evolution of the International Peace Architecture.” *European Journal of International Security* 6, no. 4 (November 2021), pp. 379–400.
——. “A Genealogy of Peace and Conflict Theory.” In *Palgrave Advances in Peacebuilding: Critical Developments and Approaches*, ed. Oliver P. Richmond, pp. 14–38. Basingstoke: Palgrave, 2010.
——. *Peace in International Relations*. New York: Routledge, 2008.
——. “Resistance and the Post-Liberal Peace.” In *A Liberal Peace? The Problems and Practices of Peacebuilding*, ed. Susanna Campbell, David Chandler, and Meera Sabaratnam, pp. 226–244. London and New York: Zed Books, 2011.
Richmond, Oliver P. and Jason Franks. “Liberal Peacebuilding in Timor Leste: The Emperor's New Clothes?” *International Peacekeeping* 15, no. 2 (April 2008), pp. 185–200.
Richmond, Oliver P. and Audra Mitchell, eds. *Hybrid Forms of Peace: From Everyday Agency to Post-Liberalism*. New York: Palgrave Macmillan, 2012.
Russett, Bruce. *Grasping the Democratic Peace: Principles for a Post-Cold War World*. Princeton: Princeton University Press, 1993.
Russett, Bruce and John R. Oneal. *Triangulating Peace: Democracy, Interdependence, and Interna-*

tional Organizations. New York: W. W. Norton, 2001.

Sabaratnam, Meera. "The Liberal Peace? An Intellectual History of International Conflict Management, 1990–2010." In *A Liberal Peace? The Problems and Practices of Peacebuilding*, ed. Susanna Campbell, David Chandler, and Meera Sabaratnam, pp. 13–30. London and New York: Zed Books, 2011.

Sarooshi, Danesh. *The United Nations and the Development of Collective Security: The Delegation by the UN Security Council of Its Chapter VII Powers*. Oxford: Oxford University Press, 1999.

Sherman, Jake and Benjamin Tortolani. "Implications of Peacebuilding and Statebuilding in United Nations Mandates." In "Robust Peacekeeping: Politics of Force," New York University Center on International Cooperation, December 2009, pp. 13–18.

Söderberg Kovacs, Mimmi, Kristine Höglund, and Mélida Jiménez. "Autonomous Peace? The Bangsamoro Region in the Philippines Beyond the 2014 Agreement." *Journal of Peacebuilding & Development* 16, no. 1 (2021), pp. 55–69.

Söderström, Johanna, Malin Åkebo, and Anna K. Jarstad. "Friends, Fellows, and Foes: A New Framework for Studying Relational Peace." *International Studies Review* 23, iss. 3 (September 2021), pp. 484–508.

Special Inspector General for Afghanistan Reconstruction. What We Need to Learn: Lessons from Twenty Years of Afghanistan Reconstruction. SIGAR 21-46-LL, August 2021.

Stabilisation Unit. "The UK Approach to Stabilisation: Stabilisation Unit Guidance Notes." November 2008.

Stanger, Allison. "The Shadow of the Past over Conflict and Cooperation." In *International Cooperation: The Extents and Limits of Multilateralism*, ed. I. William Zartman and Saadia Touval, pp. 111–134. Cambridge: Cambridge University Press, 2010.

Stein, Arthur A. "Power Politics and the Powerless." In *Back to Basics: State Power in a Contemporary World*, ed. Martha Finnemore and Judith Goldstein, pp. 219–248. Oxford: Oxford University Press, 2013.

Stepputat, Finn. "Pragmatic Peace in Emerging Governscapes." *International Affairs* 94, no. 2 (March 2018), pp. 399–416.

Stoddard, Abby, Adele Harmer, and Victoria DiDomenico. "The Use of Private Security Providers and Services in Humanitarian Operations." *HPG Report* 27. Humanitarian Policy Group, October 2008.

Strazzari, Francesco. "*L'Oeuvre au Noir*: The Shadow Economy of Kosovo's Independence." *International Peacekeeping* 15, no. 2 (April 2008), pp. 155–170.

Study Group on Europe's Security Capabilities. "A Human Security Doctrine for Europe: The Barcelona Report of the Study Group on Europe's Security Capabilities." 15 September 2004.

Suhrke, Astri. "A Contradictory Mission? NATO from Stabilization to Combat in Afghanistan." *International Peacekeeping* 15, no. 2 (April 2008), pp. 214–236.

Swedish Armed Forces. *Swedish International Forces in the Service of Peace: International Missions Undertaken by the Swedish Armed Forces*. Malmö: Bokförlaget Arena, 2006.

Tadjbakhsh, Shahrbanou. "Liberal Peace and the Dialogue of the Deaf in Afghanistan." In *Rethinking the Liberal Peace: External Models and Local Alternatives*, ed. Tadjbakhsh, pp. 206–220. Lon-

don and New York: Routledge, 2011.
——, ed. *Rethinking the Liberal Peace: External Models and Local Alternatives*. London and New York: Routledge, 2011.

Thompson, Jared. “Examining Extremism: Allied Democratic Forces.” *CSIS Blogs*, Center for Strategic and International Studies, 29 July 2021.

Ungerer, Jameson Lee. “Assessing the Progress of the Democratic Peace Research Program.” *International Studies Review* 14, no. 1 (March 2012), pp. 1–31.

United Nations. Charter of the United Nations. 26 June 1945.

——. “Improving Security of United Nations Peacekeepers: We Need to Change the Way We Are Doing Business.” 19 December 2017.

United Nations Department of Peacekeeping Operations and Department of Field Support. “Capstone Doctrine for United Nations Peacekeeping Operations — Draft 2.” 8 July 2006.

——. “Peacekeeping and Peacebuilding: Clarifying the Nexus.” September 2010.

——. “Policy: Quick Impact Projects (QIPs).” Ref. 2017.16, 1 October 2017.

——. “United Nations Peacekeeping Operations: Principles and Guidelines.” January 2008.

United Nations Department of Peace Operations and Department of Operational Support. “United Nations Manual for the Generation and Deployment of Military and Formed Police Units to Peace Operations.” May 2021.

United Nations Development Programme. UNDP Support to the Implementation of the 2030 Agenda for Sustainable Development. *UNDP Policy and Programme Brief,* January 2016.

United Nations General Assembly. Approved Resources for Peacekeeping Operations for the Period from 1 July 2022 to 30 June 2023. UN Doc. A/C.5/77/30, 24 April 2023.

——. General Assembly Resolution 55/2. UN Doc. A/RES/55/2, 18 September 2000.

——. Our Common Agenda: Report of the Secretary-General. UN Doc. A/75/982, 5 August 2021.

——. Our Common Agenda Policy Brief 9: A New Agenda for Peace. UN Doc. A/77/CRP.1/Add.8, 3 July 2023.

——. Proposed Programme Budget for 2023. UN Doc. A/77/672, 30 December 2022.

——. Report of the High-level Panel on Threats, Challenges and Change: A More Secure World: Our Shared Responsibility. UN Doc. A/59/565, 2 December 2004.

——. Report of the Secretary-General pursuant to General Assembly Resolution 53/35: The Fall of Srebrenica. UN Doc. A/54/549, 15 November 1999.

——. Report of the Special Committee on Peacekeeping Operations. UN Doc. A/78/19, 15 March 2024.

——. Summary Study of the Experience Derived from the Establishment and Operation of the Force: Report of the Secretary-General. UN Doc. A/3943, 9 October 1958.

United Nations General Assembly and Security Council. Report of the High-level Independent Panel on Peace Operations on Uniting Our Strengths for Peace: Politics, Partnership and People. UN Doc. A/70/95-S/2015/446, 17 June 2015.

——. Peacebuilding and Sustaining Peace: Report of the Secretary-General. UN Doc. A/72/707-S/2018/43, 18 January 2018.

——. Report of the Panel on United Nations Peace Operations. UN Doc. A/55/305-S/2000/809, 21 August 2000, Annex.

United Nations Millennium Project. *Investing in Development: A Practical Plan to Achieve the Millennium Development Goals*. London and Sterling: Earthscan, 2005.

United Nations Office for the Coordination of Humanitarian Affairs. *UN-CMCoord Field Handbook*, version 2. October 2018.

United Nations Security Council. Security Council Resolution 819. UN Doc. S/RES/819. 16 April 1993.

——. Security Council Resolution 912. UN Doc. S/RES/912. 21 April 1994.

——. Security Council Resolution 1529. UN Doc. S/RES/1529. 29 February 2004.

——. Security Council Resolution 1542. UN Doc. S/RES/1542. 30 April 2004.

——. Security Council Resolution 2391. UN Doc. S/RES/2391. 8 December 2017.

United States Army Peacekeeping and Stability Operations Institute. *Guiding Principles for Stabilization and Reconstruction*. Washington, D.C.: United States Institute of Peace, 2009.

United States Department of the Army. Stability Operations. FM 3-07, October 2008.

United States Joint Forces Command. Stability Operations. JP 3-07, 29 September 2011.

United States Office of the President. National Security Strategy of the United States of America. 17 September 2002 and 16 March 2006.

Van der Auweraert, Peter. *Ending the 2006 Internal Displacement Crisis in Timor-Leste: Between Humanitarian Aid and Transitional Justice*. Geneva: International Organization for Migration, 2012.

van Willigen, Niels. “A Dutch Return to UN Peacekeeping?” *International Peacekeeping* 23, no. 5 (November 2016), pp. 702–720.

von Billerbeck, Sarah B. K. *Whose Peace? Local Ownership and United Nations Peacekeeping*. Oxford: Oxford University Press, 2017.

Wallensteen, Peter. *Quality Peace: Peacebuilding, Victory, and World Order*. Oxford: Oxford University Press, 2015.

Wane, El-Ghassim, Paul D. Williams, and Ai Kihara-Hunt. “The Future of Peacekeeping, New Models, and Related Capabilities.” Independent Study Commissioned by the United Nations Department of Peace Operations. October 2024.

Willetts, Peter. *Non-Governmental Organizations in World Politics: The Construction of Global Governance*. London and New York: Routledge, 2011.

Williams, Paul D. and Alex J. Bellamy. “Explaining the National Politics of Peacekeeping Contributions,” in *Providing Peacekeepers: The Politics, Challenges, and Future of United Nations Peacekeeping Contributions*, ed. Williams and Bellamy, pp. 417–436. Oxford: Oxford University Press, 2013.

——. “Introduction: The Politics and Challenges of Providing Peacekeepers.” In *Providing Peacekeepers: The Politics, Challenges, and Future of United Nations Peacekeeping Contributions*, ed. Williams and Bellamy, pp. 1–22. Oxford: Oxford University Press, 2013.

——, eds. *Providing Peacekeepers: The Politics, Challenges, and Future of United Nations Peacekeeping Contributions*. Oxford: Oxford University Press, 2013.

Woodward, Susan L. *The Ideology of Failed States: Why Intervention Fails*. Cambridge: Cambridge University Press, 2017.

World Bank. *The East Asian Miracle: Economic Growth and Public Policy*. New York: Oxford Uni-

versity Press, 1993.
——. *Governance and Development*. Washington, D.C.: World Bank, 1992.
——. *Governance: The World Bank's Experience*. Washington, D.C.: World Bank, 1994.
——. *Sub-Saharan Africa: From Crisis to Sustainable Growth*. Washington, D.C.: World Bank, 1989.
Wright, Quincy. *A Study of War*. Chicago: Chicago University Press, 1942.
Yamashita, Hikaru. *Evolving Patterns of Peacekeeping: International Cooperation at Work*. Boulder: Lynne Rienner, 2017.
Zaman, Rashed Uz. "Strategic Culture: A 'Cultural' Understanding of War." *Comparative Strategy* 28, no. 1 (2009), pp. 68–88.
Zartman, I. William. "Conflict Management as Cooperation." In *International Cooperation: The Extents and Limits of Multilateralism*, ed. I. William Zartman and Saadia Touval, pp. 161–181. Cambridge: Cambridge University Press, 2010.
Zaum, Dominik. "Beyond the 'Liberal Peace'." *Global Governance* 18, no. 1. (January–March 2012), pp. 121–132.
Zehfuss, Maja. "Constructivisms in International Relations: Wendt, Onuf, and Kratochwil." In *Constructing International Relations: The Next Generation*, ed. Karin M. Fierke and Knud Erik Jørgensen, pp. 54–75. Armonk: M.E. Sharpe, 2001.
Zürcher, Christoph. "The Liberal Peace: A Tough Sell?" In *A Liberal Peace? The Problems and Practices of Peacebuilding*, ed. Susanna Campbell, David Chandler, and Meera Sabaratnam, pp. 69–88. London and New York: Zed Books, 2011.

日本語文献

五十嵐元道『支配する人道主義——植民地統治から平和構築まで』(岩波書店，2016年)
石塚勝美『ケースで学ぶ国連平和維持活動—— PKO の困難と挑戦の歴史』(創成社, 2017年)
——『国連 PKO と国際政治——理論と実践』(創成社，2011年)
稲田十一（編）『開発と平和——脆弱国家支援論』(有斐閣，2009年)
稲村哲也・山極壽一・清水展・阿部健一（編）『レジリエンス人類史』(京都大学学術出版会，2022年)
井上実佳・川口智恵・田中（坂部）有佳子・山本慎一（編著）『国際平和活動の理論と実践——南スーダンにおける試練』(法律文化社，2020年)
岩崎正洋（編）『ポスト・グローバル化と国家の変容』(ナカニシヤ出版，2021年)
上杉勇司『変わりゆく国連 PKO と紛争解決——平和創造と平和構築をつなぐ』(明石書店，2004年)
上杉勇司・藤重博美（編著）『国際平和協力入門——国際社会への貢献と日本の課題』(ミネルヴァ書房，2018年)
ヴェーバー，マックス『職業としての政治』(脇圭平訳，岩波文庫，1980年)
臼井久和・星野昭吉（編）『平和学』(三嶺書房，1999年)
遠藤乾（編）『グローバル・ガバナンスの歴史と思想』(有斐閣，2010年)
大矢根聡（編）『コンストラクティヴィズムの国際関係論』(有斐閣，2013年)
長有紀枝『スレブレニツァ——あるジェノサイドをめぐる考察』(東信堂，2009年)

押村高『国際政治思想——生存・秩序・正義』（勁草書房，2010 年）
小田博志・関雄二（編）『平和の人類学』（法律文化社，2014 年）
萱野稔人『国家とはなにか』（以文社，2005 年）
ガルトゥング，ヨハン「グランドセオリー序説——平和のミニセオリー」植田隆子・町野朔（編）『平和のグランドセオリー序説』（風行社，2007 年）19–37 頁
——『構造的暴力と平和』（高柳先男・塩谷保・酒井由美子訳，中央大学出版部，1991 年）
川嶋隆志『人権保障による平和構築——国際平和協力活動における実務者のための法規範』（デザインエッグ，2014 年）
木村宏恒・近藤久洋・金丸裕志（編）『開発政治学入門——途上国開発戦略におけるガバナンス』（勁草書房，2011 年）
クラーク, イアン／アイヴァー・B・ノイマン『国際関係思想史——論争の座標軸』（押村高・飯島昇藏訳者代表，新評論，2003 年）
黒岩郁雄（編）『開発途上国におけるガバナンスの諸課題——理論と実際』（アジア経済研究所，2004 年）
篠田英朗『国際社会の秩序』（東京大学出版会，2007 年）
——『「国家主権」という思想——国際立憲主義への軌跡』（勁草書房，2012 年）
——『パートナーシップ国際平和活動——変動する国際社会と紛争解決』（勁草書房，2021 年）
——『平和構築と法の支配——国際平和活動の理論的・機能的分析』（創文社，2003 年）
篠田英朗・上杉勇司（編）『紛争と人間の安全保障——新しい平和構築のアプローチを求めて』（国際書院，2005 年）
庄司貴由『日本の PKO 政策——葛藤と苦悩の 60 年』（ちくま新書，2024 年）
神余隆博（編）『国際平和協力入門』（有斐閣選書，1995 年）
鈴木基史『グローバル・ガバナンス論講義』（東京大学出版会，2017 年）
セルトー，ミシェル・ド『日常的実践のポイエティーク』（山田登世子訳，ちくま学芸文庫，2021 年）
高柳先男「平和研究」日本平和学会編集委員会（編）『平和学——理論と課題』（早稲田大学出版部，1983 年）3–13 頁
武田康裕「国際協力の理論——紛争の回避と対処」防衛大学校安全保障学研究会（編著）『安全保障学入門』（新訂第 5 版）（亜紀書房，2018 年）58–86 頁
谷口美代子『平和構築を支援する——ミンダナオ紛争と和平への道』（名古屋大学出版会，2020 年）
土佐弘之『アナーキカル・ガヴァナンス——批判的国際関係論の新展開』（お茶の水書房，2006 年）
——『安全保障という逆説』（青土社，2003 年）
——『境界と暴力の政治学——安全保障国家の論理を超えて』（岩波書店，2016 年）
納家政嗣『国際紛争と予防外交』（有斐閣，2003 年）
日本国際政治学会（編）『国際政治』第 174 号特集「紛争後の国家建設」（2013 年 9 月）
日本平和学会（編）『平和学事典』（丸善，2023 年）
——『平和研究』第 44 号特集「地域・草の根から生まれる平和」（2015 年 4 月）
——『平和をめぐる 14 の論点——平和研究が問い続けること』（法律文化社，2018 年）

早川誠『代表制という思想』（風行社，2014 年）
比較政治学会（編）『比較政治学会年報』第 23 号特集「インフォーマルな政治制度とガバナンス」（2021 年 10 月）
東大作（編著）『人間の安全保障と平和構築』（日本評論社，2017 年）
平井朗・横山正樹・小山英之（編）『平和学のいま——地球・自分・未来をつなぐ見取図』（法律文化社，2020 年）
藤重博美・上杉勇司・古澤嘉朗（編）『ハイブリッドな国家建設——自由主義と現地重視の狭間で』（ナカニシヤ出版，2019 年）
藤原保信『自由主義の再検討』（岩波新書，1993 年）
——『西洋政治理論史』（早稲田大学出版部，1985 年）
フリーデン，マイケル『リベラリズムとは何か』（山岡龍一監訳，寺尾範野・森達也訳，ちくま学芸文庫，2021 年）
古澤嘉朗「平和構築と平和学——紛争解決論という視座からみる平和構築」『平和研究』第 60 号（2023 年 9 月）25–45 頁
本多倫彬『平和構築の模索——「自衛隊 PKO 派遣」の挑戦と帰結』（内外出版，2017 年）
前田幸男「構造的暴力論から「緩慢な暴力」論へ——惑星平和学に向けた時空認識の刷新に向けて」『平和研究』第 54 号（2020 年 5 月）129–152 頁
——「ノン・ヒューマン（と）の平和とは何か——近代法体系の内破と新たな法体系の生成へ」『平和研究』第 58 号（2022 年 10 月）19–45 頁
松元雅和『平和主義とは何か』（中公新書，2013 年）
政所大輔『保護する責任——変容する主権と人道の国際規範』（勁草書房，2020 年）
水田愼一『紛争後平和構築と民主主義』（国際書院，2012 年）
山下光「国際平和活動と環境・気候変動対策——可能性と課題」（笹川平和財団，2022 年 12 月）
——『国際平和協力』（創元社，2022 年）
——「ドイツと平和作戦」『防衛研究所紀要』第 13 巻第 1 号（2010 年 10 月）3–29 頁
——「PKO 概念の再検討——『ブラヒミ・レポート』とその後」『防衛研究所紀要』第 8 巻第 1 号（2005 年 8 月）39–79 頁
——「平和構築における自由主義とハイブリッド性」『安全保障戦略研究』第 1 巻第 1 号（2020 年 8 月）37–53 頁
——「MONUSCO 介入旅団と現代の平和維持活動」『防衛研究所紀要』第 18 巻第 1 号（2015 年 11 月）1–30 頁
山下光・神宮司覚「平和維持活動派遣国に対する国際支援」『防衛研究所紀要』第 20 巻第 1 号（2017 年 12 月）17–25 頁
山尾大『紛争と国家建設——戦後イラクの再建をめぐるポリティクス』（明石書店，2013 年）
山田哲也『国連が作る秩序——領域管理と国際組織法』（東京大学出版会，2010 年）
吉川元『国際平和とは何か——人間の安全を脅かす平和秩序の逆説』（中公叢書，2015 年）

ウェブサイト

African Union (Peace Support Operations). 〈https://au.int/en/directorates/peace-support-operations〉

The Carter Center. 〈https://www.cartercenter.org/〉
Conflict Management Initiative-Martti Ahtisaari Peace Foundation. 〈https://cmi.fi/〉
European Union (External Action). 〈https://www.eeas.europa.eu/_en〉
Everyday Peace Indicators. 〈https://www.everydaypeaceindicators.org/〉
Folke Bernadotte Academy. 〈https://fba.se/en/〉
International Crisis Group. 〈https://www.crisisgroup.org/〉
International Peace Institute. 〈https://www.ipinst.org/〉
Multinational Force & Observers. 〈https://mfo.org/〉
Training for Peace. 〈https://trainingforpeace.org〉
United Nations. 〈https://www.un.org〉
United Nations (Peacekeeping). 〈https://peacekeeping.un.org/en〉

注

序　章

（1）Norrie MacQueen, *Peacekeeping and the International System* (London: Routledge, 2006), Ch. 2.

（2）実際，マックイーン自身も戦間期の事例を平和維持そのものというよりはその「原型」と呼ぶにとどめ，しかもこの表現に疑問符を付してもいる（"'proto-peacekeeping'?"）。疑問符には，第二次世界大戦に至るその後の動向に照らした限定的な評価がにじんでいると言えるであろう。Ibid., pp. 41–42.

（3）Summary Study of the Experience Derived from the Establishment and Operation of the Force: Report of the Secretary-General, UN Doc. A/3943, 9 October 1958. UNEF は軍事部隊の展開をともなう最初の国連 PKO ミッションであった。

（4）たとえば以下を参照。Our Common Agenda Policy Brief 9: A New Agenda for Peace, UN Doc. A/77/CRP.1/Add.8, 3 July 2023; El-Ghassim Wane, Paul D. Williams, and Ai Kihara-Hunt, "The Future of Peacekeeping, New Models, and Related Capabilities," Independent Study Commissioned by the United Nations Department of Peace Operations, October 2024.

（5）たとえば，2023 年の通常予算は約 34 億ドルであるのに対し，同時期（2022 年 7 月～23 年 6 月）の PKO 予算は約 65 億ドルとなっている。なお通常予算には古参の PKO ミッションである国連インド・パキスタン軍事監視団（UNMOGIP）と UNTSO の予算も含まれている。Approved Resources for Peacekeeping Operations for the Period from 1 July 2022 to 30 June 2023, UN Doc. A/C.5/77/30, 24 April 2023; Proposed Programme Budget for 2023, UN Doc. A/77/672, 30 December 2022.

（6）憲章改正には国連安全保障理事会（安保理）全常任理事国を含む加盟国 3 分の 2 以上の合意および批准という高い敷居が存在するが，改正は 3 回の機会にわたって 4 つの条項を対象に行われ，そのうちのひとつは 2 回改正されている。"United Nations Charter: Amendments to Articles 23, 27, 61, 109," 〈https://www.un.org/en/about-us/un-charter/amendments〉, accessed 3 June 2024.

（7）広く知られている例としては，スーダン・ダルフール地方に国連と AU の合同ミッション（UNAMID）が設置された際のスーダン政府の対応がある。Hikaru Yamashita, *Evolving Patterns of Peacekeeping: International Cooperation at Work* (Boulder: Lynne Rienner, 2017), pp. 77–88.

（8）もっとも，PKO 研究において実践的なものと理論的なものとのギャップは広く認識されており，それを意識した研究成果も生み出されてきた。ただしこの場合の「理論」とはおおむね国際平和活動ないし紛争管理・解決の理論であり，本書で言う思想とは射程が異なることに注意したい。たとえば以下を参照。上杉勇司『変わりゆく国連 PKO と紛争解決――平和創造と平和構築をつなぐ』（明石書店，2004 年）；井上実佳・川口

智恵・田中（坂部）有佳子・山本慎一（編著）『国際平和活動の理論と実践――南スーダンにおける試練』（法律文化社，2020年）。

（9）たとえばAnna Powles, Negar Partow, and Nick Nelson (eds.), *United Nations Peacekeeping Challenge: The Importance of the Integrated Approach* (Burlington: Ashgate, 2015); 上杉勇司・藤重博美（編著）『国際平和協力入門――国際社会への貢献と日本の課題』（ミネルヴァ書房，2018年）などを参照のこと。

（10）たとえば以下を参照。Salman Ahmed, Paul Keating, and Ugo Solinas, "Shaping the Future of UN Peace Operations: Is There a Doctrine in the House?, " *Cambridge Review of International Affairs* 20, no. 1（March 2007), pp. 11–28; 山下光「PKO概念の再検討――『ブラヒミ・レポート』とその後」『防衛研究所紀要』第8巻第1号（2005年8月）39–79頁。

（11）例外としてはデブリや篠田による研究などがある。François Debrix, *Re-envisioning Peacekeeping: The United Nations and the Mobilization of Ideology* (Minneapolis: University of Minnesota Press, 1999); 篠田英朗『平和構築と法の支配――国際平和活動の理論的・機能的分析』（創文社，2003年）。

（12）国際政治・関係の思想をテーマとした論考には，たとえば押村高『国際政治思想――生存・秩序・正義』（勁草書房，2010年）；イアン・クラーク／アイヴァー・B・ノイマン『国際関係思想史――論争の座標軸』（押村高・飯島昇藏訳者代表，新評論，2003年）などがある。

（13）なお，筆者の前著である『国際平和協力』（創元社，2022年）と本書との関係について，ここで述べておきたい。『国際平和協力』は，PKOおよびそれに関連の深い2つの活動（平和構築・人道支援）について概説した書物である。それぞれの活動の実態がイメージできるよう，活動の歴史，政策論議，運用上の課題などを中心に整理した。これに対し，PKOの思想的側面に焦点をあて，深く掘り下げることを目的とする本書では，PKOの実践面の紹介はその考察に資する限りでの言及にとどめている。以上のような両書の違いをふまえ，必要に応じ『国際平和協力』も参照し，本書の理解をより深めていただきたい。

第1章

（1）たとえば以下を参照。UN Department of Peace Operations (DPO) and Department of Operational Support (DOS), "United Nations Manual for the Generation and Deployment of Military and Formed Police Units to Peace Operations," May 2021, Ch. 4.

（2）UN Department of Peacekeeping Operations (DPKO) and Department of Field Support (DFS), "United Nations Peacekeeping Operations: Principles and Guidelines," January 2008, p. 63.

（3）2024年3月時点。これに加え，ひとつの加盟国政府（バチカン／教皇聖座）と5つの国際組織（EU，AU，フランコフォニー国際機関，国際刑事警察機構，国際刑事裁判所）がオブザーバーとして参加している。Report of the Special Committee on Peacekeeping Operations, UN Doc. A/78/19, 15 March 2024, p. 49.

（4）本項の議論について，詳細はHikaru Yamashita, *Evolving Patterns of Peacekeeping: International Cooperation at Work* (Boulder: Lynne Rienner, 2017), Ch. 2を参照のこと。

（5）ちなみにAUの前身であるアフリカ統一機構（OAU，1963〜2002年）は内政干渉を

警戒する加盟国の意向を反映して PKO 派遣には消極的であり，実績としては 1980 年代初頭にチャドに 2 回派遣されたものが挙げられるのみである。Terry M. Mays, *Africa's First Peacekeeping Operation: The OAU in Chad, 1981–1982* (Westport: Praeger, 2002).

（6）EU，AU の取り組みを振り返ったものとして，たとえば以下を参照。Benedikt Franke, *Security Cooperation in Africa: A Reappraisal* (Boulder: First Forum Press, 2009); Ulf Engel and João Gomes Porto（eds.), *Africa's New Peace and Security Architecture: Promoting Norms, Institutionalizing Solutions* (Farnham: Ashgate, 2010); Jolyon Howorth, *Security and Defence Policy in the European Union* (New York: Palgrave Macmillan, 2007 / 2014).

（7）国連加盟国に対する憲章第 7 章権限の委譲をめぐる体系的な議論としては，Danesh Sarooshi, *The United Nations and the Development of Collective Security: The Delegation by the UN Security Council of Its Chapter VII Powers* (Oxford: Oxford University Press, 1999), Chs. 4–5 を参照。しばしば指摘されるように，「多国籍軍」がこのような形をとるようになった背景には，国連憲章が規定しているような集団安全保障の枠組みが実現してこなかったという事実がある。その枠組みとは，①正式な合意にもとづいて加盟国は部隊を提供し（第 43 条），②軍事的強制行動に際して安保理は軍事参謀委員会を通じて同部隊の戦略的指導（strategic direction）に責任をもつこと（第 47 条第 2 項），を中心とするものであった。なお②について付け加えれば，「戦略的指導」という表現は安保理／軍事参謀委員会が作戦指揮統制まで責任を負うわけではないことを含意している。したがって憲章の想定する「国連軍」が仮に成立したとしても，そこでの作戦指揮統制は現在の多国籍軍のそれにむしろ近いと思われる。Edward C. Luck, *UN Security Council: Practice and Promise* (London and New York: Routledge, 2006), p. 26.

（8）冷戦期にも多国籍軍が PKO 的な任務を担う例がなかったわけではない。代表的なものは 1982 年 4 月からシナイ半島で展開している多国籍部隊・監視団（MFO）であるが，これは第 4 次中東戦争後に同地域に活動していた第 2 次国連緊急軍（UNEF II，1973〜79 年）の任務を実質的に受け継いだものである。"About the MFO: Multinational Peacekeepers," ⟨https://mfo.org/about-us⟩, accessed 15 March 2022.

（9）山下光『国際平和協力』（創元社，2022 年）50 頁。

（10）最下段に追加している「予防展開」と「武装勢力の平定」はいずれも平和構築や人道支援に直接関係があるわけではなく，また任務として付与されることも相対的にまれである。予防展開の代表的なものとしては国連予防展開軍（UNPREDEP，北マケドニア）が，武装勢力の平定を明示的に任務付与されたものとしては国連コンゴ民主共和国安定化ミッション（MONUSCO）がある。MONUSCO については以下の論考を参照されたい。山下光「MONUSCO 介入旅団と現代の平和維持活動」『防衛研究所紀要』第 18 巻第 1 号（2015 年 11 月）1–30 頁。

（11）PKO マンデートの変遷を概説したものとしては拙著（『国際平和協力』第 2 章）のほか以下も参照されたい。納家政嗣『国際紛争と予防外交』（有斐閣, 2003 年）第 1–3 章；神余隆博（編）『国際平和協力入門』（有斐閣選書，1995 年）第 2–3 章；石塚勝美『ケースで学ぶ国連平和維持活動——PKO の困難と挑戦の歴史』（創成社，2017 年）。

（12）UN DPKO and DFS, "Capstone Doctrine for United Nations Peacekeeping Operations — Draft 2," 8 July 2006, Figure 9 (Indicative Mission Management Concept).

（13）ここでの議論は，別の論考で展開した議論をもとにしている。なお，そこでは国際協

力の理論としてこれら 2 つに加え制度主義（institutionalism）も挙げているが，本節では協力の動機に焦点をあてているため，協力の動機というより過程にフォーカスしている制度主義はここでは取り上げていない。Yamashita, *Evolving Patterns of Peacekeeping*, Ch. 3.

（14）I. William Zartman, "Conflict Management as Cooperation," in *International Cooperation: The Extents and Limits of Multilateralism*, ed. I. William Zartman and Saadia Touval (Cambridge: Cambridge University Press, 2010), p. 161.

（15）協力論のバリエーションをわかりやすく導入しているものとしては以下が参考になる。武田康祐「国際協力の理論――紛争の回避と対処」防衛大学校安全保障学研究会（編著）『安全保障学入門』（新訂第 5 版）（亜紀書房，2018 年）58–86 頁。

（16）Robert Axelrod, *The Evolution of Cooperation*, rev. ed. (New York: Basic Books, 1984); Joshua S. Goldstein, "Chicken Dilemmas: Crossing the Road to Cooperation," in Zartman and Touval, *International Cooperation*, pp. 135–160. 将来の影に関しては，たとえば以下の論考が参考になる。Allison Stanger, "The Shadow of the Past over Conflict and Cooperation," in Zartman and Touval, *International Cooperation*, pp. 111–134.

（17）この発想から構成主義者は，アイデンティティや利益形成の間主観的ないし認識論的な性格に着目し，考察を進めていくことになる。Robert Axelrod and Robert O. Keohane, "Achieving Cooperation Under Anarchy: Strategies and Institutions," in *Cooperation Under Anarchy*, ed. Kenneth A. Oye (Princeton: Princeton University Press, 1986), p. 228; Joseph S. Nye Jr., *Understanding International Conflicts: An Introduction to Theory and History*, 6th ed. (New York: Longman, 2007), p. 8. なお，構成主義を概説しているものとしては大矢根聡（編）『コンストラクティヴィズムの国際関係論』（有斐閣，2013 年）などを参照。

（18）Bruce Cronin, *Community Under Anarchy: Transnational Identity and the Evolution of Cooperation* (New York: Columbia University Press, 1999), p. 7. なお，ラスバンは社会心理学的視点から，協力の程度に影響する要因として他者に対する当該アクターの信頼度を強調している。これは，分析の視点をアクターが置かれた社会環境から，アクター自身の性質に移している点で構成主義に近い立場であると言える。ただし構成主義が他者とのやりとりを通じたアイデンティティの変化に着目するのに対し，ラスバンが他者との関係以前からアクターが有しているとみられる性質（disposition）に着目している点は注意が必要である。Brian C. Rathbun, *Trust in International Cooperation: International Security Institutions, Domestic Politics and American Multilateralism* (Cambridge: Cambridge University Press, 2012).

（19）たとえば以下を参照。Friedrich V. Kratochwil, *Rules, Norms, and Decisions: On the Conditions of Practical and Legal Reasoning in International Relations and Domestic Affairs* (Cambridge: Cambridge University Press, 1989), pp. 10–11. もちろん，構成主義の中でも論者により規範（ルール，原則）の役割は異なるところがある。この点に関しては，たとえば Maja Zehfuss, "Constructivisms in International Relations: Wendt, Onuf, and Kratochwil," in *Constructing International Relations: The Next Generation*, ed. Karin M. Fierke and Knud Erik Jørgensen (Armonk: M. E. Sharpe, 2001), pp. 54–75 を参照。

（20）日本の PKO 参加について包括的に考察した近年の著作としては以下を参照されたい。井上実佳・川口智恵・田中（坂部）有佳子・山本慎一（編著）『国際平和活動の理論と

実践——南スーダンにおける試練』（法律文化社，2020年）；本多倫彬『平和構築の模索——「自衛隊PKO派遣」の挑戦と帰結』（内外出版，2017年）；庄司貴由『日本のPKO政策——葛藤と苦悩の60年』（ちくま新書，2024年）。

(21) Susan L. Woodward, *The Ideology of Failed States: Why Intervention Fails* (Cambridge: Cambridge University Press, 2017).

(22) ただし，これがどの程度開発途上国のPKO参加動機を説明するものとして説得力があるかについては疑念が出されている。たとえばウィリアムズとベラミーは，①PKOの高度化にともなって派遣の負担の方が大きくなりつつあること，②国連からの償還金の支払い遅滞，③90年代半ばまで償還金額は先進国水準でも高く推移してきたため，どの国の参加行動に償還金要因が影響を与えたかのトレースが事実上不可能であること，④ごく一部の国を除き，償還金は国庫や国民経済全体の中では非常に小さな額であること，⑤多数の途上国がPKOに参加していないことの説明が困難であること，などを挙げている。Paul D. Williams and Alex J. Bellamy, "Introduction: The Politics and Challenges of Providing Peacekeepers," in *Providing Peacekeepers: The Politics, Challenges, and Future of United Nations Peacekeeping Contributions*, ed. Williams and Bellamy (Oxford: Oxford University Press, 2013), pp. 9–10.

(23) たとえば以下を参照。James Bowen, "Peacekeeping with Chinese Characteristics?," *IPI Global Observatory*, International Peace Institute, 20 October 2016, 〈https://theglobalobservatory.org/2016/10/china-peacekeeping-dpko-south-sudan-mali/〉, accessed 14 August 2018.

(24) PKOではないが，ソマリア沿岸の海賊対処に日本も含めた多くの国が協力して取り組んでいることの背景にも，海洋通商路の確保という経済的動機があると言える。さらに言えば，ここで確保が目指されるのが自国の海洋通商路に対する脅威対処（安全の確保）であるという意味では，安全保障の視点もこの場合には分かちがたく結びついているとみることができる。

(25) 概観については以下を参照されたい。Yamashita, *Evolving Patterns of Peacekeeping*, pp. 70–77.

(26) 評価については，たとえば以下を参照。David Mickler, "UNAMID: A Hybrid Solution to a Human Security Problem in Darfur?," *Conflict, Security & Development* 13, no. 5 (November 2013), pp. 487–511; Linnéa Gelot, *Legitimacy, Peace Operations and Global-Regional Security: The African Union-United Nations Partnership in Darfur* (Abingdon: Routledge, 2012), Ch. 5.

(27)「維持することが困難」と言っても，そのアクターが能力不足ゆえに実際に確保できない場合と，能力はあるものの組織の政治的判断として限定的にしか動員していない場合とがある。アフリカの紛争の文脈では，アフリカの地域機構は前者，欧州の地域機構は後者の描写が相対的にあてはまると言える。

(28) 地域機構・多国籍軍・国連いずれも，軍事能力を提供するのはメンバーとなっている各国政府である。したがって各国政府は，少なくとも理論上は国連に同じ軍事能力を提供できるはずであるが，実際にはそうなっていない。この点を理解する上で重要な背景をなすのが，派遣した部隊に対する指揮命令権の所在の問題である。自国要員の安全確保は，どの派遣国政府にとっても重要な懸念事項であるが，ミッション司令官（最終的には安保理）が指揮に責任を有する国連PKOと，明示的な取り決めなどにより派遣国が自国部隊に対する指揮命令権を確保しやすい多国籍軍や地域PKOとでは事情が異

なっている。欧米諸国が多国籍軍や地域 PKO を多用することには，この点の考慮が大きいとされている。欧州の主要国にとっての指揮命令権確保の重要性を端的に示すのは，レバノンで展開している国連 PKO に欧州諸国が参加した事例である。2006 年 7 月のイスラエル・ヒズボラ間の本格的な戦闘を受けて大幅にマンデートが強化された国連レバノン暫定隊（UNIFIL）には，フランスやイタリアを中心とした多くの欧州諸国が参加したが，参加の条件としてミッション司令部とは別の事実上の司令部組織（「戦略軍事セル」）立ち上げを国連に認めさせている。この点の経緯に関する優れた解説としては Ronald Hatto, “UN Command and Control Capabilities: Lessons from UNIFIL’s Strategic Military Cell,” *International Peacekeeping* 16, no. 2 (April 2009), pp. 186–198 を参照のこと。

(29) QIP は原則として期間は 6 カ月まで，財源規模は 5 万ドルまでとされている。UN DPKO and DFS, “Policy: Quick Impact Projects (QIPs),” ref. 2017.16, 1 October 2017, paras. 23–24.

(30) Peacebuilding and Sustaining Peace: Report of the Secretary-General, UN Doc. A/72/707-S/2018/43, 18 January 2018, paras. 41–42; Our Common Agenda: Report of the Secretary-General, UN Doc. A/75/982, 5 August 2021, para. 89 (d).

(31) 人道・開発関連を含む国連諸機関の現地における総合的な窓口として，常駐調整官(RC)が任命されることも多い。PKO ミッションや政治ミッションが展開する場合には，そのマンデートに応じてミッション内のポストを兼ねることもある。常駐調整官については，たとえば以下を参照。UN Development Coordination Office, “Resident Coordinators and their Offices,” 〈https://un-dco.org/resident-coordinators-their-offices〉, accessed 6 July 2023.

(32) もっとも，こうした NGO の「比較優位」について，常に批判的な評価も存在していることには留意しておきたい。Martina Fischer, “Civil Society in Conflict Transformation: Strengths and Limitations,” Berghof Foundation, 1 January 2011, 〈https://berghof-foundation.org/library/civil-society-and-conflict-transformation-strength-and-limitations〉, accessed 5 November 2021; Patrice C. McMahon, *The NGO Game: Post-Conflict Peacebuilding in the Balkans and Beyond* (Ithaca: Cornell University Press, 2017).

(33) たとえば以下を参照。Alexandra Gheciu, “Divided Partners: The Challenges of NATO-NGO Cooperation in Peacebuilding Operations,” *Global Governance* 17, no. 1 (January–March 2011), pp. 95–113.

(34) この点の代表的な検討としては以下を参照。UN, “Improving Security of United Nations Peacekeepers: We Need to Change the Way We Are Doing Business,” 19 December 2017.

(35) たとえば 2008 年に出た報告書では，人道 NGO と民間軍事会社との契約は安全管理や防護訓練についてのものが主であるが，武器を用いた警護業務の委託も増加傾向にあることが記されている。Abby Stoddard, Adele Harmer, and Victoria DiDomenico, “The Use of Private Security Providers and Services in Humanitarian Operations,” *HPG Report* 27, Humanitarian Policy Group, October 2008, Ch. 2.

(36) 国連や地域機構を自律的なアクターとして捉えた場合，アクターとして独自の「政治外交益」があると想定することは一応可能である。そこでの利益には，たとえば PKO を組織・派遣する準備があることが紛争調停において一定のレバレッジを提供する（立場を強くする）点，あるいは PKO を組織できる機構として国際的認知度の向上を期待

できる点などが挙げられる。だが各機構にとってこれらの考慮は，直截的な「外交益」として掲げられ追求されるものというよりは，それらのアクターが国際安全保障における自らの役割を模索していく中で浮上する論点としての性格が強い。その意味では，これらの「利益」は後述する構成主義的な分析によりなじみやすいように思われる。

(37) 逆に，国際危機グループ，カーターセンター，危機管理イニシアティブ（CMI）のように，紛争予防や調停などの外交的分野で積極的な活動を繰り広げるNGOなども存在する。ただし活動のタイミングや性質が人道支援・平和構築NGOとは異なるため，これらのNGOでみられるようなPKOミッションとの直接的接点は有していない。

(38) パブリック・ディプロマシーに関する有益な説明としては以下を参照。Joseph S. Nye, Jr., *The Future of Power* (New York: Public Affairs, 2011), pp. 100–109.

(39) ただし，多国間の意思決定に依拠した国際的正当性の高さは，当該ミッションが展開する現地社会でのローカルな正当性にそのまま転化するわけではない。現地社会におけるPKOミッションの受容をめぐる問題に関しては，たとえばBéatrice Pouligny, *Peace Operations Seen from Below: UN Missions and Local People* (Bloomfield: Kumarian Press, 2006）などを参照。

(40) この点の概観については以下を参照。Yamashita, *Evolving Patterns of Peacekeeping*, Ch. 5.

(41) これまでもふれてきたように，国連PKOに対する貢献の方法は要員派遣だけではなく，装備，訓練あるいは財源の提供も含まれる。しかし，加盟国による国連PKOへの貢献という文脈で最も取り上げられるのは要員，とくに軍事・警察要員である。このことには，①財源の提供は国連の中で通常予算とは別の予算枠組みとして確立しており，それへの拠出も加盟国には義務化されている（その意味で「払って当然」な義務である）こと，②これに対し要員提供は加盟国にとって義務的ではなく，かつ国内での意思決定とアカウンタビリティをともなうこと，③装備や訓練の提供に比してもミッション要員は可視的で目立ちやすいこと，といった背景が考えられる。国連もこれを意識してか，毎月単位で国連PKOサイトに掲出される軍事・警察要員関連の情報シートにはランキング形式のものが含まれている。UN, "Troop and Police Contributors," 〈https://peacekeeping.un.org/en/troop-and-police-contributors〉, accessed 6 July 2023.

(42) たとえば以下を参照。Manish S. Dabhade, "India's Pursuit of United Nations Security Council Reforms," *ORF Occasional Paper* 131, Observer Research Foundation, December 2017, pp. 7, 9; Kara C. McDonald and Stewart M. Patrick, "UN Security Council Enlargement and U.S. Interests," *Council Special Report* 59, Council on Foreign Relations, December 2010, pp. 21–22.

(43) UN, "Troop and Police Contributors." これらの国に加え，2000年代になるとネパールも大規模な要員提供を行うようになっている。

(44) International Peace Institute, "Number of Uniformed UN Peacekeeping Contributions by Region," 〈http://www.providingforpeacekeeping.org/wp-content/uploads/2017/04/Total.png〉, accessed 18 March 2022.

(45) たとえば以下を参照。Xenia Avezov, Jaïr van der Lijn, and Timo Smit, "African Directions: Towards an Equitable Partnership in Peace Operations," Stockholm Institute for International Peace, February 2017.

(46) 長年，国連加盟国間で「アフリカ」「アジア太平洋」「西欧ほか」「東欧」「ラテンアメ

リカ・カリブ」という 5 つの地域グループが形成され，それが投票行動や理事会・委員会への選任などにおいて重要な役割を果たしてきた。その中で，アフリカ・グループはアジア太平洋グループ（このグループと「西欧ほか」グループ両方に参加しているが，投票・選任上は後者に分類されるトルコは除く）と同じ 54 のメンバーをもつ最大のグループである。地域グループについては以下を参照。UN, “United Nations Regional Groups of Member States,” 〈https://www.un.org/dgacm/en/content/regional-groups〉, accessed 9 July 2024.

(47) AU の場合には ASF，EU の場合には EUBG という待機制度があり，各国はそこへの要員登録や派遣準備をメンバーとして半ば義務的に行っている。ただし，派遣の必要性が生じた場合に実際に派遣するか否かは各国政府の都度判断であり，自動的な派遣の義務を課されているわけではない。

(48) 注 41 も参照。装備提供の場合，装備そのものは要員と同程度の留保条件をともなうわけではない。しかし各国政府が有する装備は自国部隊による使用を想定して調達・使用されているものであるため，特にヘリコプターなど相対的に大きな装備を提供する場合，その整備維持のための要員も併せて出すか否かという問題がついて回りやすい（ちなみに国連 PKO では，整備まで含めた提供を「ウェット・リース」，含めない提供を「ドライ・リース」という）。こうした文脈で言えば，装備提供についても要員派遣をめぐる議論が間接的にあてはまるところがある。

(49)「国際共同体」には諸アクターの総体をひとつの活動主体として捉える含みがあるのに対し，「国際社会」の場合にはそれらアクターの活動の総体によってつくられた「場」がより意識されている。構成主義の議論をみていく以下の節では個別アクターとその総体との一致が問題となるため，そのイメージにより近い「国際共同体」をここでは用いている。なお国際社会（共同体）概念については篠田英朗『国際社会の秩序』（東京大学出版会，2007 年）なども参照のこと。

(50) たとえば近年の報告書でも，PKO がグローバルな安全保障にもたらす価値のひとつとして，途上国・新興国に対し，自らの国際的責務を認識するとともにその責務を果たすメカニズムを提供している点が挙げられている。Michael J. Mazarr and Ashley L. Rhodes, *Testing the Value of the Postwar International Order* (Santa Monica: RAND, 2018), pp. 48–49.

(51) Martha Finnemore and Kathryn Sikkink, “International Norm Dynamics and Political Change,” *International Organization* 52, no. 4 (Autumn 1998), p. 891; Justin Gest et al., “Tracking the Process of International Norm Emergence: A Comparative Analysis of Six Agendas and Emerging Migrants’ Rights,” *Global Governance* 19, no. 2 (August 2013), p. 154.

(52) 以下で引用する国連憲章の和訳は国連広報センターのもの（〈http://www.unic.or.jp/info/un/charter/text_japanese/〉, accessed 6 July 2023）を使用した。

(53) 平和維持や平和構築を「人間の安全保障」概念から捉えなおそうとすることも，こうした位置づけの延長線上にあるものとして理解できるように思われる。たとえば以下を参照。篠田英朗・上杉勇司（編）『紛争と人間の安全保障――新しい平和構築のアプローチを求めて』（国際書院，2005 年）；東大作（編著）『人間の安全保障と平和構築』（日本評論社，2017 年）。

(54) EU 基本条約はアムステルダム条約後も繰り返し改正されており，リスボン条約（2009

年発効）が直近の改正である。

(55) Consolidated Version of the Treaty of European Union, EU Doc. O.J. 2016/C 202/01, 7 June 2016, art. 42.1. 以下，特に注記しない限り，訳は引用者による。

(56) Ibid., art. 3.1.

(57) Ibid., art. 21.2. これらと並んで，経済社会開発，世界経済への統合促進，環境保護，災害・紛争時の国際支援，多国間協力とグローバル・ガバナンスに依拠した国際システムの促進が挙げられている。

(58) The Protocol Relating to the Establishment of the Peace and Security Council of the African Union（PSC Protocol), 9 July 2002, art. 3. 以下も参照。The Constitutive Act of the African Union（AU Constitutive Act), 11 July 2000, art. 3.

(59) PSC Protocol, art. 4. 以下も参照。AU Constitutive Act, art. 4. ちなみに，PSCの目的としても民主主義，グッド・ガバナンス，法の支配，人権，国際人道法の促進が掲げられている（art. 3.f.)。

(60) 参加動機を含む各国のPKO政策や態勢を論じたものとして，たとえば以下のものがある。Williams and Bellamy, *Providing Peacekeepers*; Peter Viggo Jakobsen, *Nordic Approaches to Peace Operations: A New Model in the Making?*（London and New York: Routledge, 2006); Donald C. F. Daniel, Patricia Taft, and Sharon Wiharta（eds.), *Peace Operations: Trends, Progress, and Prospects*（Washington, D.C.: Georgetown University Press, 2008); 石塚勝美『国連PKOと国際政治——理論と実践』（創成社，2011年）第5章。

(61) CMIは2021年にCMI／マルティ・アーティサリ平和財団に改称している。CMI創設者のアーティサリ（Martti Ahtisaari）はフィンランド元大統領であり，国連やCMIなどを通じた紛争解決への長年の貢献により2008年にノーベル平和賞を受賞している。CMIのウェブサイト（〈https://cmi.fi/〉）も参照のこと。

(62) フォルケ・ベルナドッテ・アカデミーのウェブサイト（〈https://fba.se/en/〉）を参照されたい。

(63) 軍および軍事力の使い方に関するコンセンサスを指す概念として「戦略文化」というものがある。ここでの議論の文脈に即して言えば，国際紛争管理に対する姿勢には，その国の戦略文化も反映しているということになる。戦略文化についてはたとえばRashed Uz Zaman, “Strategic Culture: A ‘Cultural’ Understanding of War,” *Comparative Strategy* 28, no. 1 (2009), pp. 68–88 などを参照。

(64) ドイツについては山下光「ドイツと平和作戦」『防衛研究所紀要』第13巻第1号（2010年10月）3–29頁参照。

(65) TfPの概要についてはたとえば山下光・神宮司覚「平和維持活動派遣国に対する国際支援」『防衛研究所紀要』第20巻第1号（2017年12月）17–25頁およびTfPウェブサイト（〈https://trainingforpeace.org〉）を参照。

(66) Helga Hernes, “Nordic Perspectives on African Capacity-Building,” in *Resolute Partners: Building Peacekeeping Capacity in Southern Africa*, ed. Mark Malan, Institute for Security Studies Monograph 21, February 1998, n.p.

(67) たとえば以下を参照。Colin McCullough, “Pearson and Canada’s Peacekeeping Legacy,” *Policy Options*, 6 November 2017; Katsumi Ishizuka, *Ireland and International Peacekeeping Operations 1960–2000: A Study of Irish Motivation*（London and New York: Frank Cass, 2004);

Department of Foreign Affairs（Ireland）, “Peacekeeping,” 〈https://www.dfa.ie/our-role-policies/international-priorities/peace-and-security/peacekeeping/〉, accessed 30 March 2022; Swedish Armed Forces, *Swedish International Forces in the Service of Peace: International Missions Undertaken by the Swedish Armed Forces*（Malmö: Bokförlaget Arena, 2006）.

（68）部隊派遣について確認できるもので言えば，インドは UNEF（1956 年設置），パキスタンは国連コンゴ活動（ONUC，1960 年設置）から参加している。なお両国は紛争当事者としてではあるが国連インド・パキスタン軍事監視団（UNMOGIP，1947 年～）でも活動している。バングラデシュは国連イラン・イラク軍事監視団（UNIIMOG，1988 年設置）から軍事監視要員を派遣しはじめ，国連カンボジア暫定統治機構（UNTAC，1992 年設置）から部隊を参加させている。これはインドなどに比べると遅くみえるが，バングラデシュの建国が 1971 年であることを踏まえると，やはりかなり積極的であると言えよう。Williams and Bellamy, *Providing Peacekeepers*, Chs. 8–10.

（69）この表現は特定の発言を引用しているわけではないが，各国の PKO 政策に関して多くの政策・実務担当者と意見交換をしてきたなかで一貫して受けてきた印象である。その国は PKO に積極的に貢献しているのか，という一見単純なこちらの問いかけに対して，回答者が答えに詰まる局面に筆者はしばしば直面したことがある。もちろん，そうした態度はいくつかの解釈を可能にするものの，彼らのその際のボディ・ランゲージからは「当たり前のことをなぜ訊くのか」という戸惑いのようなものが看取されることが多かったのである。

（70）国連のデータによれば，2012 年 2 月から 5 月に 11 名の施設要員を派遣している記録がある。これに加え，2011 年 11 月から 2014 年 11 月までは国連南スーダン共和国ミッション（UNMISS）に対し文民専門家 1～3名を派遣している。また，PKO ではないが国連ギニアビサウ統合平和構築支援事務所に対しても軍事要員を派遣しており，2013 年から翌 14 年には元大統領・首相のホセ・ラモス＝ホルタ（José Ramos-Horta）が同事務所長（事務総長特別代表）を務めている。UN DPO, “Summary of Contributions to UN Peacekeeping by Country and Post,” 〈https://peacekeeping.un.org/en/troop-and-police-contributors〉, accessed 1 April 2022; Donald C. F. Daniel, Paul D. Williams, and Adam Smith, “Deploying Combined Teams: Lessons Learned from Operational Partnerships in UN Peacekeeping,” International Peace Institute, August 2015, p. 14; Antonio Coelho Ramos da Cruz, “The Situation in Timor-Leste,” 22 February 2012, 〈https://www.un.int/angola/fr/statements_speeches/situation-timor-leste〉, accessed 1 April 2022.

（71）Center on International Cooperation, *Annual Review of Global Peace Operations 2012*（Boulder: Lynne Rienner, 2012）, p. 121.

（72）たとえば以下を参照。Ministry of Defence（Rwanda）, “RDF in Peacekeeping Mission,” 〈https://www.mod.gov.rw/rdf/peacekeeping〉, accessed 1 April 2022.

（73）スレブレニツァの虐殺に関する著作や報告は数多いが，代表的なものとして以下がある。Jan W. Honig and Norbert Both, *Srebrenica: Record of a War Crime*（London: Penguin Books, 1996）; Report of the Secretary-General pursuant to General Assembly Resolution 53/35: The Fall of Srebrenica, UN Doc. A/54/549, 15 November 1999; Assemblée Nationale（France）, *Srebrenica: Rapport sur un Massacre*, N. 3413, 22 Novembre 2002; 長有紀枝『スレブレニツァ――あるジェノサイドをめぐる考察』（東信堂，2009 年）。

(74) Netherlands Institute for War Documentation, *Srebrenica: Reconstruction, Background, Consequences and Analyses of the Fall of a "Safe" Area*, 10 April 2002, 〈https://www.niod.nl/en/srebrenica-report〉, accessed 15 February 2019; "Dutch Cabinet Resigns over Srebrenica Report," *The Telegraph*, 16 April 2002.

(75) オランダ最高裁の判決（2019年7月19日）はオランダ軍兵士の責任を認めるものであったものの，その責任比率については控訴審の判断よりも低められていたという（30％から10％）。"Dutch Supreme Court Urged to Overturn Decision Partly Blaming Dutch Soldiers for Srebrenica Killings," *Radio Free Europe*, 1 February 2019; "Dutch Troops Were 10％ Liable in Srebrenica Massacre, Supreme Court Says," *National Public Radio*, 19 July 2019.

(76) オランダにおける国連PKO参加をめぐる議論については以下を参照。Niels van Willigen, "A Dutch Return to UN Peacekeeping?," *International Peacekeeping* 23, no. 5 (November 2016), pp. 702–720.

(77) NGOはあいまいかつ多義的な概念であるが，ここで引き続き想定しているのは平和構築や人道支援などの分野でPKOミッションとの協力を行う政府機関以外の非営利団体のことである。NGOの概念や現代国際政治における意義について包括的に論じたものとしてはPeter Willetts, *Non-Governmental Organizations in World Politics: The Construction of Global Governance* (London and New York: Routledge, 2011) などを参照。

(78) たとえば以下を参照。Gheciu, "Divided Partners," p. 106.

(79) たとえばUN OCHA, *UN-CMCoord Field Handbook*, version 2, October 2018, Ch. 3, sect. 3.2を参照。

(80) Williams and Bellamy, "Introduction," pp. 17–21; "Explaining the National Politics of Peacekeeping Contributions," in *Providing Peacekeepers: The Politics, Challenges, and Future of United Nations Peacekeeping Contributions*, ed. Williams and Bellamy (Oxford: Oxford University Press, 2013), pp. 418–424.

第2章

(1) UN DPKO and DFS, "Peacekeeping and Peacebuilding: Clarifying the Nexus," September 2010, n.p.

(2) 平和構築の概要については山下光『国際平和協力』（創元社，2022年）第3章を参照されたい。

(3) UN DPKO and DFS, "Peacekeeping and Peacebuilding."

(4) たとえば以下を参照。Ian Johnstone, "Managing Consent in Contemporary Peacekeeping Operations," *International Peacekeeping* 18, no. 2 (April 2011), pp. 168–182.

(5) 破綻国家論と開発ガバナンス論についてはウッドワードの著作が包括的かつ丹念に議論の経緯をまとめており，この節の立論でも多くの示唆を得た。Susan L. Woodward, *The Ideology of Failed States: Why Intervention Fails* (Cambridge: Cambridge University Press, 2017), Chs. 3–5. なお，紛争後国家建設論に関するさまざまな論点や事例を取り上げたものとして，たとえば日本国際政治学会（編）『国際政治』第174号特集「紛争後の国家建設」（2013年9月）所収の論文なども参照されたい。

(6) ブッシュ大統領が1990年10月に行った国連総会での演説においてこの表現を用いた

ことで有名である。原文は以下から読むことができる。George H. W. Bush, “Address Before the 45th Session of the United Nations General Assembly in New York, New York,” 1 October 1990, 〈https://www.presidency.ucsb.edu/documents/address-before-the-45th-session-the-united-nations-general-assembly-new-york-new-york〉, accessed 6 June 2023.

（7）破綻国家論を，同国家に対する支援も含め包括的に分析したものとしては，稲田十一（編）『開発と平和——脆弱国家支援論』（有斐閣，2009 年）がある。

（8）Gerald B. Helman and Steven R. Ratner, “Saving Failed States,” *Foreign Policy* 89（Winter 1992–1993）, pp. 3–20; Robert D. Kaplan, “The Coming Anarchy,” *Atlantic Monthly* 273, no. 2（February 1994）, pp. 44–76.

（9）たとえば以下を参照。United States Office of the President, National Security Strategy of the United States of America, 17 September 2002, pp. v, 10–11; Study Group on Europe’s Security Capabilities, “A Human Security Doctrine for Europe: The Barcelona Report of the Study Group on Europe’s Security Capabilities,” 15 September 2004, p. 8; Report of the High-level Panel on Threats, Challenges and Change: A More Secure World: Our Shared Responsibility, UN Doc. A/59/565, 2 December 2004, paras. 19–23.

（10）Woodward, *The Ideology of Failed States*, pp. 12–14.

（11）英語では existential threat という言葉が用いられる。日本語での表現は特に定まっていないようであるが，本文に記した用語の意味を直接的に反映した表現としてこのようにした。なお，この用語に対して実存的脅威という訳語も用いられることがあるが，実存概念は実存主義哲学を受けたものであり文脈が異なるように思われる。

（12）Arthur A. Stein, “Power Politics and the Powerless,” in *Back to Basics: State Power in a Contemporary World,* ed. Martha Finnemore and Judith Goldstein（Oxford: Oxford University Press, 2013）, pp. 234–235（引用は p. 235）.

（13）破綻国家とならんで，ポスト冷戦期において頻繁に使われるようになった類似の概念に「ならず者国家（rogue state）」がある。この概念は，新たな敵対国が旧東西陣営以外から台頭し，地域レベルで米国に対する脅威となることを想定したものであり，とりわけジョージ・W・ブッシュ大統領（George W. Bush）期に強調されるようになった。必ずしも統治が破綻している状態を前提としているわけではない「ならず者国家」（サダム・フセイン〈Saddam Hussein〉政権下のイラク，イラン，北朝鮮など）と破綻国家は同じ事象を指す概念ではないが，両概念がともに①ある種の国家を脅威化しようとする思考にもとづいており，かつ②システム・レベルの軍事的脅威が低下した冷戦直後の状況下で米国の軍事力維持を可能とする考え方として提示されている点は共通していると言える。United States Office of the President, National Security Strategy of the United States of America, 17 September 2002 and 16 March 2006; Woodward, *The Ideology of Failed States*, pp. 31–32; Michael Klare, “The Rise and Fall of the ‘Rogue Doctrine’: The Pentagon’s Quest for a Post-Cold War Military Strategy,” *Middle East Report* 208（Autumn 1998）, pp. 12–13; Alex Miles, *US Foreign Policy and the Rogue State Doctrine*（London: Routledge, 2013）, Chs. 2–3.

（14）概括的な論考としては，たとえば以下を参照。黒岩郁雄（編）『開発途上国におけるガバナンスの諸課題——理論と実際』（アジア経済研究所，2004 年）；木村宏恒・近藤久洋・金丸裕志（編）『開発政治学入門——途上国開発戦略におけるガバナンス』（勁草書房，2011 年）。

(15) World Bank, *Sub-Saharan Africa: From Crisis to Sustainable Growth* (Washington, D.C.: World Bank, 1989), pp. 54–59 and Ch. 2; World Bank, *Governance and Development* (Washington, D.C.: World Bank, 1992), pp. 3–11. 以下も参照。 Douglass C. North, *Institutions, Institutional Change and Economic Performance* (Cambridge: Cambridge University Press, 1990).

(16) World Bank, *The East Asian Miracle: Economic Growth and Public Policy* (New York: Oxford University Press, 1993).

(17) OECD, Paris Declaration on Aid Effectiveness, 2 March 2005, arts. 6, 33; Accra Agenda for Action, 4 September 2008, para. 17.

(18) たとえば以下を参照。Mark Duffield, *Global Governance and the New Wars: The Merging of Development and Security* (London and New York: Zed Books, 2001), pp. 37–40, 117–121.

(19) Woodward, *The Ideology of Failed States*, p. 37.

(20) たとえば以下を参照。International Monetary Fund, "25 Years of Transition: Post-Communist Europe and the IMF," *Regional Economic Issues Special Report*, 14 October 2014.

(21) こうした視点に通底する議論は，歴史的唯物論からの破綻国家論批判にも見出される。たとえばエアーズは同論を，近現代の資本主義を牽引する「グローバルな資本蓄積のシステム」が，そのシステムに参加できない，あるいはその意思がない国家を問題化し，それらへの介入や父権的支配を正当化するためのイデオロギーであると分析している。ここでは介入主体は開発アクターではなく資本主義システムであり，また議論のトーンもより批判的であるが，捉えようとしている現象の実質はかなりの部分重なりあっているように思われる。Alison J. Ayers, "An Illusion of the Epoch: Critiquing the Ideology of 'Failed States'," *International Politics* 49, no. 5 (September 2012), pp. 568–590.

(22) 民主主義は集団的な意思決定のプロセス，自由主義は個人のあり方や個人と集団との関係を規律する思想として区別できるが，近現代の民主主義は自由主義を前提とし，それをよりよく実現するための政体のあり方として理解されており，資本主義とともに広義の自由主義に含まれるものとして理解できる（この点については後段の自由主義平和構築を論じた部分も参照されたい）。DP 論においても自由主義と民主主義は緊密な関係にあるものとして用いられていることから，ここでは両者を特に区別せず使用している。Bruce Russett and John R. Oneal, *Triangulating Peace: Democracy, Interdependence, and International Organizations* (New York: W. W. Norton, 2001), pp. 44–45, 76–78; 藤原保信『自由主義の再検討』（岩波新書，1993 年）。

(23) Jameson Lee Ungerer, "Assessing the Progress of the Democratic Peace Research Program," *International Studies Review* 14, no. 1 (March 2012), pp. 2–3.

(24) Michael Doyle, "Liberalism and World Politics," *American Political Science Review* 80, no. 4 (December 1986), pp. 1151–1169. DP 論にはいくつかのバリエーションがある。その中には②のような限定を設けない，すなわち非自由主義諸国に対しても平和的な対外政策を採る傾向を主張するもの（単項ないしモナディック・モデルと呼ばれる）もあるが，これに関しては実証面での裏づけを含め意見が分かれている。本書では相対的により広い支持を得ている双項（ダイアディック）モデルの DP 論を取り上げている。

(25) Russett and Oneal, *Triangulating Peace*, Ch. 6.

(26) Bruce Russett, *Grasping the Democratic Peace: Principles for a Post-Cold War World* (Princeton: Princeton University Press, 1993), pp. 128–129.

（27）Russett and Oneal, *Triangulating Peace*, p. 70. ただし，国内の政治的暴力に対して民主主義がもつ抑制効果は十分に民主主義が成熟している場合に観察されるものであり，民主主義が未熟あるいは衰退している場合には紛争の発生率はむしろ高くなることも示唆されている（ibid.）。

（28）Edward Newman, Roland Paris, and Oliver P. Richmond, "Introduction," in *New Perspectives on Liberal Peacebuilding*, ed. Newman, Paris, and Richmond（Tokyo: United Nations University Press, 2009）, p. 11.

（29）Russett, *Grasping the Democratic Peace*, p. 136. ちなみに8年後に出された共著（Russett and Oneal, *Triangulating Peace*, pp. 200–211）においても，ラセットはこの評価を維持している。

（30）水田は紛争後平和構築を目的とした民主制度導入について，より実践（政策）に近い立場から分析を行っている。水田慎一『紛争後平和構築と民主主義』(国際書院, 2012年)。

（31）ウッドワードの議論によれば，（少なくともある時点までは）安全保障コミュニティと開発コミュニティにおける国家建設論は個別に進展したとされる。Woodward, *The Ideology of Failed States*, Ch. 8.

（32）暫定統治についてはここでは一瞥にとどまるが，山田が国際法の視点から包括的な考察を展開している。山田哲也『国連が作る秩序――領域管理と国際組織法』（東京大学出版会，2010年）。

（33）本節および次節の議論は以下の論考をベースにしている。山下光「平和構築における自由主義とハイブリッド性」『安全保障戦略研究』第1巻第1号 (2020年8月) 37–53頁。

（34）Dominik Zaum, "Beyond the 'Liberal Peace'," *Global Governance* 18, no. 1（January–March 2012）, pp. 121–122.

（35）比較的早期の論考としては，たとえば以下がある。Roger Mac Ginty, "Indigenous Peace-Making Versus the Liberal Peace," *Cooperation and Conflict* 43, no. 2（June 2008）, pp. 139–163; Oliver P. Richmond and Jason Franks, "Liberal Peacebuilding in Timor Leste: The Emperor's New Clothes?," *International Peacekeeping* 15, no. 2（April 2008）, pp. 185–200; John Heathershaw, "Unpacking the Liberal Peace: The Dividing and Merging of Peacebuilding Discourses," *Millennium: Journal of International Studies* 36, no. 3（2008）, pp. 597–621.

（36）この時期の代表的な論考としては，以下を参照。Newman, Paris, and Richmond, *New Perspectives on Liberal Peacebuilding*; Susanna Campbell, David Chandler, and Meera Sabaratnam（eds.）, *A Liberal Peace? The Problems and Practices of Peacebuilding*（London and New York: Zed Books, 2011）; Shahrbanou Tadjbakhsh（ed.）, *Rethinking the Liberal Peace: External Models and Local Alternatives*（London and New York: Routledge, 2011）; David Chandler, *Peacebuilding: The Twenty Years' Crisis, 1997–2017*（Cham: Palgrave Macmillan, 2017）.

（37）マックス・ヴェーバー『職業としての政治』(脇圭平訳，岩波文庫, 1980年）9–10頁。強調は原文通り。なお，近年における（主権）国家概念の再考については萱野稔人『国家とはなにか』(以文社，2005年)；岩崎正洋（編）『ポスト・グローバル化と国家の変容』（ナカニシヤ出版，2021年）などを参照。

（38）George Crowder, *Theories of Multiculturalism: An Introduction*（Cambridge and Malden: Polity, 2013）, p. 39; Roger Mac Ginty, *International Peacebuilding and Local Resistance: Hybrid Forms of Peace*（New York: Palgrave Macmillan, 2011）, p. 26.

(39) 人権が担保されただけで自由が実現するわけではない（人権の担保と自由の実現は同義ではない）という意味で，人権は自由にとって必要条件ではあるが十分条件ではないと言える。

(40) 国家主権も自律性の希求を主眼とする意味で自由主義と通じてはいる。だが，この場合の自律性は政府の権威を中心に組織された人民（集団）としてのそれであり，かくして組織された国家と個人との関係という問題は別のものとして残る。経験的に言っても，主権をもつ国家という形式は自由主義以外の政体（たとえば冷戦期の社会主義，脱植民地社会の権威主義）とも共存可能であった。主権国家概念の歴史的な変遷については，Robert H. Jackson, *Quasi-States: Sovereignty, International Relations, and the Third World* (Cambridge: Cambridge University Press, 1990); Stephen D. Krasner, *Sovereignty: Organized Hypocrisy* (Princeton: Princeton University Press, 1999); 篠田英朗『「国家主権」という思想――国際立憲主義への軌跡』（勁草書房，2012 年）などを参照。

(41) こうした主張をした代表的な論客がジョン・ロックである。また，国家の主権を責任として捉えなおした「干渉と国家主権に関する国際委員会」の議論も，この論理の延長線上にあるものとして理解することができる。John Locke, *Two Treaties of Government*, Essay Two, Chs. VIII and IX, 〈https://www.yorku.ca/comninel/courses/3025pdf/Locke.pdf〉, accessed 13 July 2023; International Commission on Intervention and State Sovereignty, *The Responsibility to Protect* (Ottawa: International Development Research Centre, 2001); 政所大輔『保護する責任――変容する主権と人道の国際規範』（勁草書房，2020 年）。

(42) 代表制や民主主義と自由主義の関係をめぐる議論は，実際にはここでふれた以上に複雑かつ豊かな含みやバリエーションがある。特に以下を参照されたい。早川誠『代表制という思想』（風行社，2014 年）。

(43) ロックの思想に典型的にみられるように，自由主義において財産の私有は生命，自由と並ぶ原初的な人間の権利の一部をなしている（ロックの場合，これら 3 つが「所有権」を構成している）。資本主義と自由主義の関係を本格的に取り上げることは本書の射程を超えるが，少なくとも原理的なレベルにおいて，資本主義は経済活動における自由主義のあらわれと理解することはできるように思われる。ロックの所有権についてはたとえば藤原保信『西洋政治理論史』（早稲田大学出版部，1985 年）300–302 頁を参照。

(44) この関連で付言すると，先述の DP 論が依拠しているのは政治・外交・経済面における開かれた交流への姿勢であったが，それは自由主義国家のこうした特徴を反映しているものと理解できよう。

(45) たとえば以下を参照。Roland Paris, *At War's End: Building Peace after Civil Conflict* (Cambridge: Cambridge University Press, 2004), pp. 19–22.

(46) Ashraf Ghani and Clare Lockhart, *Fixing Failed States: A Framework for Rebuilding a Fractured World* (Oxford: Oxford University Press, 2008), pp. 7–8.

(47) World Bank, *Governance and Development*; World Bank, *Governance: The World Bank's Experience* (Washington, D.C.: World Bank, 1994), Ch. 1.

(48) General Assembly Resolution 55/2, UN Doc. A/RES/55/2, 18 September 2000, paras. 13–14. ちなみに，グッド・ガバナンスは人権および民主主義と並ぶ形で別の目標領域として掲げられている。Ibid., paras. 24–25.

(49) UN Millennium Project, *Investing in Development: A Practical Plan to Achieve the Millenni-*

um Development Goals (London and Sterling: Earthscan, 2005), Ch. 7.

(50) Report of the High-level Independent Panel on Peace Operations on Uniting Our Strengths for Peace: Politics, Partnership and People, UN Doc. A/70/95-S/2015/446, 17 June 2015, paras. 134–140.

(51) たとえば以下を参照。Peter Van der Auweraert, *Ending the 2006 Internal Displacement Crisis in Timor-Leste: Between Humanitarian Aid and Transitional Justice* (Geneva: International Organization for Migration, 2012), Ch. 2; Peter Londey, *Other People's Wars: A History of Australian Peacekeeping* (Sydney: Allen & Unwin, 2004), Ch. 15.

(52) Christopher S. Chivvis, "Back to the Brink in Bosnia?," *Survival* 52, no. 1 (February–March 2010), pp. 97–110; Kristine Höglund, "Managing Violent Crises: Swedish Peacekeeping and the 2004 Ethnic Violence in Kosovo," *International Peacekeeping* 14, no. 3 (July 2007), pp. 403–417; Francesco Strazzari, "*L'Oeuvre au Noir*: The Shadow Economy of Kosovo's Independence," *International Peacekeeping* 15, no. 2 (April 2008), pp. 155–170.

(53) Toby Dodge, "Afghanistan and the Failure of Liberal Peacebuilding," *Survival* 63, no. 5 (October–November 2021), pp. 47–58. 検討を担ったのは当時米国国家安全保障会議で南西アジア・近東・北アフリカ担当特別補佐官を務めていたハリルザド（Zalmay Khalilzad）であったが，同氏は後に駐アフガニスタン米国大使（2003～05年），アフガニスタン和平担当特別代表（2018～21年）を歴任している。

(54) Shahrbanou Tadjbakhsh, "Liberal Peace and the Dialogue of the Deaf in Afghanistan," in Tadjbakhsh, *Rethinking the Liberal Peace*, pp. 206–220; Special Inspector General for Afghanistan Reconstruction, What We Need to Learn: Lessons from Twenty Years of Afghanistan Reconstruction, SIGAR 21-46-LL, August 2021, Ch. 6.

(55) Roland Paris, "Critiques of Liberal Peace," in Campbell, Chandler, and Sabaratnam, *A Liberal Peace?,* p. 33–36. 以下も参照。Chivvis, "Back to the Brink in Bosnia?"; Strazzari, "*L'Oeuvre au Noir*." ただし，平和構築（類似したことは平和維持にも言える）の個別的な「失敗」は同定しやすいものの，その「成功」をどのように判断するのかについては常に分析上の困難をともない，論点のひとつとなってきたことは留意しておきたい。Paris, "Critiques of Liberal Peace," pp. 44–45 and note 12.

(56) Richmond and Franks, "Liberal Peacebuilding in Timor Leste," p. 187; Mac Ginty, *International Peacebuilding and Local Resistance*, p. 28.

(57) 平和活動を含めた外部からの不介入を主張した代表的なものとしては以下を参照。Edward N. Luttwak, "Give War a Chance," *Foreign Affairs* 78, no. 4 (July/August 1999), pp. 36–44.

(58) Susanna Campbell, David Chandler, and Meera Sabaratnam, "Introduction: The Politics of Liberal Peace," in Campbell, Chandler, and Sabaratnam, *A Liberal Peace?,* pp. 4–5; Martina Fischer and Beatrix Schmelzle, "Introduction," in *Building Peace in the Absence of States: Challenging the Discourse on State Failure*, ed. Martina Fischer and Beatrix Schmelzle (Berlin: Berghof Research Center, 2009), p. 7.

(59) Anna K. Jarstad and Roberto Belloni, "Introducing Hybrid Peace Governance: Impact and Prospects of Liberal Peacebuilding," *Global Governance* 18, no. 1 (January–March 2012), p. 1. なお，クローゼの定義（「外部アクターの意図や目的が現地アクターの利益やパワーに

よって曲げられ，それと混ざりあって新たなガバナンスの諸形態をなすこと」）はアクターの関係に着目した定義であるが，以下でも指摘するように，アクターの内部性・外部性と自由主義・非自由主義の区別は必ずしも一致するわけではない。本章では主要モデルであるLPBの自由主義性に着目して議論を展開していることから，ヤースタッドとベローニの定義を出発点としている。Keith Krause, “Hybrid Violence: Locating the Use of Force in Postconflict Settings,” *Global Governance* 18, no. 1 (January–March 2012), p. 40.

(60) Volker Boege, Anne Brown, Kevin Clements, and Anna Nolan, “Building Peace and Political Community in Hybrid Political Orders,” *International Peacekeeping* 16, no. 5 (November 2009), p. 605.

(61) Jarstad and Belloni, “Introducing Hybrid Peace Governance,” p. 3.

(62) Roberto Belloni, “Hybrid Peace Governance: Its Emergence and Significance,” *Global Governance* 18, no. 1 (January–March 2012), p. 23.

(63) たとえば以下を参照。Sarah B. K. von Billerbeck, *Whose Peace? Local Ownership and United Nations Peacekeeping* (Oxford: Oxford University Press, 2017), Ch. 3. 以下も参照。 Séverine Autesserre, *The Trouble with the Congo: Local Violence and the Failure of International Peacebuilding* (Cambridge: Cambridge University Press, 2010), pp. 42–47; 篠田英朗『パートナーシップ国際平和活動――変動する国際社会と紛争解決』(勁草書房, 2021年) 185–194頁。

(64) Roger Mac Ginty and Oliver Richmond, “The Fallacy of Constructing Hybrid Political Orders: A Reappraisal of the Hybrid Turn in Peacebuilding,” *International Peacekeeping* 23, vol. 2 (April 2016), p. 230.

(65) こうした視点に着目した研究として，たとえば以下を参照。Christoph Zürcher, “The Liberal Peace: A Tough Sell?,” in Campbell, Chandler, and Sabaratnam, *A Liberal Peace?,* pp. 69–88.

(66) 同様に，現地社会の担い手・価値・制度の中に自由主義的要素を見出し，LPBの既存の枠組みと組み合わせて運用しようとする姿勢もまた，「戦略的・自由主義的な国際目標に役立つようローカル・アクターを働かせよう」とする道具主義的なものであるとして批判される。Mac Ginty and Richmond, “The Fallacy of Constructing Hybrid Political Orders,” p. 225.

(67) Ibid., pp. 230, 233 (引用はp. 230); Oliver P. Richmond, “Becoming Liberal, Unbecoming Liberalism: Liberal-Local Hybridity via the Everyday as a Response to the Paradoxes of Liberal Peacebuilding,” *Journal of Intervention and Statebuilding* 3, no. 3 (November 2009), pp. 335–336.

(68) ブリーカーもまた，LPBに対する日常レベルの抵抗の中に，国際アクターおよび現地エリートからなる平和構築の既存システムを修正する新たな「論争的政治」の可能性を見出している。Roland Bleiker, “Conclusion — Everyday Struggles for a Hybrid Peace,” in *Hybrid Forms of Peace: From Everyday Agency to Post-Liberalism,* ed. Oliver P. Richmond and Audra Mitchell (New York: Palgrave Macmillan, 2012), pp. 304–305.

(69) von Billerbeck, *Whose Peace?*, pp. 63–65. なお，ビラーベックがここで取り上げているのは主に平和維持のあり方であるが，そこでの議論の構図（リベラル平和維持に対するコミュニタリアン平和維持［communitarian peacekeeping］からの批判，そしてその批判に対する反論）は本章で平和構築に即して整理している議論の構図と完全に重なっている。本章冒頭でみた通り，活動の実質上も平和維持と平和構築は延長線上にあることか

ら，上掲箇所でビラーベックが要約的に整理しているコミュニティ重視主義への批判をここでは援用している。

(70) たとえば以下を参照。Suthaharan Nadarajah and David Rampton, “The Limits of Hybridity and the Crisis of Liberal Peace,” *Review of International Studies* 41, no. 1 (January 2015), pp. 55–57; Mac Ginty, “Indigenous Peace-Making Versus the Liberal Peace,” pp. 149–150.

(71) David Chandler, “The Uncritical Critique of ‘Liberal Peace’,” in Campbell, Chandler, and Sabaratnam, *A Liberal Peace?,* p. 181.

(72) Mac Ginty and Richmond, “The Fallacy of Constructing Hybrid Political Orders,” p. 233.

(73) Ibid., p. 229; Oliver P. Richmond, “Resistance and the Post-Liberal Peace,” in Campbell, Chandler, and Sabaratnam, *A Liberal Peace?*, p. 238.

(74) Roland Paris, “Saving Liberal Peacebuilding,” *Review of International Studies* 36, no. 2 (April 2010), p. 356; Nadarajah and Rampton, “The Limits of Hybridity,” pp. 59–65.

(75) 具体的な事例に即して HPB の実践を分析する研究も出されるようになっている。たとえば以下を参照。Richmond and Mitchell, *Hybrid Forms of Peace,* Chs. 4–15; Mac Ginty, *International Peacebuilding and Local Resistance*, Chs. 4–8; Kristine Höglund and Camilla Orjuela, “Hybrid Peace Governance and Illiberal Peacebuilding in Sri Lanka,” *Global Governance* 18, no. 1 (January–March 2012), pp. 89–104; Anna K. Jarstad and Louise Olsson, “Hybrid Peace Ownership in Afghanistan: International Perspectives of Who Owns What and When,” *Global Governance* 18, no. 1 (January–March 2012), pp. 105–119; Roger Mac Ginty, “Hybrid Governance: The Case of Georgia,” *Global Governance* 19, no. 3 (July–September 2013), pp. 443–461; 藤重博美・上杉勇司・古澤嘉朗（編）『ハイブリッドな国家建設――自由主義と現地重視の狭間で』（ナカニシヤ出版，2019 年）；谷口美代子『平和構築を支援する――ミンダナオ紛争と和平への道』（名古屋大学出版会，2020 年）。

(76) Ken Menkhaus, “Making Sense of Resilience in Peacebuilding Contexts: Approaches, Applications, Implications,” *Geneva Peacebuilding Platform Paper* 6, 2013; Jennifer Milliken, “Resilience: From Metaphor to an Action Plan for Use in the Peacebuilding Field,” *Geneva Peacebuilding Platform Paper* 7, 2013; Katrina Brown, *Resilience, Development, and Global Change* (London and New York: Routledge, 2016).

(77) David Chandler, “Rethinking the Conflict-Poverty Nexus: From Securitising Intervention to Resilience,” *Stability: International Journal of Security & Development* 4, no. 1 (2015), p. 2.

(78) Ibid.; Ana E. Juncos, “Resilience in Peacebuilding: Contesting Uncertainty, Ambiguity, and Complexity,” *Contemporary Security Policy* 39, no. 4 (2018), pp. 559–562.

(79) Chandler, “Rethinking the Conflict-Poverty Nexus,” p. 5.

(80) Chandler, *Peacebuilding*, pp. 194–199; “Rethinking the Conflict-Poverty Nexus,” pp. 4–5.

(81) Juncos, “Resilience in Peacebuilding,” pp. 564–568.

(82) Chandler, “Rethinking the Conflict-Poverty Nexus,” p. 6.

(83) Juncos, “Resilience in Peacebuilding,” p. 561.

(84) David Chandler, “Resilience and the ‘Everyday’: Beyond the Paradox of ‘Liberal Peace’,” *Review of International Studies* 41, no. 1 (January 2015), p. 46.

(85) Chandler, “Rethinking the Conflict-Poverty Nexus,” p. 10.

(86) Chandler, “Resilience and the ‘Everyday’,” pp. 40–41. ここでは主にド・セルトーによる考

察が念頭に置かれている。ミシェル・ド・セルトー『日常的実践のポイエティーク』（山田登世子訳，ちくま学芸文庫，2021 年）。

(87)「リスク社会（risk society）」はベックが提示した社会学の概念であり，レジリエンスを社会科学の文脈で取り上げる論客の多くが影響を受けている。Ulrich Beck, *Risk Society: Towards a New Modernity* (London: Sage, 1992); *World at Risk* (Cambridge: Polity, 2008).

(88) たとえば以下を参照。UN Development Programme (UNDP), UNDP Support to the Implementation of the 2030 Agenda for Sustainable Development, *UNDP Policy and Programme Brief*, January 2016; EU High Representative for Foreign Affairs and Security Policy, Shared Vision, Common Action: A Stronger Europe: A Global Strategy for the European Union's Foreign and Security Policy, June 2016; European Commission and EU High Representative for Foreign Affairs and Security Policy, A Strategic Approach to Resilience in the EU's External Action, EU Doc. JOIN (2017) 21 final, 7 June 2017.

(89) A/70/95-S/2015/446, para. 134. 詳しくは注 50 参照。強調は引用者による。

(90) たとえば，国際関係・政策の分野におけるレジリエンスを論じる学術誌（*Resilience: International Policies, Practices, and Discourses*）の創刊は 2013 年である。ちなみに，このジャーナル（チャンドラーが編集長を務めていた）は 2019 年をもって廃刊されている。"Journal Closure Statement," 〈https://think.taylorandfrancis.com/resilience-journal-closure/〉, accessed 14 November 2019.

(91) 自由主義の多義性については，たとえばマイケル・フリーデン『リベラリズムとは何か』（山岡龍一監訳，寺尾範野・森達也訳，ちくま学芸文庫，2021 年）を参照。

(92) Chandler, "Resilience and the 'Everyday'," p. 48.

(93) この文脈からチャンドラーは，ポスト冷戦期の現代国家建設論についても，紛争後社会の包括的な社会変革ではなく，当該社会が抱える問題の外部波及を防ぐことを目的としたものにすぎないのではないかという解釈を提示している。Chandler, *Peacebuilding*, p. 32.

(94) David Chandler, "The Liberal Peace: Statebuilding, Democracy and Local Ownership," in Tadjbakhsh, *Rethinking the Liberal Peace*, pp. 79–82; *Peacebuilding*, Ch. 4.

(95) Finn Stepputat, "Pragmatic Peace in Emerging Governscapes," *International Affairs* 94, no. 2 (March 2018), p. 415.

(96) この点を考えるにあたっては，David Chandler, *Resilience: The Governance of Complexity* (London and New York: Routledge, 2014), Ch. 6 が参考になる。

(97) たとえば以下を参照。Chandler, *Resilience*, Chs. 2–3; Philippe Bourbeau, "Resilience and International Politics: Premises, Debates, Agenda," *International Studies Review* 17, no. 3 (September 2015), pp. 374–395; *On Resilience: Genealogy, Logics and World Politics* (Cambridge: Cambridge University Press, 2018); 稲村哲也・山極壽一・清水展・阿部健一（編）『レジリエンス人類史』（京都大学学術出版会，2022 年）。

(98) Chandler, "Rethinking the Conflict-Poverty Nexus," p. 2.

(99) Lawrence S. Finkelstein, "What is Global Governance?," *Global Governance* 1, no. 3 (September–December 1995), p. 369. 強調は引用者による。以下も参照。Peter Willetts, *Non-Governmental Organizations in World Politics: The Construction of Global Governance* (London and New York: Routledge, 2011), p. 148. グローバル・ガバナンス概念については，鈴木基史

『グローバル・ガバナンス論講義』（東京大学出版会，2017年）；遠藤乾（編）『グローバル・ガバナンスの歴史と思想』（有斐閣，2010年）なども参照。

(100) この点の考察を，ガバナンスを実施する権威主体の多重性（「同時性」）として展開しているものに以下がある。Peter Albrecht and Louise Wiuff Moe, "The Simultaneity of Authority in Hybrid Orders," *Peacebuilding* 3, no. 1 (2015), pp. 1–16. なお，インフォーマルな政治制度については，たとえば比較政治学会（編）『比較政治学会年報』第23号特集「インフォーマルな政治制度とガバナンス」（2021年10月）所収の論文などを参照。

(101) Stepputat, "Pragmatic Peace in Emerging Governscapes," pp. 400–405.

第3章

(1) 平和学についてはたとえば臼井久和・星野昭吉（編）『平和学』（三嶺書房，1999年）；日本平和学会（編）『平和をめぐる14の論点——平和研究が問い続けること』（法律文化社，2018年）；平井朗・横山正樹・小山英之（編）『平和学のいま——地球・自分・未来をつなぐ見取図』（法律文化社，2020年）を参照。紛争解決論と平和学の関係については古澤嘉朗「平和構築と平和学——紛争解決論という視座からみる平和構築」『平和研究』第60号（2023年9月）25–45頁を参照。

(2) 平和概念を概括した近年の論考としては以下が参考になる。Anna Jarstad et al., "Three Approaches to Peace: A Framework for Describing and Exploring Varieties of Peace," *Umeå Working Papers in Peace and Conflict Studies* 12, Umeå University, 2019.

(3) たとえば前田は近年の論考で，平和概念を非ヒトとの関係性に拡張する議論を展開している。前田幸男「構造的暴力論から「緩慢な暴力」論へ——惑星平和学に向けた時空認識の刷新に向けて」『平和研究』第54号（2020年5月）129–152頁；「ノン・ヒューマン（と）の平和とは何か——近代法体系の内破と新たな法体系の生成へ」『平和研究』第58号（2022年10月）19–45頁。

(4) 特に以下を参照。Gary Goertz, Paul F. Diehl, and Alexandru Balas, *The Puzzle of Peace: The Evolution of Peace in the International System* (Oxford: Oxford University Press, 2016), Ch. 7.

(5) 広く知られる近年の事例としては，ハイチ（組織犯罪）やマリ（テロ）が挙げられる。なお，こうした状況への対処に主眼を置いた安定化作戦については後述する。以下も参照。Cedric de Coning and Mateja Peter (eds.), *United Nations Peace Operations in a Changing Global Order* (Cham: Palgrave, 2019), Chs. 8–9.

(6) たとえば以下を参照。Beverly Milton-Edwards, "The 'Warriors Break': Hamas and the Limits of Ceasefire Beyond Tactical Pause," *International Peacekeeping* 24, no. 2 (April 2017), pp. 212–235.

(7) International Crisis Group, "The African Union and the Burundi Crisis: Ambition versus Reality," *Africa Briefing* 122, 28 September 2016.

(8) なお付言すれば，この点でやや特異な状態にあるのがコソボである。コソボの現地議会は2008年に独立を議決し独立宣言を行ったが，セルビア側はこれを認めておらず，双方が対立したまま国連の暫定統治下に置かれている（国連コソボ暫定行政ミッション［UNMIK］，1999年〜）。ここでの議論に引きつければ，コソボは国境の枠内とも枠外とも言えない状態にあり，その点の見通しの不確かさが同地域の不安定さを生み出す原

因となっている。コソボの事例は Uti Possidetis 原則の実践上の意義を逆説的な形で示しているともいえるであろう。

(9) Kristine Höglund and Mimmi Söderberg Kovacs, “Beyond the Absence of War: The Diversity of Peace in Post-Settlement Societies,” *Review of International Studies* 36, no. 2 (April 2010), pp. 371–372.

(10) Ibid. 民主化については第 2 章での議論も想起されたい。

(11) Ibid.（引用は p. 372）. 以下も参照。Goertz, Diehl, and Balas, *The Puzzle of Peace*, p. 4.

(12) 平和概念の関係主義的アプローチについては，以下を参照。Johanna Söderström, Malin Åkebo, and Anna K. Jarstad, “Friends, Fellows, and Foes: A New Framework for Studying Relational Peace,” *International Studies Review* 23, iss. 3 (September 2021), pp. 484–508; ヨハン・ガルトゥング「グランドセオリー序説――平和のミニセオリー」植田隆子・町野朔（編）『平和のグランドセオリー序説』（風行社，2007 年）19–37 頁。

(13) John Paul Lederach, *Building Peace: Sustainable Reconciliation in Divided Societies* (Washington, D.C.: U.S. Institute of Peace Press, 1997), pp. 82–83（引用は p. 83）. 一部言葉を補って訳している。ここではレデラックの思想を集約していると思われるこの著書を中心に取り上げるが，レデラックは長年世界各地において NGO などを通じて平和構築に従事し，その経験から数多くの実践的な著作を発表してきた。たとえば以下を参照。*The Little Book of Conflict Transformation* (Intercourse, PA: Good Books, 2003); John Paul Lederach, Reina Neufeldt, and Hal Culbertson, *Reflective Peacebuilding: A Planning, Monitoring, and Learning Toolkit* (Mindanao, Philippines: Joan B. Kroc Institute for International Peace Studies and Catholic Relief Services, 2007).

(14) すでに述べた通り，この概念はガルトゥングによって平和学の中核的な概念となったが，用語としてはライトが平和主義のバリエーションを説明する文脈で使用したのが最初だと思われる。Quincy Wright, *A Study of War* (Chicago: Chicago University Press, 1942), pp. 1089–1093. なお，平和主義については松元雅和『平和主義とは何か』（中公新書，2013 年）を参照。

(15) Höglund and Söderberg Kovacs, “Beyond the Absence of War,” p. 370.

(16) たとえば以下を参照。Goertz, Diehl, and Balas, *The Puzzle of Peace*, p. 24; Christian Davenport, Erik Melander, and Patrick M. Regan, *The Peace Continuum: What It Is and How to Study It* (Oxford: Oxford University Press, 2018), Chs. 1–2; David Cortright, *Peace: A History of Movements and Ideas* (Oxford: Oxford University Press, 2008), Ch. 1.

(17) Lederach, *Building Peace*, pp. xvi, 15–18, 152.

(18) 本章でたびたび紹介しているヘグルンドらは，事例への適用も視野に入れながら，こうしたグラデーションを捉えるための分析枠組みを提示している。Höglund and Söderberg Kovacs, “Beyond the Absence of War,” pp. 374–390. 以下も参照。Mimmi Söderberg Kovacs, Kristine Höglund, and Mélida Jiménez, “Autonomous Peace? The Bangsamoro Region in the Philippines Beyond the 2014 Agreement,” *Journal of Peacebuilding & Development* 16, no. 1 (2021), pp. 55–69.

(19) Lederach, *Building Peace*, pp. 23–25, 29–30.

(20) Ibid., Chs. 4–5.

(21) Ibid., e.g., pp. xvi , 84, 112.

（22）Johan Galtung, “Three Approaches to Peace: Peacekeeping, Peacemaking, and Peacebuilding,” in *Essays in Peace Research*, vol. 2（Copenhagen: Christian Ejlers, 1976）, p. 298.

（23）Lederach, *Building Peace*, pp. 60, 81, 151.

（24）Ibid., pp. 41–42.

（25）Ibid., p. 151.

（26）John Paul Lederach, *The Moral Imagination: The Art and Soul of Building Peace*（Oxford: Oxford University Press, 2005）, pp. 80–85. ただしここではミッドレベルというやや階層的で固定的な響きのある表現は用いられず，社会全体の質的変化を起こしうるような立場と適切な資質を有する少数の人々として描かれている（ibid., Ch. 9）。

（27）Lederach, *Building Peace*, Ch. 7. ちなみに実質的な続編とみられる 2005 年の著作では，社会内在的な紛争解決能力が「道徳的想像力」という表現で述べ直されている。Lederach, *The Moral Imagination*, Chs. 4 and 6.

（28）Séverine Autesserre, *The Frontlines of Peace: An Insider's Guide to Changing the World*（Oxford: Oxford University Press, 2021）, pp. 169–173.

（29）Michael Banks, “Four Conceptions of Peace,” in *Conflict Management and Problem Solving: Interpersonal to International Applications*, ed. Dennis J. D. Sandole and Ingrid Sandole-Staroste（New York: New York University Press, 1987）, p. 269.

（30）Alex J. Bellamy, *World Peace:（And How We Can Achieve It）*（Oxford: Oxford University Press 2019）, p. 17.

（31）ベラミー自身が述べているわけではないが，正当な市民秩序という概念化の仕方自体がヴェーバーによる国家の定義（第 2 章参照）を踏まえているように思われる。

（32）以下では本章冒頭で設定した文脈に即して議論を進めているが，構造的暴力概念はより広範な領域やイシューにおいても視点を提供している。近年の動向を踏まえたこの点の概観としては日本平和学会（編）『平和学事典』（丸善，2023 年）370–373 頁および第 6–9 章を参照。

（33）Johan Galtung, “Violence, Peace, and Peace Research,” *Journal of Peace Research* 6, no. 3（1969）, p. 168. なお，この論文からの引用はヨハン・ガルトゥング『構造的暴力と平和』（高柳先男・塩谷保・酒井由美子訳，中央大学出版部，1991 年）所収の和訳版を参照している。

（34）Ibid., pp. 170–171, 173.

（35）Ibid., pp. 178–183.

（36）Ibid., p. 168.

（37）Ibid., p. 183.

（38）Oliver P. Richmond, “A Genealogy of Peace and Conflict Theory,” in *Palgrave Advances in Peacebuilding: Critical Developments and Approaches*, ed. Oliver P. Richmond（Basingstoke: Palgrave, 2010）, p. 26. 強調は引用者。以下も参照。*Peace in International Relations*（New York: Routledge, 2008）, pp. 109, 129.

（39）Galtung, “Violence, Peace, and Peace Research,” p. 183.

（40）一般に「草の根」は 20 世紀以降の市民による政治運動，「日常性」は民衆の生活や慣習などに着目した人文系のアプローチ（セルトー『日常的実践のポイエティーク』など）に由来するが，本書の文脈ではともにその成員同士でコミュニケーションが可能なコ

ミュニティ・レベルのネットワークを指すものとして，特段の区別を設けずに使用している。

(41) Richmond, *Peace in International Relations*, p. 157.

(42) 系譜的に言えば，社会科学におけるアプローチとしての構造主義はマルクス主義との関係が深く，そこでの構造化した社会関係（労使や階級など）に対する批判的な視点を――さまざまな領域に応用されていく中でマルクス主義的な性格は薄れつつも――受け継いでいると言えるであろう。Richmond, *Peace in International Relations*, Ch. 3.

(43) たとえば小田博志・関雄二（編）『平和の人類学』（法律文化社，2014年）および日本平和学会（編）『平和研究』第44号特集「地域・草の根から生まれる平和」（2015年4月）所収の論文などを参照。

(44) 近年の関連著作としては以下がある。Pamina Firchow, *Reclaiming Everyday Peace: Local Voices in Measurement and Evaluation after War* (Cambridge: Cambridge University Press, 2018); Roger Mac Ginty, *Everyday Peace: How So-called Ordinary People Can Disrupt Violent Conflict* (Oxford: Oxford University Press, 2021). EPIについてはウェブサイト（〈https://www.everydaypeaceindicators.org/〉）を参照。

(45) そのため，EPIを導入する論考のかなりの部分は平和構築の評価に関する方法論的なものとなっている。Firchow, *Reclaiming Everyday Peace*, Chs. 3 and 5.

(46) Ibid., p. 120. あわせてp. 33も参照のこと。

(47) 前者で問題となるのは，支援ドナー間の競争を背景としたコミュニケーション不足である。Ibid., pp. 16, 155–156.

(48) Ibid., pp. 7–8, 17 (Chs. 1–2も参照); Roger Mac Ginty, "Indicators +: A Proposal for Everyday Peace Indicators," *Evaluation and Program Planning* 36, no. 1 (February 2013), p. 57.

(49) Séverine Autesserre, "International Peacebuilding and Local Success: Assumptions and Effectiveness," *International Studies Review* 19, iss. 1 (March 2017), p. 118; Mac Ginty, *Everyday Peace*, p. 13.

(50) Firchow, *Reclaiming Everyday Peace*, pp. 15, 19, 57, 108–109, 122–124, 147–149; Mac Ginty, "Indicators +," p. 60; *Everyday Peace*, p. 15.

(51) たとえば以下を参照。Roger Mac Ginty and Pamina Firchow, "Top-Down and Bottom-Up Narratives of Peace and Conflict," *Politics* 36, no. 3 (August 2016), pp. 316–320.

(52) Mac Ginty, "Indicators +," p. 56.

(53) Firchow, *Reclaiming Everyday Peace*, pp. 66, 154–155; Roger Mac Ginty and Pamina Firchow, "Measuring Peace: Comparability, Commensurability, and Complementarity Using Bottom-Up Indicators," *International Studies Review* 19, iss. 1 (March 2017), pp. 16–23; EPI, "What We Do," 〈https://www.everydaypeaceindicators.org/what-we-do〉, accessed 11 January 2023.

(54) Firchow, *Reclaiming Everyday Peace*, p. 148.

(55) リッチモンドも平和の形態の歴史的変化を考察した近年の論考の中で，「グローバルな正義をともなう平和」が今後の形態の一翼をなすことを示唆している。Oliver P. Richmond, "The Evolution of the International Peace Architecture," *European Journal of International Security* 6, no. 4 (November 2021), pp. 379–400.

(56) オトゥセールがこの点を強く意識している。Autesserre, *The Frontlines of Peace*, Ch. 5.

（57）Mac Ginty, “Indicators +,” p. 60.
（58）Roger Mac Ginty, “Conflict Disruption: Reassessing the Peaceandconflict System,” *Journal of Intervention and Statebuilding* 16, no. 1（January 2022）, p. 44.
（59）オトゥセールが前述した国際支援の重要な役割のひとつとして，トップレベルとの橋渡しを指摘しているのも，こうした文脈においてである。
（60）Firchow, *Reclaiming Everyday Peace*, p. 157. 以下も参照。Mac Ginty, *Everyday Peace*, pp. 14–15 and Chs. 1, 7.
（61）Autesserre, “International Peacebuilding and Local Success,” p. 118.
（62）Richmond, *Peace in International Relations*, p. 100.
（63）Michael Howard, *The Invention of Peace*（New Haven: Yale University Press, 2000）, p. 6. 以下も参照。 Cortright, *Peace*, pp. 7–8; Davenport, Melander, and Regan, *The Peace Continuum*, pp. 127–129.
（64）近代国際関係史を踏まえながらこの意味での国際平和に向けた構想や取り組みを批判的に検討したものとしては，吉川元『国際平和とは何か――人間の安全を脅かす平和秩序の逆説』（中公叢書，2015 年）を参照。
（65）Nils Petter Gleditsch, Jonas Nordkvelle, and Håvard Strand, “Peace Research — Just the Study of War ?,” *Journal of Peace Research* 51, no. 2（2014）, p. 148. 以下も参照。 Richmond, *Peace in International Relations*, Ch. 2; Peter Wallensteen, *Quality Peace: Peacebuilding, Victory, and World Order*（Oxford: Oxford University Press, 2015）, Ch. 6; 高柳先男「平和研究」日本平和学会編集委員会（編）『平和学――理論と課題』（早稲田大学出版部，1983 年）5 頁。
（66）吉川『国際平和とは何か』180 頁；山下光『国際平和協力』（創元社，2022 年）39–40 頁。
（67）David Curran and Paul Holtom, “Resonating, Rejecting, Reinterpreting: Mapping the Stabilization Discourse in the United Nations Security Council, 2000–2014,” *Stability: International Journal of Security & Development* 4, no. 1（October 2015）, p. 4. 以下も参照。Cedric de Coning, “How Not to Do UN Peacekeeping,” *IPI Global Observatory*, International Peace Institute, 17 May 2023.
（68）Zürcher, “The Liberal Peace,” p. 78.
（69）Meera Sabaratnam, “The Liberal Peace? An Intellectual History of International Conflict Management, 1990–2010,” in *A Liberal Peace? The Problems and Practices of Peacebuilding*, ed. Susanna Campbell, David Chandler, and Meera Sabaratnam（London and New York: Zed Books, 2011）, pp. 23–25.
（70）Jarstad, “Three Approaches to Peace,” pp. 17–18.
（71）たとえば Astri Suhrke, “A Contradictory Mission? NATO from Stabilization to Combat in Afghanistan,” *International Peacekeeping* 15, no. 2（April 2008）, pp. 214–236; 山尾大『紛争と国家建設――戦後イラクの再建をめぐるポリティクス』（明石書店，2013 年）などを参照。
（72）たとえば以下を参照。Curran and Holtom, “Resonating, Rejecting, Reinterpreting,” p. 3; Suhrke, “A Contradictory Mission?,” pp. 228–229.
（73）代表的な例は政府内に省庁横断的な組織である「安定化ユニット」を作った英国であ

る。Stabilisation Unit, “The UK Approach to Stabilisation: Stabilisation Unit Guidance Notes,” November 2008. 以下も参照。U.S. Army Peacekeeping and Stability Operations Institute, *Guiding Principles for Stabilization and Reconstruction* (Washington, D.C.: United States Institute of Peace, 2009); U.S. Department of the Army, Stability Operations, FM 3-07, October 2008; U.S. Joint Forces Command, Stability Operations, JP 3-07, 29 September 2011.

(74) たとえば以下を参照。Maria-Louise Clausen and Peter Albrecht, “Interventions since the Cold War: From Statebuilding to Stabilization,” *International Affairs* 97, no. 4 (July 2021), pp. 1209–1217.

(75) Aditi Gorur, “Defining the Boundaries of UN Stabilization Missions,” The Stimson Center, December 2016, pp. 9–11, 15–17; Cedric de Coning, “The Future of UN Peace Operations: Principled Adaptation through Phases of Contraction, Moderation, and Renewal,” *Contemporary Security Policy* 42, no. 2 (2021), pp. 216–217. 一番最初の安定化ミッションであるMINUSTAHの場合，設立決議（決議1542，2004年4月30日）に先行してその意向を示した決議の中ですでに安定化の概念が使われているが（決議1529，2004年2月29日，本文第3段落），そこでも特段の説明は記されていない。

(76) UN DPKO and DFS, “United Nations Peacekeeping Operations: Principles and Guidelines,” January 2008, Figure 2 (p. 23).

(77) David Curran and Charles T. Hunt, “Stabilization at the Expense of Peacebuilding in UN Peacekeeping Operations: More Than Just a Phase?,” *Global Governance* 26, no. 1 (April 2020), pp. 58–59.

(78) Security Council Resolution 2391, 8 December 2017, paras. 12–16.

(79) たとえば以下を参照。Jared Thompson, “Examining Extremism: Allied Democratic Forces,” *CSIS Blogs*, Center for Strategic and International Studies, 29 July 2021.

(80) たとえば以下を参照。“Region’s Leaders Seek to Push Foreign Fighters from Central African Republic,” *Reuters*, 22 October 2013.

(81) 安定化概念の現状維持性については，たとえば以下の論考を参照。Katja Mielke, Max Mutschler, and Esther Meininghaus, “For a Dynamic Approach to Stabilization,” *International Peacekeeping* 27, no. 5 (November 2020), pp. 814–818.

(82) 内戦の国際化に関しては土佐が批判理論の視点から考察を行っている。土佐弘之『安全保障という逆説』（青土社，2003年）第9章，『アナーキカル・ガヴァナンス——批判的国際関係論の新展開』（お茶の水書房，2006年）第1章，『境界と暴力の政治学——安全保障国家の論理を超えて』（岩波書店，2016年）序章などを参照。

(83) 平和維持・構築の議論の中でもしばしば平和概念の複数性（“peaces”）が示唆されている。以下を参照。George Crowder, *Theories of Multiculturalism: An Introduction* (Cambridge and Malden: Polity, 2013), p. 39; Roger Mac Ginty, *International Peacebuilding and Local Resistance: Hybrid Forms of Peace* (New York: Palgrave Macmillan, 2011), p. 11; Oliver P. Richmond, “Becoming Liberal, Unbecoming Liberalism: Liberal-Local Hybridity via the Everyday as a Response to the Paradoxes of Liberal Peacebuilding,” *Journal of Intervention and Statebuilding* 3, no. 3 (November 2009), p. 331.

終　章

（1）人道主義の思想と実践に関する研究としてはたとえば以下がある。五十嵐元道『支配する人道主義——植民地統治から平和構築まで』（岩波書店，2016 年）；Michael Barnett, *Empire of Humanity: A History of Humanitarianism* (Ithaca: Cornell University Press, 2011).

（2）たとえば以下を参照。UN, "Promoting Human Rights," 〈https://peacekeeping.un.org/en/promoting-human-rights〉, accessed 27 June 2024; 川嶋隆志『人権保障による平和構築——国際平和協力活動における実務者のための法規範』（デザインエッグ，2014 年）。

（3）たとえば以下を参照。Anne-Kathrin Kreft, "The Gender Mainstreaming Gap: Security Council Resolution 1325 and UN Peacekeeping Mandates," *International Peacekeeping* 24, no. 1 (February 2017), pp. 132–158; 山下光「国際平和活動と環境・気候変動対策——可能性と課題」（笹川平和財団，2022 年 12 月）。